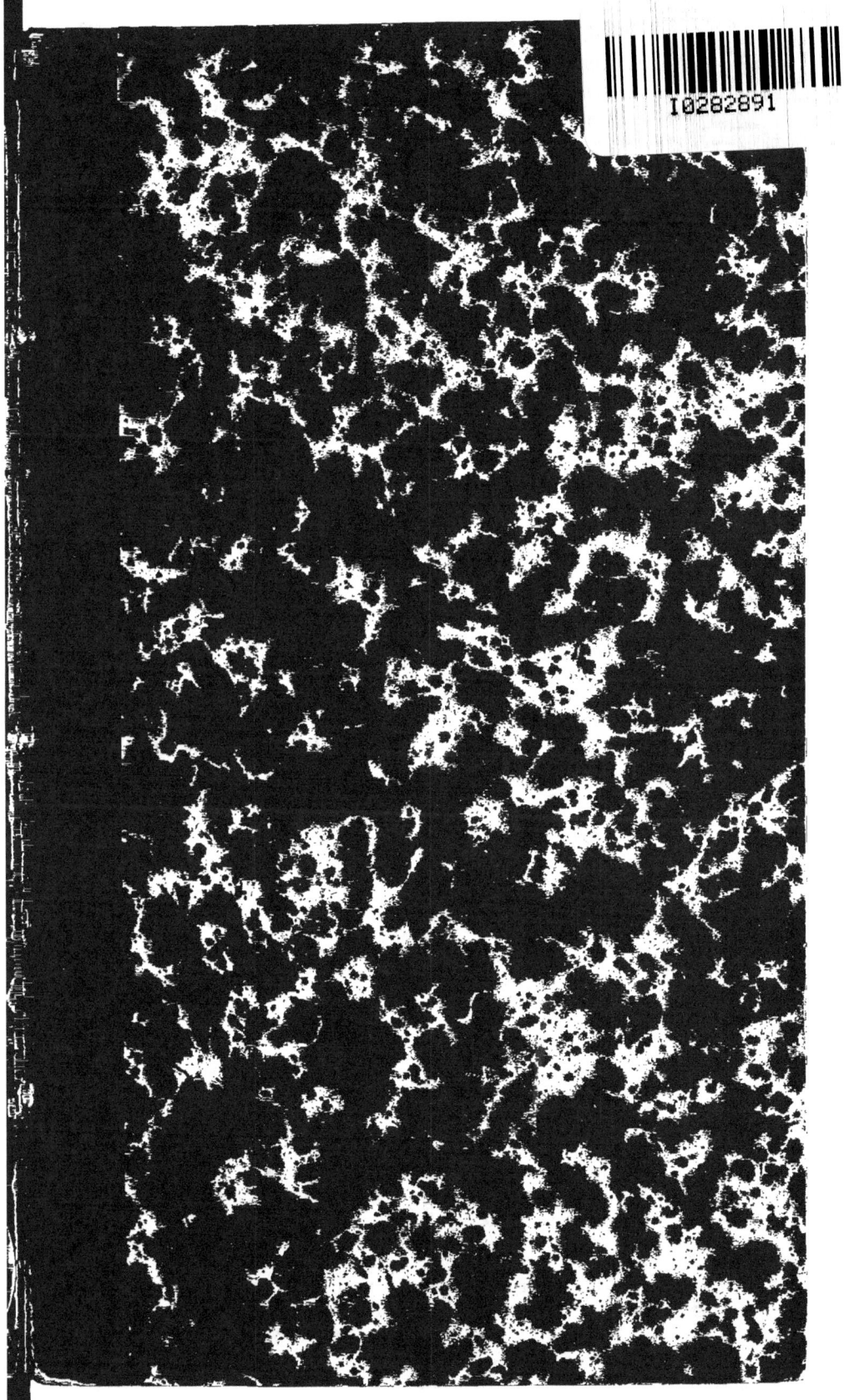

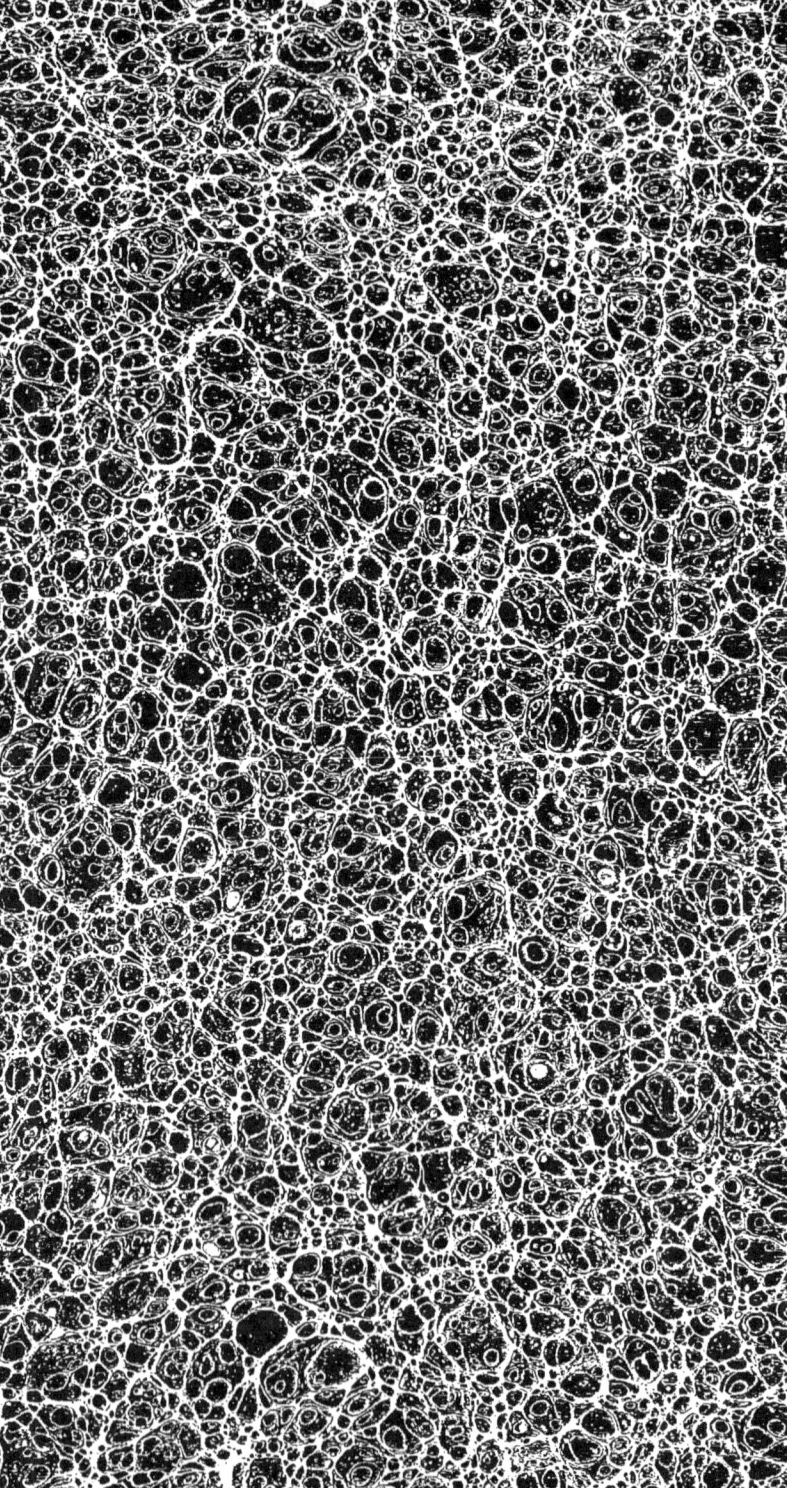

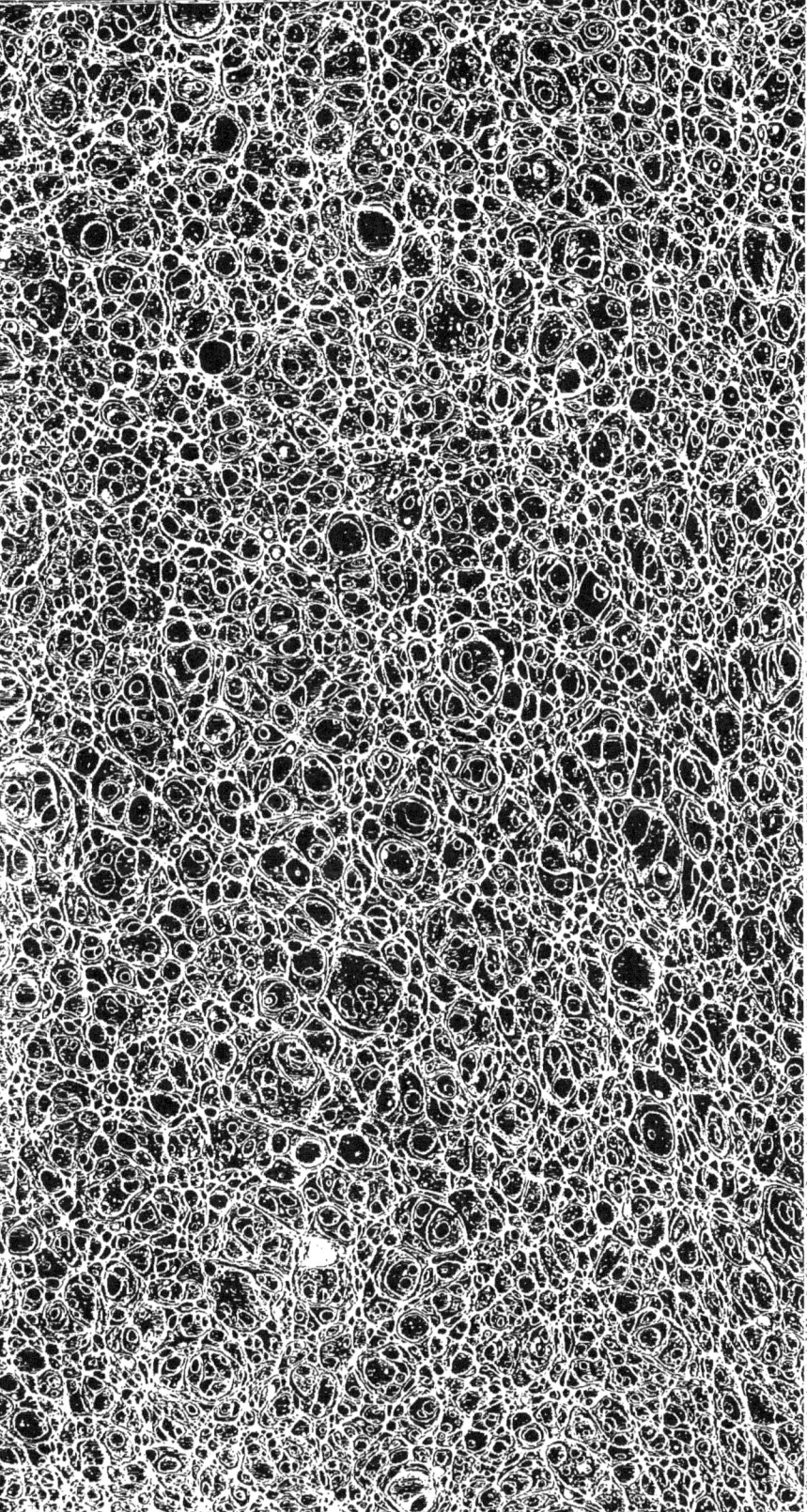

H. Larrey

LA COUR

DE HOLLANDE.

CET OUVRAGE SE TROUVE:

A Paris, chez   Delaunay, \
                Pélicier,   } au Palais-Royal.
                Ponthieu, /
                G. Dufour, quai Voltaire.
                Lecointe et Duret, quai des Augustins.
                Audin, quai des Augustins.
A Londres,   \
A Strasbourg,   } Treuttel et Wurtz.
A Genève,   Paschoud.
A Bruxelles,   { Voglé.
               { Lecharlier.
A Lyon,   Mesdames Durval.

F. J. DE BUSSCHER, IMPRIMEUR,
rue des Sts-Pères, n. 59, Faub.-St.-Germ.

LA COUR
DE HOLLANDE
SOUS LE RÈGNE
DE
LOUIS BONAPARTE.

PAR UN AUDITEUR.

J'ai vu ce que j'ai écrit.

PARIS,
CHEZ PERSAN, RUE DE L'ARBRE-SEC, N° 22.
PONTHIEU, AU PALAIS-ROYAL.

A AMSTERDAM,
CHEZ G. DUFOUR ET COMP., LIBRAIRES, SUR LE ROCKIN.

1823.

PRÉFACE.

Destiné, comme tant d'autres Français, à suivre le char des grands évènemens qui, pendant quelques années, se succédèrent avec une étonnante rapidité, le sort me réserva d'être le témoin oculaire de tout ce qui se passa de plus particulier à la cour de Hollande, tandis que Louis Bonaparte régna sur ce pays. On peut, avec une pleine confiance, croire à l'exactitude de tout ce que contient cet ouvrage, car les fonctions que je remplissais au palais m'offraient constamment le moyen d'observer tout ce qui s'y passait; et j'ai été le spectateur de scènes qui intéressent trop l'Histoire, pour que les principaux traits n'en soient pas restés profondément gravés dans ma mémoire. Les détails de l'intérieur du palais de Hollande, ne pouvaient être transmis avec fidélité que par celui dont l'emploi à la cour n'excitait ni la jalousie, ni l'inquiétude des courtisans, quoiqu'il vécût presque dans leur intimité. Ainsi, tout justifie le sens de l'épigraphe des Mémoires que j'offre au public, puisque j'ai réellement vu tout ce que j'ai écrit.

INTRODUCTION.

La Hollande, après l'évacuation des Prussiens en 1795, se trouva dans la nécessité indispensable de solliciter l'appui de la France, qui, pendant l'invasion des Prussiens, avait vu affluer chez elle un grand nombre de Hollandais, presque tous ennemis de la maison d'Orange, dont les princes furent obligés de se réfugier chez des puissances étrangères. Envahie par les Français à la faveur d'un hiver rigoureux qui lui enleva tous ses moyens de défense, la Hollande fut abandonnée par tous ses alliés, et le 5 mai 1795 le pays fut constitué en *République Batave*. Le pouvoir législatif résidait dans une assemblée représentative, et le pouvoir exécutif était un Directoire composé de cinq membres. L'armée française occupa tout le territoire de la république ;

et, par un traité peu avantageux, la Hollande céda à la France quelques provinces méridionales, forma une alliance perpétuelle avec elle, lui paya une somme de cent millions de florins, formant à peu près deux cent-vingt millions de francs. Grâce à ces sacrifices, l'intégrité de son territoire lui fut garantie.

Au mois d'octobre 1801, on fit de grandes modifications à la constitution. On divisa la république en huit provinces ; l'assemblée législative fut réduite à trente-cinq membres. Mais, malgré ces changemens, la république n'acquérait pas plus de consistance, et chaque jour ses forces maritimes s'affaiblissaient par les pertes qu'elle faisait en combattant contre la marine anglaise. Ses colonies furent dévastées, son commerce se borna à un simple cabotage, et à entretenir quelques relations avec le continent. Le flux et reflux des évènemens fit éprouver à la banque d'Amsterdam une secousse si violente, qu'elle en fut ébranlée jusques dans ses fondemens ; et cette commotion, en répandant partout l'alarme, restreignit encore davantage les opérations commerciales. La paix d'Amiens, loin de lui devenir favorable, lui ravit encore Ceylan, une de ses plus riches colonies.

Cependant, en s'armant de patience, et en retrempant son courage dans l'expectative d'un meilleur avenir, la Hollande se résignait ; et, à force de travail et d'intelligence, le pays se soutenait et sa position s'améliorait petit-à-petit, lorsque tout-à-coup elle fut entraînée par la France dans une nouvelle guerre contre l'Angleterre. Dès lors toutes ses espérances s'évanouirent ; Surinam et le Cap-de-Bonne-Espérance tombèrent au pouvoir des Anglais, dont la flotte bloqua toutes les côtes de la Hollande, qui, par cette désastreuse disposition, vit s'épuiser entièrement toutes les sources de son industrie en retombant dans une inaction qui présageait une ruine inévitable.

En 1805, au mois d'avril, la constitution hollandaise subit encore de nouveaux changemens. Le corps-législatif, qui se composait de trente-cinq membres, fut réduit à dix-neuf députés. Schimmelpenninck, sous le titre de grand-pensionnaire, fut revêtu du pouvoir exécutif avec tout le faste et l'autorité de la souveraineté ; on lui alloua même un fonds annuel dont il n'avait point à rendre compte. Le grand-pensionnaire eut un conseil-d'état composé de neuf membres, et cinq ministres furent créés pour l'administration des affaires. Mais ni les talens supérieurs, ni l'infatigable activité de Schimmelpenninck, dans les connaissances et le patriotisme duquel les Hollandais avaient la plus grande confiance, rien alors ne pouvait opposer une digue assez forte au torrent qui menaçait d'inonder la Hollande. Depuis la perte de son indépendance et l'anéantissement de toutes ses ressources, elle voyait chaque jour se creuser le précipice que lui préparaient les évènemens politiques dont elle était entourée.

Le seul moyen que l'on présumait alors pouvoir sortir la Hollande de la position très-difficile où elle se trouvait, était de la réunir à la France, qui n'osa pas ou plutôt qui ne crut pas devoir encore se prononcer ouvertement à cet égard. On se contenta seulement de faire circuler quelques bruits, précurseurs de grands projets, et, pour les masquer, on obligea la Hollande, en 1806, à se constituer en royaume, et à prendre pour souverain Louis Bonaparte, frère de l'empereur des Français.

SOMMAIRE.

ANNÉE 1806.

Avènement au trône, page 1ère.—Note historique sur Louis, 2. — Organisation de la cour, 3. — Arrivée du roi et de la reine en Hollande, 4 — Accueil fait à LL. MM, 5. — Députations, 6. — La Haye, 7 — Mœurs, et Modes, 8. — Grands-officiers de la couronne, 9. — Jalousie des Hollandais contre les Français, 10. — Dames d'honneur, 11. — Galanterie française envers les dames hollandaises, 12. — Mlle Lobbé, première actrice du théâtre-royal, 13. — Les ambassadeurs chez Mlle Lobbé, 14. — Anecdote galante, 15. — Fêtes au palais, 17. — Organisation des ministres, 18. —Situation politique de Louis vis-à-vis de Napoléon, 19. —Thé hollandais, 21.—Éloge de la Cigogne, 23.— Promenade à la *Maison du Bois*, 25.—Rendez-vous à la *Maison du Bois*, 26. — Travaux du roi, 27. — Coup d'œil sur la situation de toutes les branches de l'administration, 29.— Voyage du roi et de la reine à Aix-la-Chapelle, 31. — Louis apprend le hollandais, 31 — Le roi demande le renvoi, de Hollande, des troupes françaises, 32. — Napoléon y consent, 33. — L'armée hollandaise est augmentée, 33. — L'empereur refuse pour ambassadeur,

Paris, le général Dumonceau, 33. — Guerre de la Prusse avec la France, 34. — La Hollande fournit des troupes pour cette guerre, 35. — Louis conduit ses troupes à l'armée, 35. — La reine et ses fils vont à Mayence, auprès de l'impératrice Joséphine, 35 — Conduite du roi à l'armée, où il n'était considéré que comme prince français, 36 — Mécontentement de Louis, 36. — L'empereur lui ordonne d'aller s'emparer du Hanovre, mais Louis s'y refuse, 37. — Le roi rentre dans ses États, 37. — Occupation de la cour pendant l'absence du roi, 37. — Fête au palais pour le retour du roi, 41. —Blocus des îles britanniques, 41.—Louis élude d'exécuter le blocus, 41. — Mécontentement de l'empereur, 42. — Députation hollandaise pour aller féliciter Napoléon sur ses succès, 42. — Accueil que reçut cette députation, 43. — Le roi s'occupe des institutions de son royaume, 43. — Codes et contributions, 43. — Débats sur ce sujet, 44. — Suppression de la qualification de Hautes Puissances, remplacée par le titre de Corps-législatif, 45.—Mot de l'empereur à cet égard, 45. — Création des grands officiers du royaume, maréchaux et colonels-généraux, 45. — Note historique sur Schimmelpenninck, dernier grand-pensionnaire, 46.

ANNÉE 1807.

ÉTABLISSEMENT d'un journal hollandais, 47. — L'empereur demande la suppression de ce journal, 48. — Voyage d'Amsterdam, 49. — Ville d'Amsterdam, 51. — Acteurs hollandais, 51. — Théâtre hollandais, 52. — Usage du public au spectacle, 53. — Saardam, 56. — Village de Brock, 57. — Aventure, 58. — Voitures et cochers hollandais, 61. — Détails sur la maison du roi, 62. — La prédilection de Louis en faveur des hollandais, 62. — Bal au palais, 63. — Désastre de Leyde, 63. — Conduite exemplaire du roi à l'occasion des malheurs causés par le désastre, 64. — Louis fait pressentir l'envie qu'il a d'aller habiter Amsterdam, 66. — Installation des chevaliers de l'ordre de l'Union, 67. — Introduction de nouveaux impôts, 67. — Création d'une direction des beaux-arts, 68. — Séquestre des marchandises anglaises, 68. — Nouvelle députation hollandaise à l'empereur, 68. — Ennui de la reine, 69. — Réflexions sur son mariage avec Louis, 69. — Extrait d'un ouvrage allemand sur les liaisons galantes de la reine avec Napoléon, 69. — Avanture galante au château, 70. — Anecdotes sur une dame d'honneur, 71. — Voyage du roi dans une partie de son royaume, 74. — Mort du jeune prince-royal, 75. — Le roi et la reine vont prendre les eaux dans les Pyrénées, 75. — Disgrâce du comte d'Arjuzon, granp-chambellan de la couronne, remplacé par un hollandais, 76. — Le grand-maître de la maison du roi abandonne volontairement son service, 76. — Renvoi d'un jeune militaire français, adjudant du palais, 78. — Retour du roi, 79. — Visite du roi à l'empereur, en passant par Paris, 79. — Ce qu'a fait faire Napoléon, en Hollande, pendant l'absence du roi, 79. — Prolongation de l'absence de la reine, 80. — Mésintelligence ostensible entre le roi et la reine, 80. — Querelle entre le directeur de la musique du roi et un chambellan de sa majesté, 80. — Assemblée du corps-législatif à Amsterdam, 81. — Le roi se dégoûte du séjour de La Haye, 82. — La résidence royale est portée à Utrecht, 82. — Palais et ville d'Utrecht; 83. — Quelques usages hollandais, 85 — La comédie française à Utrecht, 87. — Réunions au palais, 87. — Introduction de l'usage de fumer au palais, 88. — Réflexion sur l'absence de la reine, 89. — Assemblée du corps législatif à Utrecht, 91. — Le roi annonce le dessein de placer la résidence royale à Amsterdam, 91. — Changemens dans le ministère, 92. — Remarques sur les encouragemens particuliers donnés, par le roi, à une actrice du théâtre français, 93.

ANNÉE 1808.

Visites de cérémonies, 94. — Distribution des décorations, 95. — Réflexions sur la nécessité du blocus, dont le roi et les Hollandais s'affligeaient beaucoup, 96. — Contradiction de raisonnement à cet égard de la part du roi, 97. — Changemens dans le ministère, 97. — Mort du général Noguès, grand-veneur, 98. — Tempête sur les côtes de Hollande, 98. — M. de la Rochefoucauld nommé ambassadeur en Hollande, 99. — Incendie de la salle de spectacle d'Utrecht, et anecdote à cet égard, 99. — Quelques usages hollandais, 105. — Soucis, chagrins domestiques du roi, 106. — Acquisition d'une petite maison près d'Utrecht, 107. — Maîtresse du roi, 107. — M. de Caulincourt, grand-écuyer, nommé ministre plénipotentiaire à Naples, 107.— Sa disgrâce, son caractère, sa mort, 108. — Le roi se lasse visiblement de tous les Français qui l'entourent, 109. — Anecdote sur son premier valet de chambre, 110. — Appurement des comptes de finances pour l'année 1807, 112.—Envoi de décorations par le roi de Bavière, 113. — Voyage du roi au château du Loo, La comédie française au Loo, 114. — accouchement d'une actrice, 115. — Le roi auteur d'un ouvrage qu'il fait jouer, 116. — Charades en action au palais, 117. — Chien du roi, 117. — M. Henry, ami, secrétaire du roi, tombé en démence, 118. — Anecdote sur un cuisinier du roi, 119. — Députation des habitans de la ville d'Amsterdam pour obtenir la résidence royale, 120. — Suite d'un épisode d'amour, 122. — Le roi va habiter Amsterdam, 124. — L'hôtel de ville devient le palais du roi, 125. — Nouvelle de la naissance du second fils du roi, 125. — Détails sur la construction de l'hôtel de ville, 125. — Carricature sur le roi, 126. — Cercles à la cour, 128. — Aventure de bal, 129. — Renvoi en France du trésorier, du peintre du cabinet du roi et d'un de ses chirurgiens, 132-132. — Réflexions sur la prévention de Louis contre les Français, 132. — La cour retourne quelque temps à Utrecht, 133. — Anecdote sur le chien du roi, 134. — Disgrâce du premier chirurgien du roi, 136. — Voyage par eau d'Utrecht à Amsterdam, 137. — Jardins, 137. — Inscriptions, 138. — Retour de la cour à Amsterdam, 138. — Fondation de l'Institut des Sciences et Arts, 138 — Sociétés savantes, 139. — Fermeture du corps-législatif, 140. — Voyage de la cour au château de Zoesdyk, 141. — Aventure nocturne, 141. — Voyage de la cour au château du Loo, 144. — Réception du prince d'Olgorouki, ambassadeur de Russie, 144. — Louis refuse la couronne d'Espagne, 144. — Enthousiasme d'une dame hollandaise à ce sujet, 145. — La faveur du grand-maréchal, M. de Broc, commence à décroître, 145. — Motif de cette défaveur, 145. — Défaut de police en Hollande, 146. — Mme de Broc, amie de la reine, la défend contre les préventions du roi, 147. — Nouvel exemple de l'instabilité du caractère de Louis, 148. — Cadeau de vin de Tokay, fait par l'empereur d'Autriche, au roi de Hollande, 148. — Le roi visite quelques départemens, 149. — Le grand-maréchal semble reconquérir la faveur du roi, qui l'envoie à Madrid, féliciter Joseph sur son avènement au trône d'Espagne, 149. — Tentative d'une police française en Hollande, 150. — Le grand-maréchal, d'abord bien reçu en Espagne, y acquiert la preuve que le roi de Hollande l'a disgracié; il rentre au service de France, fait la guerre en Italie et meurt à Milan, 151. — Mort tragique de Mme de Broc en accompagnant la reine de Hollande aux bains d'Aix, 152. — Les fonctions de grand-maréchal du palais, confiées provisoirement à un aide-de-camp du roi, 152. — Fondation de récompenses pour les belles actions, 154. — Voyage du roi dans le royaume, 154. — L'ambassadeur d'Autriche quitte la Hollande, 154. — Réflexion sur ce sujet, 154. — Le roi s'occupe des affaires sur les cultes, 155. — Fête du roi, 155. — Préjugés hollandais, 155. — Abus du nétoyage des maisons dans les rues, 156. — Les dames hollandaises en caleçons, 157. — Mésintelligence entre Louis et Napoléon, 158. — Envoi de troupes hollandaises en Espagne, 158. — Le roi se met en possession, à Haarlem, de la maison de M. Hope, 159. — Anecdote sur le dîner du roi, 160. — La ville de Haarlem, 162. — Usage des pelotes à l'occasion de l'accouchement des dames, 163. — Décision du roi qui ordonne, le transport hors du royaume, de tous passagers venant d'Angleterre ou des colonies de cette puissance, 165. — Bal à la cour, 165.

— Kermès, 166. — Usage en faveur des domestiques, 167. — Bases du code Napoléon, demandées par le roi pour la réduction de celui de la Hollande, 167. — Assemblée du corps-législatif. Les hollandais gémissent sur les effets de la guerre, 168.

ANNÉE 1809.

Visites du jour de l'an, 169. — Le général Bruno nommé grand-écuyer, 170. — Malgré le blocus, il se fait toujours quelques affaires avec l'Angleterre, 171. — Effroyable inondation, 171. — Le roi se rend sur les lieux, où il montre de l'intrépidité, du savoir et un grand fond d'humanité, 172. — Projet de loi sur la noblesse, 173. — Bals à la cour; composition de ces bals; quelques portraits, 174. — Clôture du corps-législatif, 182. — Garde nationale, 182. — Voyage du roi en Brabant et en Zélande, 182. — Danger qu'il a couru dans une épidémie, 184. — Changement dans le ministère, 184. Voyage de la cour au château du Loo, 184. — Comédie française au Loo, 184. — Charades en action, 185. — Le mot Voltaire donné par le roi, 185. — Bravoure des troupes hollandaises en Espagne, 187. — Loterie au château du Loo, 187. — Critique de cette loterie, 187. — Réflexion sur l'affectation que le roi met à ne jamais aller au spectacle français, dans la capitale, 189. — Aventure mystérieuse au château du Loo, 189. — Bal de la cour, à Utrecht, 191. — Réflexion sur les causes de l'absence de la reine, 192. — Napoléon se plaint que la Hollande est entachée d'anglomanie, 193. — Le colonel Roest d'Alkemade est nommé grand-maréchal, 193. — Ses liaisons avec le grand-écuyer, 195. — Changemens parmi les ambassadeurs, 196. — Le roi pressent quelles sont les vues de l'empereur sur la Hollande, 196 — Réflexions à cet égard, 197. — Voyage du roi à Aix-la-Chapelle pour voir sa mère, 197. — Descente des Anglais dans l'île de Walcheren, 197. — Le général Bruce soupçonné de trahison, 198. — Prise par les Anglais du fort de Batz, 198. — Retour du roi à Amsterdam, 198. — Voyage à Anvers, 198. — Troupes hollandaises opposées par le roi aux projets des Anglais, 199. — Le roi commande toutes les forces qui se trouvent réunies sur ce point, 199. — Le prince de Ponte-Corvo lui succède à ce commandement, 199. — Mécontentement du roi à cet égard, 199. — Louis rentre dans ses États, 199. — Fête du roi, 200. — Fête de l'ordre de l'Union, 201. — Distribution de croix, 201. — La Zélande abandonnée par les Anglais, 201. — Marchandises anglaises, 202. — Réunion à Paris des souverains alliés de la France, 202. — Louis hésite à se rendre en France, 203. — Il prévoit un grand évènement, 203. — Il consulte ses ministres, 204. — Son voyage est décidé, 204. — Assemblée du corps-législatif, 205. — Organisation des services pour accompagner le roi à Paris, 206. — Départ du roi, 207. — Il descend chez sa mère, 208. — Visite à l'empereur, 210. — Le roi ne voit que très-peu de monde, 211. — Le prince-royal, 212. — La reine, 212. — Vain espoir de réconciliation entre le roi et la reine, 212. — Demande en séparation de corps, entre Louis et Hortense, 212. — L'empereur s'oppose à la séparation, 213. — Le roi se repent d'avoir quitté la

Hollande, 213. — Vie dissipée du grand-maréchal, 213. — Le roi prévoit tous les sacrifices que la France va exiger de la Hollande, 214. — Réflexion sur sa situation, 217. — Le roi donne son adhésion à la dissolution de mariage de l'impératrice Joséphine, 218.

ANNÉE 1810.

Louis pressent l'envahissement de la Hollande par la France, 219. — Il veut quitter Paris, 219. —L'empereur le fait surveiller et il est presque prisonnier, 220.—Vive inquiétude en Hollande, 221. — Conjectures extravagantes à cet égard, 222.—Le roi envoie en Hollande un de ses écuyers pour ordonner la défense du pays, 222. — Indignation de l'empereur, 223. — Explication vive entre Louis et Napoléon, 224. — Exigeance de l'empereur, 224. — Feinte condescendance du roi, 224. — Napoléon devine qu'on l'abuse, 224. — Le roi gardé à vue plus sévèrement que jamais, 225. — Entrée du duc de Reggio à Berg-op-Zoom et Bréda, 225. — Réunion à la France de divers pays de la Hollande, 225. — Protestation du roi, 226. — Le cabinet d'Amsterdam, sur l'instigation de l'empereur, fait auprès de l'Angleterre quelques tentatives pour avoir la paix, 226. — Le roi tombe malade, 226. — Bruit de sa mort à Amsterdam, 226. — Visite de Napoléon à Louis, 227. — A sa convalescence, le roi tente de s'évader, 228. — Toutes les affaires de la Hollande se traitent aux Tuileries à l'insu de Louis, 230. — Le roi consent à tout pour pouvoir retourner en Hollande, 230. — Mariage de l'empereur avec l'archi-duchesse Marie-Louise, 231, — Les arrêts du roi sont levés, 231. — Espèce de réconciliation entre les deux frères, 231. — Le roi va au-devant de l'archi-duchesse, 231. — Château de Compiègne, 231. — La reine de Hollande logée dans le voisinage des appartemens du roi, 233. — Départ précipité du roi, pour Paris, au milieu de la nuit, 234. — Motif de ce départ, 235. — Feu au château de Compiègne, 235. — Cadeaux du roi à diverses personnes, 236. — Napoléon veut que la reine retourne en Hollande, 239. — Le roi quitte Paris, 239. — La reine part seule, 240. — Retour du roi à Amsterdam, 241. — Députations, 241. — Félicitations, 241. — Arrivée de la reine à Utrecht, puis au palais à Amsterdam, 242. — Le roi et la reine vivent séparément, 242. — La reine veut quitter la Hollande, 243. — Le roi s'y oppose, 243. — La reine s'échappe à l'insu du roi, 245. — Le prince-royal est resté avec le roi, 246. — Le duc de Reggio fait occuper La Haye et Leyde par des troupes françaises, 247. — Quartier-général à Utrecht, 247. — Voyage du roi à Anvers où étaient l'empereur et l'impératrice, 247. — L'autorité du roi balancée par celle du maréchal duc de Reggio, 249. — Crainte du roi sur sa liberté, 249. — Louis pense à abdiquer en faveur de son fils, 251. — Insulte faite au cocher de l'ambassadeur de France, 252. — L'ambassadeur de France quitte la Hollande, 253. — Travaux importans du roi avec ses ministres, 254. — Nomination d'ambassadeurs, 254. — Échange de décoration, 254. — Réunions fréquentes des ministres chez le roi, 255. — Le duc de Reggio demande l'occupation de la capitale, 256. — Louis veut se défendre, 256. — Les ministres ne sont point de son avis, 256. — Il abdique, 257. — Message au corps-législatif, 257. — Proclamation au peuple, 257. — Départ du roi au milieu de la nuit, 259.—Sa chute dans un fossé, 259. — Le roi se rend en Autriche, à Tœplitz, accompagné seulement de deux officiers et d'un valet de chambre, 261. — Réunion de la Hollande à la France, 262.—Organisation du pays à l'instar de l'administration française, 263. — Le prince Lebrun nommé gouverneur-général de la Hollande, 263.

Pièces justificatives, 265.

FIN DU SOMMAIRE.

ERRATA.

Page 78, ligne 13 : D'où Louis l'avait pour ainsi dire exilé, *lisez :* Où Louis l'avait pour ainsi dire exilé.

Page 94, ligne 9 : Par cette circonstance, *lisez :* Dans cette circonstance.

Page 95, ligne 1 de la note : Nommé Moraitrier, *lisez :* un nommé Monturier.

Page 70, ligne 6 : Mlle. Augié, *lisez :* Mlle. Auguié.

Page 122, ligne 18 : D'un projet, *lisez :* Du projet.

Page 136, lignes 16 et 17 : Angela de Vergami : *lisez :* Angelo de Vergani.

Page 137, ligne 4 : Vergami, *lisez :* Vergani.

Page 138, ligne 4 : Fument lisant la gazette, *lisez :* En lisant la gazette.

Page 138, ligne 19 : M. Thiébault, *lisez :* Thiebault.

Page 155, ligne 7 : Du grand chambellan, *lisez :* De son chambellan.

Page 156, ligne 7 de la note : Ne restassent, *lisez :* N'allassent.

Page 157, ligne 15 : Est-elle plus fondée? *lisez :* N'est pas plus fondée.

Page 175, ligne, 8 : Usées, *lisez :* Aisées.

Page 196, ligne 4 : Nelavarni, *lisez :* Le Navarin.

Page 202, ligne 4 de la note : De Durand, *lisez :* Durand.

ERRATA.

Page 207, ligne 18 : Smissaert, *lisez* : Snœkaert.

Page 207, ligne 16 : Vichay, *lisez* : Vichery.

Page 278, ligne 9 : romis, *lisez* : promis.

Page 278, ligne 15 : Taudis, *lisez* : Tandis.

Page 284, ligne 8 : Je suis véritable obstacle, *lisez* : Je suis un véritable obstacle.

FIN DE L'ERRATA.

LA COUR
DE HOLLANDE
SOUS LE RÈGNE
DE
LOUIS BONAPARTE.

ANNÉE 1806.

Un gouvernement républicain, dirigé par Schimmelpenninck (Rudger Jean), qui était décoré du titre de Grand Pensionnaire, régissait la Hollande, et semblait, par sa situation autant que par sa nullité apparente en politique, devoir rester étranger aux commotions qui depuis quinze années bouleversaient la face de l'Europe. Mais ce pays devait fournir un épisode saillant à l'histoire politique de l'Europe, par l'influence de celui qui tour à tour a établi

1806. et renversé des républiques, ébranlé tant de trônes et créé tant de monarchies. La Hollande subit tout à coup une nouvelle métamorphose, et reçut pour souverain Louis Bonaparte, frère de l'empereur Napoléon, connétable de France, et colonel-général des carabiniers. Ce prince avait épousé Hortense de Beauharnais, fille de l'impératrice Joséphine*.

Avant de se rendre dans leurs états, le roi et la reine se firent précéder dans leur résidence de La Haye, par des personnes d'un rang distingué, et désignées par LL. MM. entre toutes celles qui leur étaient le plus dévouées en France. Ces personnes devaient, en Hol-

---

* Louis Bonaparte est né à Ajaccio le 2 septembre 1778. Il vint très-jeune en France, et après avoir fait ses études il embrassa l'état militaire, où il s'est peu distingué. Après le siége de Toulon, où Napoléon commanda l'artillerie, il fit nommer Louis sous-lieutenant, et l'attacha bientôt en qualité d'adjoint à l'état-major de l'armée des Alpes. Peu de temps après, Louis devint lieutenant d'une compagnie de canonniers. A l'armée d'Italie, où Bonaparte commandait en chef, Louis était son aide-de-camp, mais seulement avec le grade de lieutenant. Après la bataille de Castiglione, où pourtant il ne se trouva pas, parce qu'il était en mission à Paris, il reçut le grade de capitaine. A son retour d'Égypte, en mars 1799, Louis fut nommé colonel du cinquième régiment de dragons, dans le-

lande, se réunir aux hommes les plus impor- 1806.
tans du pays pour établir les différens services
composant la maison du roi.

L'intérieur du palais, auquel on ne pouvait
pas encore donner le titre de cour, présentait
un coup d'œil fort curieux par le concours
de Français et de Hollandais qui s'y trouvaient réunis. Mais le gouvernement républicain n'ayant laissé aucun élément convenable

---

quel il avait d'abord été chef d'escadron. Peu de temps après,
le 18 brumaire, Napoléon permit à son frère de voyager en
Prusse et en Autriche, où, dit-on, il vécut pendant un an
d'une manière assez licencieuse. En 1802, au mois de janvier,
ayant alors vingt-deux ans, il épousa contre son gré Hortense de Beauharnais. En 1803, Louis resta constamment à
son régiment. En 1804, il fut nommé chef de brigade, et
peu de temps après il devint général de division. En 1805, le
commandement de la réserve de l'armée d'Angleterre lui fut
donné, et pendant qu'il eut celui de la garnison de Paris en
l'absence de l'empereur, il forma avec beaucoup d'habileté
une armée du Nord en Hollande.

En 1806, Louis était connétable de France et colonel-général des carabiniers, lorsqu'au mois de juin une députation de
la Hollande, composée de MM. Verhuell, vice-amiral; Brand-
zen, ambassadeur à la cour de France; Van-Styrum, membre
de leurs *Hautes Puissances*, et W. Six, conseiller-d'état, vint lui
offrir de régner sur les Hollandais. (*Proclamation du roi aux
Hollandais.* Voyez *Pièces justificatives*, n° 1.)

1806. pour organiser dignement la cour d'un monarque, tout était à faire, tout était à créer, c'était un édifice entier à construire. Les Hollandais présentaient pour modèle la cour de Hollande sous le règne du prince d'Orange; les Français, au contraire, prétendaient qu'une cour ordonnée comme celle de France serait plus agréable à leur souverain. C'est au milieu de ce conflit de prétentions et d'intérêts divers, et, pour ainsi dire, à travers ce choc de toutes les passions mises en mouvement par l'esprit national, que LL. MM. arrivèrent à La Haye, le 18 juin 1806. Alors, par respect pour le roi et la reine, les esprits parurent se calmer. Louis, pour tout concilier, choisit parmi les Hollandais et les Français deux personnages qu'il chargea de former définitivement sa maison; et la division cessa. Bientôt, par les soins de l'amiral Verhuell et ceux du grand-maître de la maison, M. de Sénégra, les intentions de S. M. furent remplies.

Des arcs de triomphe avaient été élevés sur le chemin de La Haye à la maison *du Bois*, où LL. MM. se rendirent avant que d'aller occuper leur palais de la ville. Ces arcs de triomphe étaient chargés de devises qui an- 1806. nonçaient avec plus d'emphase que de vérité combien le peuple hollandais était heureux de posséder ses nouveaux chefs; et pourtant cette allégresse de commande n'empêcha pas qu'on remarquât que dans plusieurs rues où passèrent LL. MM. il y avait beaucoup d'habitations dont les croisées étaient fermées, ce qui n'annonçait pas un enthousiasme bien général.

Une nation républicaine et pourtant divisée d'opinions, à qui la force donne un roi, et un roi étranger, pouvait bien, sans qu'on s'en étonnât trop, ne point accueillir avec une exaltation spontanée ce maître absolu. Il était assez naturel de supposer à celui-ci des projets qui ne s'accorderaient pas tout-à-fait avec les idées nationales; et la portion du peuple qui raisonne ses affections semblait vouloir ajourner l'expression de son dévoûment jusqu'à ce que le nouveau prince eût fait ses preuves d'entière adoption.

Les députations arrivèrent bientôt en foule à la maison *du Bois*, où le roi et la reine les accueillirent avec une grâce parfaite; et

1806. tout ce que dirent LL. MM. annonçait avec franchise le désir qu'elles montraient de faire le bonheur des peuples sur lesquels elles étaient appelées à régner. Ces députations prononcèrent des discours où l'opinion publique se manifestait assez hardiment, tout en conservant le respect dû à la majesté du trône. Louis, loin de s'offenser de la liberté de ces sentimens, sut beaucoup de gré aux députés de leur franchise. Le discours de M. de la Saussaye, ministre de l'église wallonne, fut regardé comme un chef-d'œuvre, tant par la sagesse et l'élévation des idées que par sa touchante et pastorale simplicité ; mais à travers celui du président de LL. HH. PP. on remarquait avec quelle complaisance M. le président vantait la nation hollandaise comme extrèmement intéressante *sous tous les rapports :* nation célèbre, ajoutait-il, par les vertus qui l'ont de tout temps distinguée. *Quelle modestie !*

Après avoir passé quelques jours à la maison *du Bois*, où il s'occupait avec les secrétaires d'état à recueillir des connaissances locales, le roi fit son entrée dans sa capitale, à La Haye, le 23 juin; mais cette entrée n'eut point toute la pompe, tout le brillant appareil d'un cortége royal, parce que Louis contremanda la réunion d'un corps de troupes françaises à La Haye, où, d'après l'ordre de l'empereur Napoléon, elles devaient escorter le nouveau roi. Mais cette première détermination de Louis, inspirée par une sorte de modestie, déplut à Napoléon, qui remarqua que déjà son frère n'était pas disposé à suivre aveuglément toutes ses intentions.

1806.

La Haye, que les Hollandais nomment toujours *s'Gravenhage* (ou Bois du Comte), ce qui contrarie un peu la vivacité des Français qui prononcent si difficilement les noms étrangers*; La Haye, après avoir été un simple village, est maintenant une des plus jolies villes

---

* Un officier hollandais, au service de France, avait à réclamer quelque chose à la mairie d'une ville où il se trouvait; le secrétaire de l'administration lui demanda son nom : *Van Hoynck van Papendrecht*, lui répondit l'officier. — Je vous prie de me dire votre nom, répéta le secrétaire. — *Van Hoynck van Papendrecht*, redit encore l'officier. — Je ne vous comprends pas, répliqua à son tour le secrétaire, et si vous ne prononcez pas votre nom en français, il est impossible que je fasse droit à votre réclamation.

1806. de la Hollande, où la cour faisait sa résidence dans un palais composé d'un amas de maisons fort anciennes et construites sans goût, ce qui offre un contraste choquant avec la somptuosité des hôtels dont se forme le *Voor-Hout*, qui est la principale rue de La Haye. Les modes françaises s'étaient introduites depuis long-temps dans les grandes villes de la Hollande, où la bonne société offrait dans les dames autant d'élégance qu'à Paris, et dans le costume des hommes peu de différence avec celui des Français. S'il existe encore des oppositions sensibles entre les mœurs, les coutumes, les habillemens, les manières françaises et ces mêmes objets en Hollande, ce n'est que dans les classes inférieures du peuple. On y remarque aussi une sorte de ressemblance dans la forme et d'analogie dans l'expression de la physionomie, lesquelles d'ailleurs s'étendent à la généralité des habitans.

Heureusement qu'à La Haye il était du bon ton de parler français; car si les Français ont quelque supériorité sur les peuples qui les entourent et qui parlent tous leur langue, il faut avouer qu'ils ne brillent pas dans la con_ naissance des idiomes étrangers. Les Français qui avaient accompagné le roi en Hollande ne pouvaient presque pas s'imaginer qu'ils fussent en pays étranger, car ils vivaient à La Haye comme s'ils eussent été à Paris, et leur pétulance, que les Hollandais ne manquent jamais de leur reprocher, s'accommodait assez bien de la gravité presque constitutionnelle de cette nation flegmatique. Les femmes paraissent avoir moins de tendance que les hommes à cette méthodique tranquillité nationale. Les Hollandaises, pour la plupart, sont jolies ; malheureusement leur beauté n'est pas de longue durée, et leurs traits et leur teint ne résistent pas à plusieurs grossesses et aux soins de l'allaitement. Une jolie femme en Hollande ne jouit guère des avantages de sa beauté, de sa fraîcheur, que depuis dix-huit ans jusqu'à vingt-six ; après cette époque, celles qui ont la prétention de plaire, ne peuvent plus fixer les regards et attirer les hommages que par le manége de la coquetterie.

Les grands officiers de la couronne, lors

de la formation de la maison du roi, étaient tous Français; ils avaient été choisis à Paris par le prince, au moment même de son avénement au trône de Hollande. Parmi ces officiers, Louis semblait affectionner particulièrement le lieutenant-général Noguès, qu'il fit son grand-veneur et gouverneur de La Haye. L'occupation de ces grands emplois par les Français excita, avec quelque raison, la jalousie des Hollandais que leur rang dans la société aurait pu appeler à ces emplois éminens; et ce sentiment, d'abord dissimulé sous le masque de la politique, amena plus tard les changemens qui eurent successivement lieu dans le personnel des grands dignitaires de la couronne. Les Hollandais de marque avaient cependant obtenu d'autres avantages capables de tempérer ou de satisfaire leur ambition, puisque les ministres et les ambassadeurs étaient tous pris, comme cela devait être, parmi des hommes du pays. Le ministère ainsi que le corps diplomatique furent assez souvent composés d'hommes d'un grand mérite. Cette envie nationale, si on peut s'exprimer ainsi, s'étendit plus loin encore; et les Hollandais, tout en avouant la bonté de la nouvelle administration, étaient fâchés de voir autant de Français à la cour et dans les différens services.

1806.

Il y avait infiniment plus d'accord entre les dames qui avaient l'honneur d'approcher de la reine, mais on s'en étonnera moins lorsqu'on saura que ses dames d'honneur étaient toutes Hollandaises. Il faut cependant en excepter une qui, malgré qu'elle fût l'épouse d'un Hollandais, était issue d'une grande famille de France. Le crédit de cette dame prit tout à coup un très-grand essor et s'éleva avec rapidité dans la plus haute région des faveurs, mais ce fut moins à sa naissance qu'à son mérite personnel qu'elle dut la puissante considération dont elle fut entourée pendant quelque temps à la cour.

Les Français jouissaient à La Haye de tous les agrémens de la vie; de tous côtés ils portaient cette aimable gaîté, cette constante vivacité qui sut animer, qui sut *franciser*, si on peut le dire, tous les pays qu'ils ont habités. La galanterie, qui leur est si familière, trouva à s'exercer auprès des dames hollandaises, qui, peu habituées à la flatterie et aux sémillantes agaceries dont on entoure les dames françaises, accueillirent avec bienveillance les hommages qui leur étaient offerts.

En attendant qu'on eût convenablement arrangé au palais les appartemens destinés à quelques officiers français de la maison du roi, au nombre desquels j'étais, plusieurs d'entre eux prirent des logemens au *Maréchal de Turenne*, hôtel garni recommandable pour les soins qu'on y prodigue aux étrangers, et remarquable par l'excessive cherté avec laquelle on y est traité. Comme les croisées des appartemens de ces officiers donnaient en face de la maison occupée par la principale actrice du Théâtre-Français, cette dame apprit bientôt que ses voisins étaient des compatriotes, et à ce titre elle les engagea à la visiter; plusieurs s'en défendirent, ne pensant pas qu'il fût dans la dignité des convenances de faire, du moins ostensiblement, leur société d'une dame de théâtre, toute jolie et tout aimable qu'elle pût être. Cependant, en y réfléchissant un peu, je fus du nombre de ceux qui s'affranchirent du scrupule de l'étiquette, et nous

nous rendîmes à l'invitation de mademoiselle
Lobé. C'était une espèce de Ninon, bien connue
dans la résidence royale par son esprit,
son atticisme et ses bons mots. Elle recevait
avec le ton de la très-bonne compagnie, ce
qui n'est pas chose commune parmi des femmes qui, assez ordinairement, semblent se
dédommager chez elles de l'obligation où elles
ont été de prendre au théâtre l'esprit et les
manières d'un rôle souvent en contraste avec
leur esprit naturel et leurs habitudes domestiques. Mais il était moins difficile à mademoiselle Lobé qu'à toute autre de déployer
cette politesse du grand monde qui atteste si
bien le bon ton ; car, si l'on en croyait la chronique scandaleuse, plus d'un ambassadeur
avait eu avec elle des relations toutes particulières. On donnait même alors comme certaine
sa liaison intime avec M. Molerus, l'un des
chambellans du roi, et l'homme que l'on disait être le plus galant de toute la cour. Mais
ce qui pouvait étonner chez mademoiselle
Lobé, c'était d'y voir réunis aux principaux acteurs du jour une grande partie des ambassadeurs des puissances étrangères, dont les plus

1806.

empressés alors étaient M. de Nesselrode, envoyé de Russie, le baron de Feltz, ministre d'Autriche, le comte de Lowendall, auxquels se joignaient des Hollandais du haut parage. Tous paraissaient enchantés d'être admis à l'honneur de former la cour de la reine du théâtre, et qui tenait à La Haye depuis quelque temps le sceptre de la haute galanterie. Le ministre de France, M. Dupont-Chaumont, était le seul des ambassadeurs qui ne se montrât point au cercle de mademoiselle Lobé, dont tout l'esprit et la coquetterie échouèrent pour l'attirer chez elle.

Si l'on peut un instant mettre de côté la convenance des rangs et la dignité des emplois, il faudra convenir que la haute société qui se rassemblait chez mademoiselle Lobé offrait une réunion fort agréable, parce que tous ces grands personnages, en entrant chez elle, y abjuraient toute espèce de morgue, et que là l'homme le plus aimable y était toujours le plus considéré. LL. EExc. venaient s'y délasser du faste des grandeurs, et leur bonhomie et leur franche gaîté n'aurait jamais permis qu'on soupçonnât en eux les ambassadeurs des différentes puissances de l'Europe.

Dans ce cercle composé d'hommes de tous les pays, je me liai assez particulièrement avec un habitant de La Haye, qui, sans être enthousiaste des Français, recherchait volontiers leur société, n'imitant point en cela ceux qui se préviennent aveuglément contre tous les étrangers, sans réfléchir à ce qu'un semblable éloignement peut avoir d'injuste et de puéril. Mon Hollandais, M. Vandenkeuzendyk, ne remarqua point en moi ce qu'en Hollande on appelle le *vent français* (fransche wind), c'est-à-dire cet air évaporé qu'à tort on prendrait pour de la présomption, cette légèreté de caractère qu'on reproche aux Français, mais qui n'exclut point chez eux leur franchise distinctive. Malgré ce préjugé, je fus assez heureux pour gagner la confiance du brave et honnête M. Vandenkeuzendyk. Il m'engagea trop obligeamment à le visiter pour que je m'y refusasse, et sa maison me fut très-agréable, non seulement par la bonté avec laquelle toute la famille me traitait, mais encore parce qu'on y voyait assez souvent s'y réunir des jeunes personnes fort aimables, au nombre desquelles il se trouva une jeune veuve, parlant très-bien français et à qui, sans l'offenser, on pouvait dire qu'elle était jolie. En tout pays on croit aisément ce qui flatte. Nulle part fille ou femme ne s'est mise en courroux en écoutant de tendres aveux; ce qui ne touche point le cœur, la vanité s'en accommode, et pourvu qu'on sache adroitement insinuer la louange, on peut réussir, sans jamais s'engager dans une fausse position. A travers cet essaim de jeunes Hollandaises je distinguai l'aimable Caroline Nieuweman, dont le mari, en allant mourir à Batavia, lui laissa à La Haye assez de fortune pour vivre dans une heureuse indépendance. Son père, chez lequel elle demeurait, était connu pour avoir la plus belle collection de fleurs du pays; Caroline, par sa taille élégante et sa fraîcheur éblouissante, attirait tous les regards, et son maintien, peut-être un peu libre, donnait à toute sa personne un air d'abandon qui, à mes yeux, ajoutait encore à tous ses attraits. Son père, dans ses momens d'enthousiasme, la comparait souvent à la rose mousseuse se balançant sur sa tige. Il n'était pas très-difficile de lier connaissance avec M. Nieuweman; il suffisait de montrer le désir de voir ses fleurs, pour obtenir l'entrée de sa maison, et sous ce prétexte je captai assez promptement sa bienveillance.

On donnait au palais des fêtes, des concerts et des bals où se réunissaient la cour, le corps diplomatique et un grand nombre de personnes de distinction. A ces premiers bals de la cour, où étaient accourus des départemens beaucoup de gens qui venaient offrir leurs hommages aux nouveaux souverains, le costume et les manières de certains hommes des provinces les plus éloignées contrastaient singulièrement avec l'aisance de ceux qui étaient habitués au grand monde, et la toilette des dames de la Nord-Hollande et de la Zélande, qu'on avait cherché à franciser un peu, n'était pas moins originale. Enfin tout ce bizarre assemblage de différens costumes et de diverses prétentions offrait un coup d'œil très-piquant, et donnait en quelque sorte à ces premières réunions l'apparence d'une mascarade. La reine, quoique assez souvent indisposée, embellisait ces réunions par les agrémens de son esprit et par le charme de ses talens. Lorsqu'elle ne s'y montrait pas assez vite, on voyait la tristesse empreinte sur tous les visages ; paraissait-elle, la plus douce joie succédait à l'inquiétude. Alors on aurait pu lui appliquer ce mot de madame de Lambert à Fontenelle : « Les grâces vives et riantes » semblaient l'attendre à la porte de son ca-» binet pour l'introduire dans le monde. »

Le roi organisa ses ministères, confirma d'anciens ministres, en nomma de nouveaux, et il eut le bon esprit de conserver près de lui comme secrétaire du conseil d'état M. Appelius, homme d'un grand mérite, mais dont la figure hétéroclite et l'extérieur un peu trop négligé faisaient dire, à ceux qui ne le connaissaient pas, que S. M. avait souvent près d'elle une espèce de fou qui rappelait le temps où les rois se faisaient accompagner par un bouffon.

Déjà la cour était divisée en deux partis bien distincts. Les Hollandais semblaient trouver auprès du roi une bienveillance que ne leur accordait pas la reine, qui paraissait au contraire protéger plus ouvertement les Français. Cette rivalité entre des courtisans ne pouvait se manifester franchement, on le conçoit; aussi voyait-on tout ce grand monde se combler de politesses affectueuses désavouées par le cœur. On sait que l'affabilité des grands est une partie qui jamais ne se joue à jeu découvert.

Le prince Louis Bonaparte, en acceptant malgré lui, comme il l'a dit, de régner en Hollande, jugeait sans doute combien il lui serait difficile de concilier ce que la France semblait attendre de lui, et ce que sa conscience exigerait qu'il fît pour les intérêts de la nation qu'il venait d'adopter. C'était sans doute pour se livrer entièrement et sans reproche à ce dernier sentiment, qu'en acceptant le trône de Hollande il avait montré le désir de ne plus être connétable de France; mais l'empereur, par un motif tout opposé, voulut au contraire très-formellement qu'il gardât cette charge.

C'est donc de ce point de vue politique qu'il faut toujours observer Louis, pour bien juger ses actions pendant qu'il fut sur le trône de Hollande, et ne point attribuer à l'instabilité de son caractère, qu'avec raison on pourrait aussi lui reprocher, tous ces changemens, toutes ces mutations, toutes ces décisions qui se croisaient, qui se multipliaient sans cesse. Il faut considérer un jeune prince qui ne fut point élevé pour régner, mais dont on peut dire cependant que la raison avait devancé l'âge, et qui prouva en maintes occasions que l'expérience n'est pas toujours l'école nécessaire des rois; il faut le considérer luttant sans cesse avec le puissant empereur des Français auquel il doit tout, et auquel il résista pourtant parce qu'il avait le sentiment des obligations contractées avec sa nouvelle patrie. Il ne voulut point régner d'abord, mais du moment où il eut la couronne sur la tête il se crut dégagé envers l'empereur de tout ce qui pouvait nuire aux intérêts de son peuple. Ensuite, trop faible pour résister davantage à la puissance colossale qui le pressait, il aima mieux abdiquer que de transiger avec ce qu'il croyait ses devoirs. Mais au milieu de toutes ces tribulations, les Français qui avaient accompagné le roi en Hollande, et surtout ceux qui approchaient le plus de sa personne, auraient dû le trouver moins enclin à la méfiance. Des hommes d'honneur dont le caractère de loyauté ne s'est jamais démenti devaient toujours être protégés par lui. Le corps diplomatique, qui toujours s'amuse des dissensions d'autrui, riait sous cape de cette mésintelligence, et il s'en amusait encore au cercle de mademoiselle Lobé, qui brodait fort spirituellement sur toutes les aventures de la cour.

1806.

Mais tandis que ces nobles et puissans seigneurs étaient aux pieds de la séduisante Laïs dont ils admiraient les charmes, j'offrais modestement mes hommages à l'aimable Caroline, dont le père m'invita un jour à prendre le thé avec sa famille; c'était un dimanche. Cette famille se composait de M. Nieuweman, qui parlait bien moins français qu'il ne l'entendait, de sa femme qui ne parlait que hollandais, de la jeune veuve qui avait auprès d'elle une de ses amies, de leur aïeul, respectable vieillard, accroupi dans un fauteuil de cuir et enveloppé d'une grande robe de chambre d'étoffe à larges raies, lequel se dédommageait en parlant beaucoup, et en hollandais, de l'impossibilité où il était de marcher; enfin d'un cousin, M. Trotman, inspecteur des postes, bel esprit à ce qu'il croyait, et s'efforçant à vouloir le prouver par une érudition puisée dans quelques livres français assez insignifians. Caroline était à côté de moi, et suivant l'ordre de son père elle devait veiller à ce qu'il ne me manquât rien. Nous voilà donc tous rangés autour d'une table couverte en toile cirée et sur laquelle étaient quelques pipes, du tabac, des gâteaux, du fromage, des tartines, du pain et du beurre, l'indispensable crachoir, et enfin l'inépuisable théyère confiée à l'habileté et à l'expérience de madame Nieuweman. Nous bûmes à qui mieux mieux de cette *précieuse eau chaude* dont en Hollande on fait une si grande consommation. Le grand-papa, qu'on avait roulé à la place d'honneur, se mit à boire sans cesser de fumer; son fils l'imita, M. Trotman en fit autant, et c'est lorsque nous fûmes enveloppés d'un nuage de fumée qu'on me demanda, fort obligeamment, si la pipe ne m'incommodait pas. Un homme qui cherche à plaire ne se plaint de rien, et, pour être agréable à mes hôtes, je fis même l'éloge de la cigogne, cet oiseau si chéri des Hollandais, d'autant plus difficile à louer que son *ramage*, qui se rapporte assez à son *plumage*, n'a rien de bien séduisant, et que ses formes étiques se refusent à toute description flatteuse. Mais ce qui me fit infiniment d'honneur, c'est que j'appris à la famille Nieuweman que les Grecs et les Romains avaient eu aussi beaucoup de vénération pour les cigognes. M. Trotman ne s'attendait pas à mon érudition, et pour briller aux yeux de la société il nous déroula, avec une apparence de fierté, toute l'histoire naturelle de la cigogne, mais tout autrement que ne l'a fait M. de Buffon; ensuite il analysa *très-longuement* tous les services que cet oiseau *scolopax* rendait au pays, et il termina son apologie en assurant qu'on regardait comme prédestinées les maisons sur lesquelles cet oiseau de passage allait faire son nid; quoique Caroline, avec un peu d'espièglerie, fit observer que dernièrement le feu du ciel avait consumé une maison sur laquelle depuis long-temps s'était établie une famille entière de cigognes. Madame Nieuweman, prévoyante à l'excès, s'occupait constamment à remplir les tasses de ses convives et à les presser de manger. J'avais déjà l'estomac submergé d'un déluge d'eau chaude et gonflé de pâtisserie, qu'à peine les personnes qui m'entouraient semblaient être au commencement de la collation. Je demandai grâce, et Caroline m'apprit que pour annoncer que l'on ne voulait plus de thé, il fallait renverser sa tasse sur la sous-coupe; « car sans cette précaution, me dit-elle, on ne cesserait pas de vous en offrir ». Je remerciai Caroline très-ostensiblement, mais ce qui était moins visible pouvait encore bien mieux lui prouver toute ma gratitude. En France on sait fort bien tout ce que veut dire le jeu muet d'un pied qui cherche à table à se lier avec son voisin; en Hollande, ce langage avait-il la même acception? Je l'ignorais. Au risque de faire une école, je posai doucement mon pied sur celui de Caroline, qui fut sourde à l'appel, mais qui en me regardant avec une gracieuse timidité semblait me dire : Je vous entends bien. Son regard m'en dit beaucoup plus que je n'osais l'espérer. Ce regard m'apprit tous les secrets de son cœur, et si le mot *j'aime* ne s'échappa point de sa bouche, ses yeux exprimaient le plus doux attendrissement. Enfin on quitta la table et l'on passa dans une autre salle pour boire du vin et manger des *boterham*, c'est-à-dire des tartines de pain et de beurre. Ces messieurs fumèrent de nouveau, et sans qu'on le trouvât mauvais, j'entretins Caroline avec une liberté qu'on n'oserait jamais prendre en France. Tout en fumant et buvant d'un côté, et jasant de l'autre, l'heure du souper arriva, et toute la famille Nieuweman continua à manger sans qu'il me fût possible de l'imiter. Oh! que de gens en Hollande ne semblent vivre que pour manger! Après avoir fait acte de comparution au souper, je pris congé de la société, et par hasard je sus que le lendemain Caroline et son amie iraient à la promenade *du Bois*. Ce Bois est un lieu charmant à la porte de La Haye et où de magnifiques arbres déploient une majestueuse croissance. Mais une chose assez extraordinaire, c'est que cette superbe promenade, qui par sa proximité avec la ville et sa beauté réelle devrait être très-fréquentée, est presque toujours un lieu très-solitaire : tant mieux pour ceux qui en s'y promenant peuvent avoir quelque motif d'éviter la publicité. Malgré qu'il n'y eût point eu de rendez-vous d'assigné entre Caroline et moi, nous nous rencontrâmes *au Bois*, où je la trouvai avec son amie, et j'eus le plaisir de les rejoindre auprès de la petite maison royale qui est à l'extrémité de cette promenade. Le roi n'y étant pas, je me fis ouvrir les appartemens par le concierge, et auprès de ces dames je m'érigeai en *cicerone*. Si la jolie veuve eût été sans son amie, peut-être aurais-je tenté de guider ses pas du côté d'un certain cabinet chinois où l'ancien stathouder aimait, dit-on, à faire la sieste ; cabinet dont on fit depuis un charmant boudoir, et dans lequel on n'allait plus dormir. Je ne laissai point échapper cette occasion de faire connaître à Caroline combien elle m'intéressait, et elle répondit à mes protestations d'amour avec une naïveté charmante, un abandon tout aimable et auquel l'accent étranger semblait ajouter encore une grâce particulière. Nous quittâmes le Bois et je laissai Caroline et son amie à la porte de la ville. J'étais enchanté !

tout me présageait la plus douce intimité. 1806.

Le roi, animé du désir de faire le bien de la Hollande, s'abandonna sans réserve à cette honorable pensée, mais il voulut exécuter trop de choses en peu de temps, et tout ce qu'il voulait faire n'entrait pas dans les vues de l'empereur des Français; toute ses promesses aux Hollandais à son avénement au trône étaient autant de protestations contre le grand système continental de Napoléon, qui dès lors parut se méfier de son frère.

Louis appela près de lui des Hollandais d'un mérite distingué et pour lesquels il avait conçu beaucoup d'estime. MM. Molerus, Gogel, Twent et Roëll lui furent d'une très-grande utilité, le premier au ministère de l'intérieur, le second aux finances, le troisième à l'administration des digues, et le dernier comme ministre secrétaire d'état. M. Van der Goes, placé au ministère des affaires étrangères, quoiqu'il se fût d'abord ouvertement déclaré l'ennemi du régime monarchique, et qu'il eût les opinions et le caractère républicains, donna au roi toutes les marques d'un dévoûment absolu.

1806. La nouvelle constitution présentant de l'obscurité sur différens points, le roi voulut en faire une nouvelle rédaction, encore bien qu'il ne regardât cette constitution que comme provisoire, jusqu'à la paix générale *. Il appela au ministère de la justice et de la police M. Van Hof, à celui des colonies M. Van der Heim, et le général Bonhomme au ministère de la guerre : c'était alors les hommes qui pouvaient le mieux seconder ses vues. Plus tard il voulut connaître la situation des affaires du pays. Il fut justement effrayé de l'état du trésor. L'administration des digues, si importante pour le pays, était dans un désordre affreux, sans mode régulier, et tous ses travaux abandonnés à l'arbitraire des villes, des villages, et même des seigneuries. Cependant, malgré la pénurie des fonds, le roi trouva le moyen de faire continuer les belles écluses de Catwyk, dont les travaux avaient été commencés sous l'ancien gouvernement. Il examina attentivement toute la jurisprudence du pays, qu'il trouva encombrée de lois incohé-

---

* *Voyez* Pièces justificatives, numéro 2.

rentes, et d'autant de juridictions qu'il y avait de provinces, en sorte que le même délit, à des distances très-rapprochées, était différemment puni. Ce qui était juste dans une province était injuste dans une autre province. Le gouvernement actuel n'avait point à lui ce qu'on appelle une *police dévouée*; il marchait dans les ténèbres, se fiant souvent au premier venu, ou à des hommes qui servaient l'étranger à ses dépens.

L'armée de terre n'avait rien d'imposant. On la disait forte de 20,000 hommes, mais on aurait eu beaucoup de peine à en rassembler 10 à 12,000. Le corps de l'artillerie et du génie, qui ne manquait pas d'officiers instruits, se réduisait à fort peu de chose, parce qu'on ne pouvait pas compter sur le soldat, dont on ne prenait pas assez de soin.

La marine était dans une situation plus agréable; elle avait deux flottilles, l'une à Boulogne-sur-Mer, et l'autre pour la garde des côtes et des ports : il y avait au Helder, à Rotterdam et à Amsterdam, un assez grand nombre de vaisseaux, quelques frégates et plusieurs bâtimens légers. Les chefs de la marine étaient MM. Dewinter, Verhuell, Kikkert, Bloys van Treslong, Hartzinck et Lemmers.

Quoique l'exercice du culte fût libre, les ministres de la religion réformée étaient les seuls qui fussent salariés par l'État. L'église catholique végétait dans la plus profonde misère, et les seuls ministres réformés étaient chargés des écoles. Les juifs, et surtout les juifs allemands, étaient dans un état d'abjection et d'oppression dans lequel ils s'abrutissaient de plus en plus. Les catholiques n'étaient admis à aucun emploi honorable, et les juifs étaient éconduits de toutes parts.

Le commerce se réduisait à fort peu de chose, et il s'appauvrit encore davantage lorsque le roi crut devoir supprimer une contribution que les consuls français avaient établie à leur bénéfice sur tous les bâtimens entrans et sortans. La privation de ce droit arrêta toute espèce de relation avec l'Angleterre, et le pays resta dans l'inaction la plus complète. Les manufactures et les fabriques se trouvaient paralysées par la supériorité des mêmes établissemens dans les autres pays. 1806.

Les sciences et les arts, cultivés avec moins de succès qu'ailleurs, n'étaient point appliqués à l'industrie.

L'instruction publique présentait un état assez florissant ; mais les universités étaient en trop grand nombre. On y distinguait dans tous les genres des hommes du premier mérite.

Après que le roi se fut très-sérieusement occupé d'acquérir des connaissances exactes sur toutes les branches de l'administration, en travaillant beaucoup avec ses ministres, et après avoir pourvu aux principaux objets, il se rendit avec la reine aux eaux d'Aix-la-Chapelle. Une partie de la cour accompagna LL. MM., et quoique la santé du roi fût assez chancelante, il n'en travailla pas moins à vouloir apprendre le hollandais. Malgré tous ses efforts, il n'a pu triompher des difficultés qu'un Français rencontrera toujours à prononcer les langues du Nord. Cependant, quelques courtisans hollandais ayant osé assurer le roi qu'il parlait parfaitement l'idiome du pays, il se hasarda un jour

1806. à prononcer un discours en hollandais; mais il sentit bien lui-même, dès avant la fin du discours, que si l'auditoire ne donnait aucune marque d'improbation, il le devait uniquement au respect dont personne ne pouvait s'écarter envers S. M. *

Le roi passa aux eaux tout le mois d'août et une grande partie de celui de septembre, et de là il entretenait avec la Hollande une correspondance très-suivie.

Afin de réduire les dépenses de l'État, le roi se flatta d'obtenir de la France le renvoi des troupes françaises du territoire de la Hollande et la diminution des armemens maritimes ; il avait directement écrit à l'empereur son frère qu'il abdiquerait sur-le-champ si le gouvernement français ne s'acquittait point envers la Hollande, et si les troupes françaises restaient plus long-temps à la solde du pays.

* Les questions importantes et tout ce qui tient à l'art oratoire, de l'aveu des Hollandais, s'explique, se résout bien mieux en français qu'en hollandais, et il est arrivé plusieurs fois dans des discussions dont on ne pouvait sortir avec clarté, d'abandonner l'idiome national pour parler français, afin de s'entendre parfaitement.

L'empereur, qui pourtant ne souffrait pas qu'on lui imposât des conditions, accorda dans cette circonstance à peu près tout ce qu'on lui demandait ; mais il y a tout lieu de penser que ce prince n'aurait pas voulu retirer ses troupes de la Hollande, s'il ne s'était pas vu dans la nécessité d'augmenter l'armée française en Allemagne, pour s'opposer aux hostilités de la Prusse.

1806.

Dans cette situation, le roi jugea qu'il était très-important pour le pays d'augmenter le nombre de ses troupes de terre, afin de pouvoir par lui-même éloigner de son territoire les troupes étrangères, et de se montrer aussi dans une attitude indépendante ; car tout lui présageait qu'il devait peu compter sur l'assistance de la France, qui à chaque instant manifestait à son égard des intentions peu bienveillantes. Tout récemment encore, l'empereur venait de refuser, pour ambassadeur à Paris, le général Dumonceau, et s'était opposé à ce que la Hollande eût un commandant à Flessingue.

En portant ses regards au loin, en rapprochant une foule de circonstances, et en se

1806. rappelant le propos échappé à M. de Talleyrand, « que sans le prince Louis on n'aurait » pu rien conclure avec les Hollandais », tout faisait pressentir au roi l'envie qu'avait l'empereur de faire déclarer la banqueroute, et ensuite de réunir la Hollande à la France.

Dans ces dispositions, quoiqu'elles n'altérassent pas l'affection particulière du roi pour son frère, Louis cependant s'opposa à ce que la fête de l'empereur, le 15 août, fut célébrée avec magnificence. L'empereur s'en formalisa; mais, dès le 3 août, le roi avait, de Mayence, donné ses ordres à cet égard à son grand-maréchal du palais.

La Prusse faisant faire à ses troupes quelques mouvemens sur les frontières de la Hollande, et la France gardant sur ces dispositions le plus absolu silence avec le gouvernement hollandais, le roi quitta les bains et revint à La Haye, où il dut prendre de promptes mesures pour se mettre sur une défensive imposante, car l'empereur n'annonçait pas qu'il voûlut protéger la Hollande dans la lutte qui allait avoir lieu. Louis pressentait même qu'il pourrait bien entrer dans les vues de son frère de ne point lui laisser commander son armée. Cette armée ; Louis la divisa en deux corps ; l'un de 12 à 15,000 hommes, commandé par lui et qui devait se rendre à Wesel ; l'autre, sous les ordres du général Michaud, devait stationner au camp de Zeist. Le roi était prêt à partir, lorsqu'un officier d'ordonnance de l'empereur, M. de Turenne, lui remit des dépêches qui lui confirmèrent la crainte qu'il avait que ses troupes ne fussent point réunies en corps d'armée. Cette disposition l'affligea beaucoup, et par la suite elle découragea le corps de ses officiers qui, ainsi que lui, perdirent tout à coup leur enthousiasme militaire. Le roi devant bientôt partir pour l'armée, la reine, accompagnée de ses deux fils, fut rejoindre l'impératrice Joséphine à Mayence.

1806.

Après avoir laissé au général Dumonceau le commandement des troupes qui étaient au camp de Zeist, le roi partit accompagné du général Michaud ; il se rendit à Wesel où il fit d'abord construire un pont de bateaux, pour assurer une facile communication entre les deux rives du Rhin ; il fit approvisionner la

1806. place, et dans le courant d'octobre il quitta Wesel pour se porter en Westphalie avec son armée. La position difficile dans laquelle se trouvait le maréchal Mortier, commandant le 8ᵉ corps de l'armée française, engagea le roi à voler à son secours, et il se rendit lui-même à Cassel, où il eut le chagrin d'apprendre que toutes les dispositions de l'empereur tendaient à ne le considérer à l'armée que comme un prince français, et non comme le roi de Hollande.

Depuis ce moment, le système de l'empereur, à l'égard de la Hollande, se déroula complétement aux yeux du roi. Alors se dissipa toute l'obscurité de la conduite du gouvernement français et toute l'ambiguité de la correspondance de Napoléon. C'est de ce moment que Louis prit la résolution de ne plus agir désormais que comme roi de Hollande. Rien n'égalait l'impatience qu'il avait de revenir dans ses états, et il écrivit à La Haye que dans peu de temps on le reverrait au milieu de son peuple. En ramenant son corps d'armée il bloqua les places fortes de Hameln et Nieubourg, occupées par les Prussiens; le général

Daendels occupa Rinteln, place forte sur le Weser. La place était investie, lorsqu'un ordre de l'empereur *enjoignit* au roi de se rendre dans le Hanovre, pour en prendre possession. Le roi, offensé de cette *injonction*, fit venir de Hollande le général Dumonceau, auquel il donna le commandement de toutes ses troupes, écrivit à l'empereur qu'il retournait à La Haye sans vouloir aller en Hanovre, et il rentra dans sa capitale avec la triste conviction que l'empereur ne l'avait placé sur le trône de Hollande qu'avec l'intention d'obtenir du peuple qu'il était appelé à gouverner tout ce qui pourrait servir aux projets du grand empire.

1806.

Pendant l'absence du roi, la cour avait été languissante, et ceux qui n'avaient point accompagné S. M. cherchèrent quelques distractions dans les sociétés où l'on essayait à former de douces habitudes. On allait au spectacle passer des soirées assez ennuyeuses, lorsqu'on n'y faisait point de ces heureuses rencontres, enfans du hasard, qui parfois conduisent à des aventures fort amusantes, et où d'autre fois aussi le cœur, tout en plaisantant, s'engage très-sérieusement. Messieurs les ambassadeurs, fidèles habitués du salon de mademoiselle Lobé, bornaient assez volontiers leurs plaisirs à faire la partie chez cette belle, où d'autres belles venaient aussi tendre leurs filets. L'une d'elles, madame Rolland, alors, oui *alors* (car les actrices en général sont de nature très-inconstante : elles changent de nom, de meubles et d'amans avec la même facilité) la très-spirituelle et jolie madame Rolland, dont les charmes ont probablement aussi éprouvé quelques altérations, si elle n'eût pas changé d'amours, n'aurait point écouté ni encouragé les entreprises d'un prince russe dont les roubles et la galanterie surent toucher son cœur.

J'avais continué d'aller assez assidument dans la famille de l'aimable Caroline, à laquelle j'avais fait l'aveu de mes sentimens, aveu quelle avait entendu avec ce timide embarras qui tout en ôtant la force de répondre est lui-même la plus douce des réponses. Ma présence chez son père ne donnant aucune inquiétude, elle me fit aisément engager dans une partie qu'on devait faire à *Schevelingen* où l'on allait manger du poisson. Schevelingen est un village fort curieux, à une lieue de La Haye, et où l'on arrive par une superbe avenue plantée de chênes, de tilleuls et de hêtres. Nous entrâmes dans une grande auberge, où il y avait une telle affluence que nous fûmes fort heureux d'obtenir un coin dans la chambre particulière de la maison. Dans la salle commune c'était un tapage épouvantable, et je ne concevais pas comment ces Hollandais si paisibles, si calmes, pouvaient ce jour-là être aussi bruyans. En France, il n'y a que le peuple, proprement dit, qui se livre à cette grosse gaîté, à cet oubli, pour ainsi dire, de toute bienséance ; tandis qu'en Hollande il n'est pas rare de voir ce qu'on appelle la classe bourgeoise s'abandonner les jours de fêtes, dans les lieux de rassemblemens publics, à une turbulente hilarité qui contraste d'une manière bien frappante avec leur sang-froid et leur habituelle tranquillité. Après avoir observé un instant toute cette nombreuse société, dont la majeure partie avait la pipe à la bouche, je revins auprès de mes commensaux, et à côté de l'aimable Caroline j'oubliai la scène originale qui m'avait occupé un moment. Nous mangeâmes d'excellent poisson frais. Par égard pour moi on servit certain poisson sec, exhalant une odeur insupportable, laquelle pourtant ne révolte pas les houpes olfactoires des dames hollandaises. La nuit nous surprit à l'auberge de Schevelingen. L'affluence des personnes qui revenaient à La Haye était si considérable qu'il fut imposible d'avoir des voitures. Nous revînmes à pied ; je pris le bras de Caroline, et sans qu'elle s'y opposât je ralentis notre marche afin de nous perdre dans la foule : ainsi tous deux nous cheminâmes et de très-près, sans nous occuper du reste de la société que nous rejoignîmes à la maison Nieuweman, où l'on ne trouva pas mauvais que nous fussions revenus isolément. Dans l'obscurité qui nous protégeait, je lutinai un peu mon compagnon de voyage, qui sans cesse me recommandait d'être sage ; ce n'était pas chose facile ; cependant j'en fis la promesse, à condition qu'on reviendrait à la maison du *Bois* et surtout qu'on y viendrait seule. Caroline hésita, j'insistai, et l'aimable veuve s'engagea, mais toujours en me faisant promettre d'être sage. Oh !

les femmes! elles sont partout les mêmes! Le 1806.
jour convenu, Caroline se rendit seule au Bois
et je l'eus bientôt rejointe pour la conduire,
par une porte secrète, dans le jardin dont le
concierge m'avait donné la clef; du jardin,
dont je connaissais assez bien les détours,
nous allâmes au charmant boudoir chinois,
lieu de délices, où jamais l'amour ne réunissait deux amans pour bouder.

Le roi revint enfin à La Haye et la cour
reprit toute sa splendeur. S. M., que les
Hollandais revirent avec beaucoup de plaisir, donna bientôt des réunions où reparurent les dames hollandaises que l'absence
du souverain avait d'autant plus affligées
que ces réunions étaient une espèce d'arène
où leurs attraits paraissaient dans tout leur
éclat. Mais le roi, et tous ceux qui suivaient
un peu les affaires du pays, furent jetés dans
une grande consternation par le système du
blocus des îles britanniques, mesure désastreuse prise par le gouvernement français et
qui pouvait ruiner la Hollande. Le roi éluda
autant que possible l'exécution du décret de
l'empereur, mais il ne put éviter que son frère

apprit assez promptement qu'il l'abusait; Napoléon s'en plaignit en maître absolu qui désormais veut être aveuglément obéi. Ce ton impérieux détermina enfin le roi à fermer les ports du royaume à tous les vaisseaux et sans aucune exception.

Malgré le décret du 15 décembre par lequel le roi semblait ne plus s'opposer à la pleine et entière exécution du blocus, l'empereur Napoléon se plaignait toujours, et ses agens secrets, qui paraissaient ne point douter qu'il n'y eût encore des relations importantes entre la Hollande et l'Angleterre, lui firent des rapports qui pensèrent amener des visites domiciliaires dans le pays.

Le roi, voulant imiter les autres alliés de la France, envoya au quartier-général de l'empereur une députation chargée de le féliciter sur ses succès. Les personnages choisis par le roi pour remplir cette mission importante étaient MM. de Bylandt-Halt, van Styrum, Bangeman-Huygens et Goldberg, tous Hollandais, et tous, sans doute, jouissant d'une réputation honorable; mais si cette députation avait été composée de Français et de

Hollandais, les députés, qui furent très-mal reçus, eussent tous été bien accueillis, et l'empereur aurait donné au roi la satifaction qu'il avait droit d'attendre pour tous les sacrifices que la Hollande avait faits depuis quelque temps. Le roi avait alors auprès de lui des Français d'un mérite distingué, et qui, avec raison, s'offensèrent de ne point faire partie de la députation. En voulant tout concilier avec la France, le roi manquait toujours son but dès qu'il semblait affecter d'éloigner les Français qui l'entouraient des affaires de son gouvernement.

Cette sourde mésintelligence entre les deux frères n'empêcha pas le roi de Hollande de s'occuper des institutions qui pouvaient être utiles à son gouvernement. Il choisit des jurisconsultes renommés pour établir un Code civil et un Code criminel. Mais avant tout, il s'occupa de faire compléter le nouveau système des contributions, et d'établir des réglemens sur les corporations et maîtrises. Les efforts qu'il tenta pour asseoir avec égalité les contributions qui devaient peser sur tous les habitans, faisaient l'éloge de son cœur et de sa rectitude. Lorsqu'il eut complété son grand travail sur ce sujet important, et d'où dépendait le salut du pays, il assembla le conseil-d'état, et, par le discours qu'il prononça à cette occasion, il appelait franchement la discussion. Les débats furent assez vifs, mais les bases de son plan de contributions furent adoptées avec des modifications; et les réglemens sur les corporations et maîtrises ayant encore excité les plus vifs débats, il y eut des commissions de nommées de part et d'autre, et leur travail fut converti en une loi qui s'accordait avec celle déjà portée sur l'établissement des contributions.

Le roi montra aussi le désir que l'on s'occupât de la discussion et de l'examen du projet du Code criminel. Les principales bases en furent arrêtées, et les rédacteurs chargés de ce grand travail, MM. Reuvens, Élout et Muschenbroeck, demandèrent un an pour le terminer.

Tandis que le corps-législatif était assemblé, le roi sut lui faire, avec autant de dextérité et de ménagemens que de justesse, des observations sur l'inconvenance de la dénomination qu'il prenait quelquefois de *Hautes* 1806. *Puissances*. L'orgueil national s'irrita d'abord; mais la raison l'emporta, et depuis ce jour les *Hautes Puissances* abandonnèrent cette fastueuse qualification, qui tenait un peu de la souveraineté, pour ne plus prendre que le modeste titre de corps-législatif. L'empereur Napoléon en l'apprenant dit : « Comment » donc! Louis a osé arracher cette plume du » paon. »

A l'instar de ce qui avait été fait en France, le roi, au commencement du mois de décembre, institua les grands officiers du royaume, maréchaux et colonels-généraux. Plus tard, il proposa au corps-législatif une loi portant création de l'ordre de l'Union et de l'ordre du Mérite.

A la fin de cette première année de son règne, le roi s'empressa de rendre compte au corps-législatif de tout ce qui avait était fait dans l'année, et prit la résolution d'en faire autant de chaque exercice. C'était le moyen de gagner la confiance de la nation, et de l'amener à faire tout ce qu'il voudrait entreprendre pour lui être utile. C'est aussi ce que

1806. Schimmelpenninck, le Grand Pensionnaire de la république, se proposait de faire s'il eût conservé le pouvoir en Hollande *.

* *Schimmelpenninck (Rudger-Jean), ancien avocat à Amsterdam, né à Deventer en* 1760, *fut le dernier fonctionnaire supérieur ou président de la république des Pays-Bas, sous le titre de Grand Pensionnaire.*

Schimmelpenninck, lors de la révolution en Hollande, devint membre de l'assemblée nationale, et en 1798 il vint à Paris comme ambassadeur. Lors du traité d'Amiens, il y parut comme envoyé extraordinaire de la république batave, et il y déploya un grand talent en stipulant avec succès les intérêts de son pays. Après la paix d'Amiens, la république de Hollande le nomma ambassadeur à la cour de Londres, et ses mandataires n'eurent qu'à se louer de ses opérations. En 1803, lors de la guerre qui éclata de nouveau entre la France et l'Angleterre, il fit tous ses efforts pour obtenir la neutralité de la Hollande, et il y serait parvenu si le premier consul y eût consenti.

Schimmelpenninck en quittant Londres revint à Paris, où Bonaparte l'accueillit fort mal, parce qu'il le croyait tout dévoué à l'Angleterre. Cependant, par sa droiture et son adresse, il parvint à gagner sa confiance, et à un tel point, que le premier consul, lorsqu'il réalisa son projet d'établir plus d'unité dans le gouvernement de la Hollande par une nouvelle constitution, nomma, en 1805, Schimmelpenninck Grand Pensionnaire, pour remplacer le pouvoir exécutif du *Staats-Bewind* (gouvernement de l'État). Alors Schimmelpenninck, revêtu d'un pouvoir à peu près monarchique, s'occupa d'introduire dans son gouvernement beaucoup d'institutions utiles, mais principalement un nouveau système d'impositions et de 1806. finances.

En 1806, après avoir gouverné pendant un an seulement, une maladie d'yeux, de laquelle il souffrait déjà depuis longtemps, s'augmenta tellement qu'il était menacé d'une cécité complète, et il lui devint impossible de continuer à travailler. L'empereur profita de cette fâcheuse circonstance pour proposer son frère Louis pour être roi de Hollande ; mais Schimmelpenninck, avec une grande énergie, s'opposa à l'avénement d'un étranger au trône de Hollande ; aussi dès qu'il apprit l'arrivée de Louis, il se retira dans ses terres en Gueldre.

ANNÉE 1807.

1807. Le roi, qui avait eu à se plaindre des journaux d'Amsterdam, et à qui la vieille Gazette de Leyde ne convenait pas trop, sous quelques rapports, voulut avoir un journal officiel, ou plutôt un journal particulier dont l'esprit secondât bien ses vues. Il ordonna donc l'établissement d'un journal, sous le titre du *Vrai Hollandais*. Ce titre n'était pas heureux, en ce qu'il donnait à penser qu'il pouvait y avoir de faux Hollandais, et ce n'est point ainsi qu'on parvient à capter une nation qui n'a pas déjà trop d'inclination à supporter un nouveau joug. La direction de ce journal fut confiée à un Français, M. Deferrière, homme de mérite et très-capable de remplir les intentions du fondateur. Les premiers fonds de l'établissement furent faits par le roi, qui lui-même s'était réservé la rédaction de certains articles, et le titre de premier correspondant. Mais cette feuille, qu'on échangeait contre tous les journaux français, et qui avait déjà un assez grand nombre d'abonnés à Paris, ne subsista que six à sept mois : tout à coup le roi la supprima, et elle mourut à son berceau. On a toujours pensé que l'empereur Napoléon, que son frère n'avait point consulté sur la couleur de ce Mémorial hollandais, en avait exigé la cessation, parce que la *tendance* ne lui en convenait nullement.

Amsterdam était trop près de La Haye pour que les Français qui étaient à la cour ne désirassent pas fréquenter cette grande ville ; aussi s'échappait-il de temps en temps de la résidence quelque amateur, dont la curiosité satisfaite excitait celle des autres. Le directeur de la musique du roi, M. Plantade, que S. M. honora toujours d'une bienveillance particulière, ayant besoin à Amsterdam, me proposa, comme ami, d'en faire le voyage ensemble. Nous prîmes la barque de nuit, ce que les Hollandais appellent le *nacht schuit*. Cette barque est divisée en deux espèces d'appartemens, dont nous louâmes, comme le plus commode, celui qui est connu sous le nom de *roef*, et où l'on trouve tout ce qu'il est nécessaire d'avoir dans un voyage de ce genre, même un très-bon lit. C'est dans cette traversée que, pour la première fois, j'essayai de fumer; mon début ne fut pas heureux; la fumée et l'odeur du tabac m'étourdirent et me causèrent un malaise général, d'où cependant je n'ai pas conclu, comme presque tous les Français, que cet usage n'est pas nécessaire à la santé; l'excès en tout peut être nuisible; mais il est bien démontré que dans les pays du nord l'usage modéré de la pipe et des liqueurs spiritueuses est d'un salutaire effet. Quoi qu'il en soit, ce jour-là je brisai la pipe, et après avoir dormi quelques heures je me trouvai beaucoup mieux et très-éveillé par les chants discordans des tumultueux voyageurs qui occupaient la grande salle commune. Les malheureux! les profanes! ils ignoraient qu'ils avaient auprès d'eux un protégé d'Euterpe, auquel Apollon confia plus d'une fois sa lyre. Enfin le jour parut, et nous saluâmes Amsterdam. Tout ce que nous vîmes annonçait l'aspect d'une 1807 grande ville, riche et populeuse. Nous allâmes loger à l'hôtel de la Couronne impériale, quoiqu'on nous eût conseillé de descendre au *Grand Doelen*. Mais en tout pays les postillons et les commissionnaires de places ont leurs intérêts particuliers pour diriger les voyageurs. Nous parcourûmes, sans pouvoir nous lasser de les admirer, les principaux canaux de cette grande et superbe cité. Les plus beaux, qui sont le *Heeren Gracht* (canal des Seigneurs), le *Keisers Gracht* (canal de l'Empereur), et le *Prinsen Gracht* (canal du Prince), traversent une partie de la ville, et présentent la plus belle perspective, surtout le soir, lorsque les réverbères sont allumés. Pendant le jour, de magnifiques arbres y projettent un ombrage qui en fait des promenades délicieuses.

N'ayant personnellement aucune affaire à traiter, j'accompagnai M. Plantade partout où il avait besoin, et je lui sus beaucoup de gré de m'avoir conduit chez madame Watier-Ziesenis, la première actrice du théâtre hollandais, célèbre dans la tragédie et qui réunissait à un grand talent, des mœurs qui lui assuraient l'estime de tous ses compatriotes. Quoiqu'elle parlât très-peu français, elle répondit néanmoins fort spirituellement aux choses flatteuses que lui adressait le directeur de la musique du roi, qui au nom de S. M. l'engagea à venir à La Haye donner quelques représentations au théâtre royal. Nous allâmes aussi chez M. *Snoek*, grand acteur tragique, à qui l'envoyé du roi fit la même invitation qu'à madame Watier-Ziesenis. Le jour même où nous allâmes les visiter, nous eûmes l'avantage de les voir jouer ensemble dans Phèdre, où l'un et l'autre développèrent un talent supérieur. Les nombreux applaudissemens dont ils furent couverts ne nous parurent point exagérés, et sans pouvoir juger du mérite du style de l'ouvrage, nous pûmes joindre nos preuves de satisfaction à toutes celles des spectateurs.

La salle du spectacle hollandais, toute construite en bois, est d'une assez belle coupe, mais elle est beaucoup trop sombre, et l'éclairage nous a paru tellement obscur, que du parterre on distinguait à peine les personnes

aux dernières loges. L'entente de la scène, la 1807.
direction de l'ouvrage dans la composition et
les rapports de bienséances entre les personnages dans la comédie, rien ne nous a paru
ni régulier ni convenable, en le comparant au
théâtre français. Mais les Hollandais s'accom-
modent de ces irrégularités, rient beaucoup
des bouffonneries extravagantes, des triviali-
tés de leurs acteurs comiques; et tout est au
mieux, puisque cela les amuse : en France
cela paraîtrait détestable. Dans un établissement complétement national, il devait nécessairement s'y trouver des usages particuliers
à la Hollande. Dans les entr'actes, les trois
quarts des spectateurs quittent leurs places
pour se répandre dans les cafés qui tiennent
au théâtre ou qui l'avoisinent, et là pour se
rafraîchir on boit du vin, du punch, de la
bière, du *slemp*, espèce de lait de poule, où
il entre du safran; on mange du poisson, du
pain, du beurre, des gâteaux, des fruits, et
quelquefois on prend des glaces. Ceux qui
sont le moins favorisés de la fortune s'approvi-
sionnent hors des cafés et reviennent prendre
leurs places, où il boivent, où ils mangent

assez souvent du *scharre*, ou poisson séché, qui répand toujours une odeur insupportable.

Si d'un côté la critique a le droit de s'égayer un peu aux dépens de ceux qui semblent ainsi tenir table ouverte au spectacle, il faut d'un autre côté applaudir aux bonnes habitudes, à celle par exemple où l'on est en Hollande de louer au spectacle des places au parterre (*bak*), dont les bancs et le nombre de places qu'ils peuvent contenir sont numérotés, et où, moyennant la simple rétribution de deux sous (*dubbeltje*), vous êtes assuré, à quelque moment que vous arriviez au spectacle, de toujours trouver à votre disposition la place à laquelle vous avez droit d'après votre numéro; en sorte qu'il n'y a jamais au parterre plus de monde qu'il ne peut aisément en contenir, et il ne s'y passe jamais de ces scènes scandaleuses dont on ne voit que trop d'exemples en France. Les dames, qui partout en Hollande sont admises au parterre, peuvent, ainsi que toutes celles qui sont aux loges, se procurer en hiver des chaufferettes (*stoofjes*) apprêtées avec beaucoup de soin par les ouvreuses, qui en ont des magasins immenses, et c'est à cause de ce fréquent usage 1807. des chaufferettes que le parterre des spectacles en Hollande est toujours carrelé.

Il y aurait malgré cela encore beaucoup de choses à faire en Hollande pour que les spectacles du pays devinssent l'*école des mœurs et du bon goût*, car il n'existe peut-être nulle part, si ce n'est en Italie, une licence semblable à celle que l'on se permet quelquefois aux spectacles en Hollande. Des loges ostensiblement ouvertes aux regards du public sont parfois transformées en boudoirs d'où la pudeur est tout-à-fait bannie; et en 1811, sous le régime impérial, le commissaire de police fut obligé, au théâtre français d'Amsterdam, de rappeler à de jeunes fiancés hollandais qu'ils étaient au spectacle (*au balcon*), et que le public ne devait pas être le témoin de leurs doux embrassemens. Le jeune homme, qui par la suite devint un des chambellans de l'empereur Napoléon (M. de Smet), a dû s'assurer par lui-même qu'en France on observe au spectacle une décence que *le fransche wind* ne franchit jamais, surtout dans les assemblées où les dames et le public commandent toujours le respect.

1807. Puisque nous faisions un voyage de curiosité et d'agrément, il était naturel que nous allassions voir *Saardam*, petite ville à quelque distance d'Amsterdam, où jadis le gouvernement hollandais faisait construire des vaisseaux de guerre. Saardam est encore célèbre aujourd'hui par le souvenir de la résidence qu'y fit Pierre-le-Grand, lorsqu'il vint incognito en Hollande pour y apprendre la construction. Nous fûmes rendre hommage à la petite maison de bois qui fut pendant quelque temps le palais du souverain de la Russie. Elle est au milieu d'un jardin, placée sous la garde d'une vieille femme, qui nous offrit à boire dans un gobelet de verre qu'elle nous assura avoir servi à Pierre-le-Grand. A beau mentir qui vient de loin, dit le proverbe français; mais depuis 1697 que le Czar vint à Saardam, nous eûmes peine à croire que pendant un siècle et plus ce gobelet centenaire, très-fragile, n'eût point éprouvé le sort commun à tant d'objets plus solides. Nous bûmes dans ce vénérable verre, et donnâmes pour boire à la bonne femme, qui ne paraissait point douter de ce qu'elle racontait, à l'exemple des menteurs de profession qui finissent par se 1807. persuader que les erreurs qu'ils débitent sont des vérités. Nous demandâmes à la vieille concierge de la célèbre chaumière, si par hasard elle n'habitait pas aussi Saardam en même temps que Pierre-le-Grand? elle eut la bonhomie de nous répondre que non, mais que si son grand-père vivait encore il se le rappellerait probablement. Dans ce palais agreste du Czar, on trouve encore un vieux registre, de date moins ancienne que le gobelet, à la vérité, espèce d'*album* sur lequel, depuis long-temps, chaque visiteur inscrit l'époque où il a fait son pélerinage, et où il cherche à rendre compte, soit en prose, soit en vers, de la sensation qu'il éprouva en se trouvant dans ce modeste asile. Pierre, en effet, fut un prince qui, pour faire le bonheur de ses sujets, alla puiser chez d'autres nations les connaissances dont il possédait un sentiment confus, mais qu'il ne pouvait point développer chez lui. Quel texte pour la méditation !

Tout visiteur de Saardam doit aussi son tribut à *Broek*, village dans la Nord-Hollande, et qui n'est composé que d'habitans fort riches. C'est un des plus jolis endroits de la Hollande et l'un des plus curieux. Toutes les maisons sont en bois peint en vert, et toutes d'une extrême propreté; le pavé des rues est entremêlé de petits cailloux et de coquillages de mer; jamais aucune voiture ne pénètre dans l'intérieur du village, et ceux qui en ont les placent dans des remises hors de l'enceinte du lieu, ainsi qu'une ou deux auberges où des Français trouvent rarement ce qu'ils peuvent désirer. Au surplus, il est fort rare de rencontrer quelqu'un dans les rues. Dans chaque maison il y a une porte sur le devant de la rue, qui est toujours fermée avec soin. On l'appelle la *porte de cérémonie*. Elle ne s'ouvre que trois fois pour chaque individu de la famille, à sa naissance, à son mariage et à sa mort. A la première époque on n'y voit pas encore, à la seconde on est aveuglé par l'amour, et à la dernière on a les yeux fermés pour toujours.

Il pensa nous arriver, dans ce village mystérieux, une affaire très-sérieuse qui, heureusement, ne fut qu'une aventure assez ordinaire. Nous avions avec nous un petit chien anglais qui, ne sachant pas plus que nous que l'entrée du village était défendue à l'espèce canine, nous suivait partout, et de temps en temps s'abandonnait en courant à la fougue de son jeune âge; il avait le flaire fin, et le voyant sautiller et caracoler joyeusement près d'une porte, nous jugeâmes qu'il était sur la trace d'une dame de sa condition. Le bruit qu'il fit attira l'attention du maître de la maison, qui, en négligé du matin, simplement vêtu d'une espèce de robe de chambre d'étoffe de soie chinée, la perruque poudrée et le chapeau à cornes sur la tête, oubliant toute habitude, ouvrit sa porte pour chasser *Fox*, l'insolent *Fox*; mais sa colère l'ayant distrait, il ne ferma pas sa porte, et la petite dame *carline*, qui avait excité la concupiscence de Fox, suivit son maître; comme elle était jolie, et que Fox était très-amateur du beau sexe, les voilà tous deux se caressant avec un empressement, une effervescence qui aurait fait croire qu'ils étaient depuis long-temps les meilleurs amis du monde, et pourtant c'était la première fois qu'ils se voyaient! *Oh! que les chiens sont heureux!....* L'habitant de Broek, du geste et de la voix, signifiait à Fox qu'il eût à modérer son ardeur amoureuse; mais Fox n'entendait pas le hollandais, et la jolie petite carline paraissait trop contente des manières de l'aimable étranger pour s'en défendre. Nous approchâmes du couple amoureux, et nous parvînmes, au grand déplaisir de l'ardent Fox et de sa complaisante amie, à faire cesser leurs doux ébats. Fox grogna, et sa petite dévergondée, obligée de céder à son maître qui l'avait arrachée pour ainsi dire des bras de son amant, rentra malgré elle au gîte, et la retraite précipitée de son maître, qui s'enferma avec elle, nous dispensa de tout reproche. Nous mîmes Fox en laisse pour éviter tout autre scandale, et après avoir tranquillement parcouru ce joli village dont les silencieux habitans semblent former une espèce de communauté particulière, nous retournâmes à Amsterdam, où le directeur de la musique du roi trouva l'ordre de se rendre à La Haye. Nous prîmes une voiture à deux chevaux, ce qu'en France on appelle un cabriolet, mais ce qu'en Hollande on nomme un *fourgon*. Nous voyageâmes 1807. lestement, et je remarquai avec plaisir que les postillons du pays savent en parlant à leurs chevaux, et fort doucement même, les exciter à la vitesse sans les frapper à chaque instant comme en France, ni sans jurer d'une manière horrible. Le fouet ne semble être dans leurs mains qu'un objet de distraction ou de contenance. Si les chevaux en Hollande remplissent aussi bien et et aussi docilement la tâche qui leur est imposée, il faut convenir que dans aucun pays, peut-être, on n'a pour eux plus de soins, car à des distances toujours assez rapprochées, on les fait arrêter dans de spacieuses granges où ils sont remisés avec la voiture ; on ferme soigneusement les portes, pour éviter les coups d'airs ; le postillon, qui abrite ses chevaux sous une bonne couverture de laine, reste constamment auprès d'eux pendant qu'ils mangent. Le postillon suit à peu près le même régime que ses chevaux, car à chaque station il est d'usage qu'il prenne un verre de genièvre et qu'il mange le *boterham* de pain noir et de beurre, morceau délectable et d'un usage général en Hollande ; mais de la friandise duquel les Français n'ont jamais pu se pénétrer.

L'importance et la multiplicité des travaux auxquels se livrait le roi, dans les intérêts du pays, n'empêchait pas qu'il ne s'occupât beaucoup aussi, et peut-être un peu trop, des détails de sa maison, dont l'administration, une fois confiée aux grands officiers de la couronne, semblait ne plus devoir regarder S. M.; mais le roi voulut que chaque grand officier lui soumît une organisation de son service; il voulut avoir sur chaque individu des renseignemens particuliers ; et cet esprit d'inquiétude, qui paraissait ne jamais l'abandonner, s'étendait sur le personnage le plus éminemment placé, comme sur l'individu chargé des fonctions les moins importantes. En sorte que le dernier marmiton et le plus petit postillon, comme le plus mince valet de pied, ne pouvaient entrer au service du roi sans une décision royale, et cette décision n'était jamais prise que sur des informations dont il fallait rendre compte à S. M. Si le sujet était français, les informations devaient être beaucoup plus sévèrement 1807. faites. Cette prédilection en faveur des Hollandais entretenait, dans le service en général de la maison du roi, un levain de jalousie et de mésintelligence, qui fermentait chaque jour de plus en plus. Les petits comme les grands vivaient donc politiquement ensemble. Eh! vit-on autrement à la cour? Quoi qu'il en soit, et malgré l'absence de la reine, qui était encore auprès de sa mère, on venait de donner au palais un bal magnifique, où les uns, oubliant tout ce qui pouvait les occuper désagréablement, et les autres s'enorgueillissant de la faveur du prince, parurent un instant réunis au bruit des grelots de la folie.

Mais, hélas! quel contraste! le lendemain de ce jour de fête, la ville de Leyde éprouva ce fameux désastre où tant de monde périt, et où le plus beau quartier de la ville fut abîmé par la plus épouvantable explosion: elle fut causée par l'imprudence d'un conducteur de bateau qui transportait la poudre des manufactures d'Amsterdam aux magasins de Delft. Le roi courut à Leyde accompagné de ses officiers, et parcourut lui-même l'affligeant théâtre de la plus horrible désolation. S. M. montra, dans cette désastreuse circonstance, un noble caractère d'humanité, et prodigua des consolations et des secours à ceux que ce malheur inouï venait de frapper. Rien n'égala le zèle et les efforts de ceux qui l'entouraient, pour arracher à la mort la plus affreuse de malheureuses victimes dont ils espéraient encore sauver les jours, en exposant presque inévitablement les leurs. M. *Statman*, un des hommes les plus considérés de la ville, quoiqu'il fût douloureusement affecté, établit un ordre admirable dans la distribution des secours que nécessitait l'urgence du moment. Cette organisation, si on peut l'appeler ainsi, est une chose merveilleuse en Hollande, et dont aucune nation peut-être ne pourrait offrir l'exemple. Au milieu de l'agitation produite par l'événement le plus terrible, on voit tout à coup et spontanément régner, dans l'administration des secours *sur place*, un sang-froid, un ordre, un dévoûment qui ne peuvent se concevoir si on n'en a pas été le témoin.

On eut à déplorer la perte d'un grand

nombre de personnes, parmi lesquelles on citait les professeurs Rau, Gay-Lussac et Kluit, tous hommes d'un grand mérite. Ce fut comme par miracle qu'on réussit à dégager de dessous les débris de sa maison madame de Rendwyk, née Zuilen van Nie velt, enceinte de plusieurs mois, et qu'on parvint à la sortir des décombres, par un très-petit trou de muraille, que l'on ne pouvait agrandir sans courir le danger de l'ensevelir sous l'éboulement qui menaçait. Le lendemain, en examinant l'ouverture par où elle avait échappé à une mort certaine, on ne concevait pas comment elle avait pu y passer. Dès qu'elle fut hors de danger, son esprit s'aliéna; mais avec le temps, la raison lui revint, et trop tôt encore pour pleurer la perte de son mari, qui avait été écrasé devant elle.

1807.

Le roi donna l'exemple de la générosité; sans ouvrir une souscription, sans indiquer le domicile d'une personne chargée de recevoir les fonds, chacun s'empressa, sans se faire inscrire, de porter son offrande à la maison de ville. Une souscription fut ouverte par ordre du roi, et ses produits furent réunis à la masse des dons volontaires spontanés. Une commission fut chargée de la répartition des secours, et les dons avaient été si abondans qu'on put aisément dédommager ceux qui étaient ruinés par le désastre. On citait même quelques habitans que leur quote-part dans les secours avaient enrichis, et d'autres qui eurent la délicatesse de rapporter ce qu'ils croyaient avoir reçu de trop. Bel exemple de probité et qui fait bien l'éloge du peuple qui le donne.

Le roi étendit plus loin encore sa sollicitude royale, car il dispensa les habitans de la ville de Leyde, pendant dix années, de diverses contributions, et il fit la remise aux débiteurs de tous les arrérages des contributions arriérées à l'époque du désastre.

Au mois de février de cette année, Louis fit pressentir qu'il avait le désir de faire sa résidence à Amsterdam. Cette nouvelle ne s'accrédita pas beaucoup, car les Hollandais ne concevaient pas qu'on pût, après des siècles de résidence à La Haye, transporter la cour à Amsterdam. Une semblable idée d'innovation, suivant eux, ne pouvait sortir que de la tête légère d'un Français. Mais l'installation qui se fit à cette époque à La Haye des chevaliers de l'ordre de l'Union, rassura tous ceux qui redoutaient le changement de résidence. La devise de cet ordre était : *Fay ce que doy, advienne que pourra.* (*Doe wel en zie niet om.*) La décoration était une croix en or à huit rayons émaillés, dont quatre grands et quatre petits. Des abeilles d'or étaient placées entre les rayons. D'un côté on voyait au milieu de la croix des faisceaux d'union des Provinces-Unies, serrés par le bandeau royal, et autour un serpent qui se mordait la queue. On lisait ces mots : (*Eendragt maakt magt;*) *l'union fait la force;* de l'autre côté était figuré le lion de Zélande à la nage, avec l'exergue de la devise. Le grand chancelier de l'ordre, M. van der Goes, prononça un discours plein d'élévation, et où l'amour de la patrie se trouvait exprimé avec autant d'énergie que d'éloquence.

Les sacrifices que la Hollande était obligée de faire à la France mirent le roi dans la nécessité d'introduire de nouveaux impôts;

mais, pour y parvenir, il fallut heurter la nation dans ce qu'elle avait de plus cher, dans ses anciennes habitudes, où elle était encroûtée depuis des siècles, et détruire des priviléges ; ce qui contraria beaucoup d'intérêts particuliers et surtout l'amour-propre des grands. Cependant il fallut bien se conformer au système présenté par M. Gogel, ministre des finances. Le roi proposa aussi au corps-législatif un nouveau cadastre, et comme les beaux-arts coopèrent essentiellement à la prospérité d'un pays, il créa, pour les encourager, une direction des beaux-arts qui eut pour chef M. Hultman. Cette direction fut ensuite réunie à celle de l'instruction publique, et, comme en France, il y eut une exposition publique de toutes les productions de l'industrie nationale. La bibliothèque publique fut ouverte et augmentée.

Bien loin de laisser espérer la cessation du blocus qui paralysait le commerce de la Hollande, l'empereur, par un nouveau décret, y ajouta le séquestre de toutes les marchandises anglaises. Une nouvelle députation hollandaise se rendit près de lui au château de Finkens-

tein; Napoléon l'accueillit assez bien, quoiqu'il 1807.
pensât toujours que son frère voulait favoriser
le commerce de la Hollande avec l'Angleterre;
mais il ne dissimula point à la députation qu'à
la paix générale la Hollande se rappellerait
qu'elle n'avait pas fait tout ce qu'il voulait
pendant la guerre.

La reine, par sa bienfaisance et par la grâce
qu'elle mettait à tout ce qu'elle faisait, était
chérie de tout ce qui l'entourait, et pourtant
on assurait à la cour qu'il n'existait pas entre
elle et le roi une parfaite union; ceux qui
étaient dans la confidence du passé prétendaient que cette mésintelligence, cet éloignement, existaient même avant l'époque de
leur mariage, qui fut plutôt une affaire arrangée entre l'empereur Napoléon et l'impératrice Joséphine, qu'une affinité de goûts et
d'affections entre le prince Louis et mademoiselle Hortense de Beauharnais *. La reine,
souvent attristée, tournait fréquemment ses
regards du côté de la France qu'elle semblait

---

* On lit dans un ouvrage allemand, intitulé *Conversations-Lexicon*, tome 2, page 155 :
« Louis Bonaparte, ex-roi de Hollande, fut marié en 1802 à

vivement regretter; et quoiqu'elle fût extrêmement bonne, elle ne pouvait se défendre d'une injuste prévention contre sa nouvelle patrie. Ses soucis, ses regrets eussent été moins vifs, si elle avait eu près d'elle l'amie de son enfance, mademoiselle Augié, qui, plus tard, fut mariée au grand-maréchal du palais, M. de Broc. Malgré cela, la cour était encore assez brillante à la fin du mois d'avril, et ceux pour qui il ne pouvait y avoir de secrets au château, s'amusèrent beaucoup des suites d'une intrigue amoureuse, dont le héros principal, presque surpris en flagrant délit, fut obligé, au milieu de la nuit, de s'échapper par une fenêtre qui malheureusement donnait sur une pièce d'eau appelée le *Vivier*, et qu'il fut obligé de traverser presque à la nage, ce qui probablement tempéra les feux qu'Amour avait allumés. L'auteur du délit, M. S... van

» Hortense de Beauharnais. La chronique scandaleuse, qui
» parle des liaisons galantes qui existaient entre Hortense et
» Napoléon, n'accorde point à Louis les honneurs de la pa-
» ternité, par rapport aux enfans issus de son mariage, d'où
» il résulta une telle désunion entre les deux époux, qu'ils ne
» vivaient point ensemble. »

Ol..., qui déjà tirait sur le grison, en fut quitte 1807. pour un rhume, et pour la crainte d'effrayer, dans sa course vagabonde, les oies du *Vivier* qui, par leurs cris et à l'exemple de celles du Capitole, pouvaient éveiller tous les gardes du palais et attirer au rivage bien des gens que notre homme en bonne fortune ne se souciait pas d'y voir. Les valets, qui savent tout et qui disent tout, ont assuré que la dame abandonnée aussi précipitamment avait, pour étouffer toute espèce de conjecture, redoublé auprès de son mari, le lendemain de l'aventure, de cajoleries et de petits soins. On en pourrait donc conclure que l'homme le plus heureux, le mieux choyé dans son ménage, est celui dont la femme vient d'être infidèle?

Parmi les dames d'honneur de la reine, il y en avait une dont la faveur s'était sensiblement accrue, et quoiqu'on ne soupçonnât pas que son crédit pût flétrir sa réputation, on se disait néanmoins beaucoup de choses à l'oreille. Madame Huyghens, née Lowendal, était une des plus belles femmes de la cour; elle réunissait à la beauté un esprit aimable et beaucoup de séduction dans les manières. Les plus habiles courtisans soutenaient que l'ambition seule avait été le mobile de toutes les actions de cette dame, à laquelle l'envie, l'erreur ou la méchanceté avaient supposé d'autres intentions. Madame Huyghens, peu fortunée et voulant d'ailleurs travailler à l'avancement de sa famille, ne s'observa pas; et à la cour, parce qu'on n'a rien à se reprocher, il ne faut pas en conclure qu'on ne trouvera point d'improbateurs. La jalousie y est active, industrieuse, et ses coups sont d'autant plus terribles qu'ils partent quelquefois d'une main qui cache sous les fleurs d'une amitié feinte le stylet de la malignité dont elle vous frappe. La reine, qu'on avait eu l'adroite perfidie d'indisposer contre madame Huyghens, s'indigna de la faveur dont elle jouissait, et crut qu'il était de sa dignité de ne pas souffrir qu'une de ses dames d'honneur fût même soupçonnée d'un tort. Mais si madame Huyghens avait des torts, la reine devait chercher à l'en convaincre, et on doit être étonné qu'une personne aussi bonne que cette princesse ait pu favoriser le scandale que cette affaire causa à la cour. Les ennemis de madame Huyghens, ne se croyant pas assez forts en s'appuyant sur les torts qu'ils lui supposaient à la cour de Hollande, insinuèrent qu'en Danemarck, où son père avait été ambassadeur, on y trouverait la preuve que mademoiselle de Lowendal ne s'y était pas acquis une réputation exempte de reproches. En conséquence, mettant de côté toute réserve, on nomma, à La Haye, une commission composée des plus grands seigneurs de la cour, pour aller à Copenhague, faire une enquête. On partit, et l'on alla à grands frais, comme si le salut de l'Etat en eût dépendu, chercher, en pays étranger, la preuve qu'une jeune personne, belle et spirituelle, avait peut-être été sensible aux tendres soins d'un prince aimable. Mais ce qu'il y eut de plus inconcevable, dans toute cette affaire scandaleuse, c'est que le roi ne s'opposa point à toute espèce d'information, lorsque, d'un seul mot, il pouvait empêcher que l'on ne soulevât, en Danemarck, le voile qui couvrait peut-être une aventure galante, dont la publicité allait affliger une personne qu'il devait protéger. Au retour de l'étrange et peu honorable ambassade, l'infortunée madame Huyghens perdit tout à coup son crédit; elle quitta la cour de Hollande et se retira en France, où le malheur l'accompagna au point de finir ses jours dans un pensionnat, où l'indigence l'avait conduite avec deux de ses enfans. La fin de sa carrière, hélas! fut semée d'autant d'épines qu'elle avait été couverte de fleurs à son aurore. L'acharnement que la reine apporta dans cette affaire lui aliéna la vénération qu'on avait eue pour elle jusqu'alors, mais particulièrement l'affection des trois autres dames d'honneur, mesdames van Heekeren, Cliffort et van der Poll, justement honorées à la cour, et dont elle aurait peut-être dû écouter davantage les observations.

Au mois d'avril, le roi fit une assez grande tournée dans ses états. Il visita l'île de Voorne et la Brielle, et alla à Helvoetsluys; peu de temps après, il dirigea ses pas du côté d'Alckmaer; vit la Nord-Hollande, le Helder, Enkhuysen, Edam, Medemblik, le Texel et Haarlem. Partout il examina, avec la plus scrupuleuse attention, tous les établissemens 1807. publics; partout il ordonna les améliorations qu'il jugeait nécessaires, et partout il reçut, par des félicitations bien franches, la juste récompense des efforts qu'il faisait pour le bien-être de son peuple.

Dans les premiers jours du mois de mai, le jeune prince royal tomba malade; les médecins, dit-on, ne surent point connaître sa maladie, qui était *le croup,* quoique M. Brugmans, médecin célèbre de Leyde, ait déclaré le contraire. Cet enfant, que l'empereur Napoléon *affectionnait très-particulièrement,* était d'une grande douceur et montrait déjà une rare intelligence. Il mourut dans les bras de ses parens, après n'avoir été malade que trois à quatre jours. Cet événement plongea la cour dans le plus grand deuil; et le roi et la reine, dans la plus grande affliction, quittèrent la Hollande pour aller prendre les eaux dans les Pyrénées, après avoir passé le temps de leurs premières douleurs dans le château de M. le baron van Heekeren, où ce noble Hollandais et sa femme, qui était une des dames d'honneur de la reine, s'efforcèrent

1807. de tempérer le chagrin de leurs souverains par les soins les plus touchans.

Le grand-chambellan de la couronne, M. le comte d'Arjuzon, chargé des cérémonies, accompagna à Paris la dépouille mortelle du jeune prince, et quoique ce grand dignitaire n'eût pas cessé, dit-on, de donner au roi toutes les marques possibles de respect et de dévoûment, jamais il ne reparut à la cour. Sa disgrâce effraya tous les Français qui s'y trouvaient. En remplissant ses devoirs avec exactitude, on craignait encore à chaque instant de déplaire au roi, qui malheureusement dans chaque Français croyait toujours voir un homme dévoué au parti de l'empereur et plus attaché à la reine qu'à lui. Le grand chambellan était le second personnage important qui abandonnait tout-à-fait la Hollande. Le premier était M. de Sénégra, grand-maître de la maison du roi, homme probe, laborieux et très-capable, que S. M. avait presque arraché de chez lui pour l'attacher à son service, mais qui, fatigué des *taquineries* du roi (ce sont ses propres expressions), le quitta brusquement et prit la poste pour sortir du pays. Le roi fit courir après lui, et on le ratrappa à Anvers ; mais M. de Sénégra avait du caractère, il tint bon et il continua son chemin jusqu'à Toulouse, d'où le roi l'avait enlevé à un commerce considérable qu'il reprit : il s'en trouva fort bien, et beaucoup mieux que des grandeurs de la cour. Les fonctions de grand-maître de la maison du roi furent confiées à M. Lamsweerde.

1807.

Après la disgrâce de M. le comte d'Arjuzon, les fonctions de grand-chambellan en Hollande furent confiées à M. de Zuilen van Nievelt, un des plus dignes et des plus honnêtes hommes du pays, il est vrai, mais qui certainement n'avait pas comme son prédécesseur ce noble maintien, cette grâce parfaite, cette science du grand monde, enfin cette érudition de politesse assez commune en France et qui constitue si bien l'homme de cour, avantages qui devraient toujours être inséparables des fonctions d'un grand-maître de cérémonies. Le roi sans doute crut bien faire, et pourtant l'absence du comte d'Arjuzon fut presque généralement improuvée.

1807. On vit avec le même déplaisir, avec la même inquiétude, la disgrâce qu'éprouva ausssi un jeune militaire, M. de Fontenelle, brave officier français, privé de son bras droit, adjudant du palais, attaché particulièrement à la personne du roi. Louis le relégua à Leeuwarde dans un pays affreux, au fond d'une place forte, dont il lui donna le commandement, mais où le chagrin d'avoir involontairement déplu au roi, joint aux vapeurs atmosphériques d'un pays malsain, altérèrent tellement sa santé, qu'il mourut peu de temps après avoir quitté le pays d'où Louis l'avait pour ainsi dire exilé*.

En allant aux eaux, le roi ne passa que quelques jours à Paris, et continua sa route pour les Pyrénées, accompagné seulement des principaux officiers de sa maison et de quelques personnes dépendantes des services subalternes. On fut très-étonné en Hollande, malgré la juste douleur du roi, et malgré

---

* C'est à Sainte-Lucie, comme officier attaché au service de France, que M. de Fontenelle perdit un bras en combattant sous les ordres du général Noguès, dont il était aide-de-camp.

le besoin de prendre les eaux, qu'il eût choisi ce moment pour s'éloigner de ses états ; en effet ce fut pendant son absence qu'eut lieu le traité de Tilsitt, qui réglait de puissans intérêts pour la Hollande, dont le souverain, pour des raisons que la politique ne pouvait nullement accueillir, se trouvait à trois cents lieues de chez lui; c'est aussi pendant cette absence de S. M., que les troupes hollandaises se distinguèrent bravement à l'armée ; leur roi, par son éloignement, fut le dernier de son royaume qui fut instruit de leurs succès.

Après avoir passé les mois de juin et de juillet dans les Pyrénées, le roi revint en Hollande en passant par Paris, où sans doute il n'eut pas lieu de se louer de la visite qu'il rendit à l'empereur, qui lui apprit que le gouvernement français avait été obligé de sévir contre les contrebandiers hollandais. Le roi vit bien que, sous divers prétextes, l'empereur marchait à son but, sans s'inquiéter si les mesures qu'il prenait convenaient à la Hollande. Au nom de l'empereur, il y eut des arrestations de faites sur différens points, tels qu'à Bréda, Bois-le-Duc et Berg-op-Zoom,

1807. et toutes les instances du roi pour obtenir la mise en liberté des personnes arrêtées furent long-temps infructueuses. Et peut-être ne fut-il pas sans s'apercevoir que toutes ces mesures de rigueur n'auraient point été prises s'il eût été en Hollande.

Enfin le roi revint dans ses états, et à la fin de septembre il était à La Haye; mais la reine ne reparut point, et mille conjectures s'établirent sur son absence. On avait pensé d'abord que la mort du jeune prince, qui avait si vivement affligé LL. MM., resserrerait peut-être des nœuds qui, à la vérité, n'avaient jamais été trop assurés; mais tout a prouvé depuis qu'on s'était trompé, parce que c'est à partir de cette époque, à peu près, que la mésintelligence du roi et de la reine sembla acquérir un plus grand degré d'intensité.

On aurait pu dire que la dissension qui régnait au palais, entre les Hollandais et les Français, était un feu sacré que le roi entretenait par prédilection. Quoi qu'il en soit, elle occasionna entre le directeur de la musique du roi et M. van Dedem, un de ses chambellans, une querelle personnelle qui, commencée avec les armes du persiflage et de la raillerie, était sur le point de se terminer beaucoup plus sérieusement, lorsque le roi envoya son chambellan en ambassade à Naples. Dans cette lutte, où le directeur de la musique soutint avec honneur le caractère français, il n'avait pas voulu méconnaître qu'un chambellan pût lui donner des ordres lorsqu'ils exprimaient une volonté du roi concernant le service de la chapelle, mais il prétendait qu'un chambellan, même de service, ne pouvait rien lui ordonner de son autorité privée; et si le roi n'eût point évidemment tranché la difficulté, le directeur de la musique, au lieu de se mettre en mesure, allait se mettre en garde pour prouver à M. le chambellan que jamais un Français ne transige avec ses droits; qu'il peut bien faire quelques concessions à la politesse, mais jamais à la morgue et à l'impertinence.

Quelque temps après le retour du roi, le corps-législatif fut assemblé, et le président, M. Six (Charles), prononça un discours exprimant assez laconiquement le plaisir qu'éprouvait la nation à revoir le roi au sein de ses états; mais M. le président passa fort légèrement, et pourtant avec adresse, sur tout ce qui regardait l'éloignement de la reine. On savait que pour plaire au roi il fallait, pour ainsi dire, oublier qu'on avait une reine.

On ne tarda point, à la cour, à s'apercevoir que le séjour de La Haye n'avait plus autant de charmes aux yeux du roi; les chagrins domestiques, les contrariétés qu'il éprouvait de la part du gouvernement français, et la lenteur avec laquelle s'opérait le bien qu'il voulait faire, tout secondait la tendance qu'il avait à l'instabilité, dont se ressentaient presque toutes ses actions. Soit pour se distraire, ou plutôt disposition à la minutie, on le voyait s'occuper d'une foule de petites choses qui lui enlevaient des momens précieux pour la direction des grandes. Depuis son retour des Pyrénées on remarquait qu'il était plus soupçonneux, qu'il n'accordait plus la même confiance à tous ceux qui l'entouraient; et enfin il montra un désir ardent de quitter La Haye, et d'aller habiter la ville d'Utrecht, dans laquelle, pendant son séjour aux Pyrénées, il avait fait acheter quelques maisons, à la réunion desquelles on voulut bien donner le titre de palais.

Cette nouvelle porta la consternation dans La Haye, car elle froissait une foule d'intérêts majeurs qui se rattachaient à la résidence de la cour. Plusieurs Français qui s'étaient faits d'aimables habitudes, quoique enclins à l'inconstance, auraient protesté, s'ils eussent osé, contre les projets du roi, quoiqu'on pensât bien que S. M. ne serait pas long-temps sans se dégoûter du séjour d'Utrecht, et qu'elle reviendrait à sa première résidence.

Le roi partit donc pour habiter Utrecht à la fin du mois d'octobre, et tout ce qui composait sa maison l'accompagna. Ce qu'on appelait le palais était infiniment trop petit pour qu'on pût y loger beaucoup de monde: aussi les trois quarts du service de la maison du roi avaient des logemens hors de l'enceinte du palais, et de tous les grands officiers de la couronne il n'y avait que le grand-maréchal qui eût son hôtel attenant au palais. Le roi, par la suite, fit construire une très-belle galerie qui aurait communiqué à ses appartemens; mais ce corps de bâtiment, que S. M. vit à peine achever, n'a jamais été meublé sous son règne. Sous le régime impérial, lorsque Napoléon vint à Utrecht, il trouva cette galerie fort belle, et ordonna au baron Costa, intendant de ses bâtimens, de la faire meubler. Le devis de l'ameublement s'éleva à 325,000 florins, mais les événemens en ont empêché l'exécution. Ce palais est aujourd'hui consacré aux bureaux du gouvernement de la province; et la bibliothèque publique est placée dans la grande galerie.

Utrecht, qu'en Hollande on appelait la ville des rentiers, n'a rien de remarquable; il n'y a pas un édifice marquant, ou par sa grandeur ou par son architecture. On cherche en vain le palais que Louis XIV a dû y occuper lorsqu'il y tint, dit-on, sa cour avec beaucoup de splendeur et de magnificence. Ce monarque conquérant y fit conserver le Mail, qui est une superbe promenade et qui existe encore aujourd'hui. Les habitans, avec raison, la regardent comme une des plus belles choses de la Hollande; depuis quelques années on a fait à Utrecht un lieu charmant d'une espèce d'île qui est hors de la ville, et tout près du Mail. 1807.

La ville d'Utrecht offrant beaucoup moins de ressources que La Haye pour les localités, j'eus assez de peine à trouver un logement, et ce n'est qu'en payant fort cher, et parce que je n'avais *ni femme ni enfans* *, que j'en obtins un chez un *timmerman*, honnête menuisier, qui, par esprit national, ne pouvait pas souffrir les Français, mais qui, par spéculation, s'accommodait fort bien de leur argent, tandis que je m'accommodais fort mal d'un antique mobilier et surtout d'un coucher détestable, uniquement composé de plumes et garni de draps et de couvertures de si petite dimension, que les plus grands suffiraient à peine en France pour couvrir le lit d'un enfant de douze ans. C'est l'usage du pays, et la plupart des Hollandais n'en ont pas d'autre **.

* Les particuliers en Hollande, qui louent en garni surtout, se décident difficilement à prendre chez eux des femmes et des enfans, parce qu'on craint que les tracas du ménage ne dérangent d'anciennes habitudes, et que la propreté de la maison n'en souffre. On aurait presque voulu que les Français laissassent leurs familles aux portes des villes.

** Chaque pays a ses manies, ses habitudes, et les Français,

1807. Encore bien que la cour eût accompagné le roi à Utrecht, la ville n'en avait pas pour cela une apparence plus joyeuse. Quelle différence entre cette ville et La Haye, qui depuis des siècles possédait la résidence. Le langage, les manières, les habitudes, les mœurs, l'esprit, rien ne s'y ressemblait! Les habitans d'Utrecht, d'abord enchantés de la présence du roi, ne s'en applaudirent pas long-temps. On se lasse de tout, même les gens dont le caractère froid paraît être si éloigné de l'inconstance. La nécessité pour les uns de faire leur cour, et pour le plus grand nombre d'apporter quelques changemens à leur genre de vie, tout leur fit regretter leur paisible et méthodique existence. Il faut en excepter quelques propriétaires qui louaient fort cher leurs maisons, et quelques fournisseurs que la résidence royale accommodait sûrement. Les Français aussi jamais ne purent se faire à la monotonie de

---

plus espiègles que frondeurs, ne pourront jamais s'empêcher de rire au nez de ces paveurs de rues qui, en Hollande, trois à quatre fois par jour, prennent le thé au milieu de la voie publique, comme s'ils étaient chez eux.

leur nouvelle habitation, pas plus que les Hollandais attachés à la cour, qui regrettaient le séjour de *s'Gravenhage*. Le roi, qui s'en aperçut probablement, et qui malgré l'importance des travaux dont il s'occupait éprouvait un ennui qu'il s'efforçait en vain de dissimuler, faisait venir fréquemment les comédiens français de La Haye pour donner des représentations à Utrecht dans une salle en bois, qui ressemblait assez à ces grandes baraques construites à la hâte pour y montrer, pendant la foire, *les incomparables animaux vivans des pays étrangers.*

Le roi pour se distraire, indépendamment du spectacle, donnait à la cour des réunions familières, et pourtant encore assez nombreuses. On jouait à divers jeux, et plusieurs dames briguaient l'honneur de faire la partie du roi. Une dame Nepveu surtout s'était tellement habituée à ce que S. M. lui fît cet honneur, qu'elle faisait au salon tout ce qu'elle pouvait pour que cette faveur ne lui échappât point. Le roi s'aperçut de ce petit manége de vanité, et s'amusa plus d'une fois à tromper l'attente de madame Nepveu. A travers le voile de l'étiquette et de la courtoisie, un spectateur impartial pouvait facilement apercevoir dans ces réunions une foule de petites scènes amusantes où la jalousie, l'amour-propre et l'envie s'exerçaient à qui mieux mieux. Si les usages d'un pays doivent en général être respectés par ceux qui viennent l'habiter, il en est pourtant qu'on ne peut ni tolérer ni introduire à la cour d'un souverain, sans blesser toutes les règles de la bienséance et du bon ton. Cependant Louis, dont on ne pouvait révoquer en doute les manières gracieuses, permit au palais l'usage de la pipe, et en donna lui-même l'exemple, en fumant. Espérait-il ainsi voir s'échapper en fumée toutes les inquiétudes qui l'agitaient ? on avait fait faire de très-belles pipes, et l'on ne fumait que d'excellent tabac. Mais le roi, s'étant bientôt lassé de transformer en tabagie son salon de réception, abandonna la pipe et l'on ne fuma plus. On lui sut gré de ses intentions, et c'était peut-être là le seul avantage qu'il s'était proposé de cette étrange distraction dans un palais.

On donnait aussi des bals au palais, où la

jeunesse la plus distinguée disputait de fraî- 1807.
cheur et d'atours. On y venait de La Haye,
d'Amsterdam et des châteaux qui environ-
naient la résidence. Les courtisans les plus
sérieux et les plus habitués à la dissimulation
ne pouvaient pas toujours s'empêcher de rire
à la vue de quelques bons et robustes Hollandais qui, affublés d'habits de cour, avaient
un maintien si embarrassé qu'on ne pouvait les regarder sans avoir l'air de se mo-
quer d'eux. L'absence de la reine jetait sur
toutes ces réunions une langueur qui n'échap-
pait à personne, mais dont personne n'osait
se plaindre. Hortense, qui dansait avec une
rare perfection, n'était plus là, comme à La
Haye, pour animer, pour exciter à ce genre
de plaisir; et qui que ce soit ne pouvait la
remplacer, pour répandre ce charme, cette
noble hilarité qui accompagne toujours une
souveraine regardée comme un modèle ac-
compli. François Ier, de galante mémoire,
avait bien raison de dire « *qu'une cour sans*
» *femme était une année sans printemps, et*
» *un printemps sans roses* ».

Les Français que leur service reléguaient à

Utrecht s'échappaient de temps en temps pour aller à La Haye, cette ville de délices, où plusieurs d'entre eux avaient bien promis de venir donner la preuve qu'ils n'étaient pas aussi inconstans que leur réputation l'annonçait; et je ne fus pas le dernier à m'y montrer, pour assurer l'aimable Caroline Nieuweman que je l'aimais toujours. Nous avions trouvé le moyen d'établir une correspondance où son affectueuse naïveté suppléait avec une grâce naturelle à la richesse du style, et où son amour se reproduisait à chaque mot.

Depuis long-temps le roi sollicitait un traité entre la France et la Hollande, et enfin il fut conclu à Fontainebleau au mois de novembre. Ce traité parut tellement désavantageux à la Hollande, que le roi eut beaucoup de peine à le ratifier. Par ce traité, la France entrait en possession de la ville et du port de Flessingue, et il ne fallait rien moins pour déterminer le roi à cette concession si onéreuse, que l'espoir que la France s'en contenterait pour renoncer, ou du moins pour éloigner des projets plus désastreux encore à la Hollande. Cet espoir ne se réalisa jamais.

A la fin du mois de novembre, le corps- 1807.
législatif fut assemblé à Utrecht sous la présidence de M. le comte de Bylandt-Halt, qui exprima assez confusément, et d'une manière un peu brève, à S. M., les vœux que cette assemblée formait pour elle. Ce discours, où M. le président appelait toutes les bénédictions de la Providence sur la personne du roi, pourrait au besoin, tous les ans, offrir à bien des gens une contexture d'un compliment de *bonne année*. Dans son message annuel au corps-législatif, le roi déroula avec beaucoup de clarté le tableau de tout ce qui s'était passé depuis la dernière session ; et son rapport, en distribuant à chacun les éloges qu'il méritait, a dû convaincre les hommes qui l'écoutaient que le souverain de la Hollande était constamment occupé du bien de ses sujets.

C'est aussi dans ce message qu'il renouvela le dessein de porter la résidence royale dans la ville d'Amsterdam, que des raisons de politique, disait-il, et des considérations particulières, désignaient comme devant être la capitale du royaume. Cette disposition, quoique fastueusement présentée aux habitans d'Amsterdam, ne les flatta pas infiniment; ils prétendaient qu'une ville exclusivement livrée au commerce ne devait pas être tout-à-fait dans le voisinage de la cour.

Avant la fin de l'année il y eut plusieurs changemens dans le ministère. Le maréchal Verhuell fut nommé ambassadeur à Saint-Pétersbourg; mais l'empereur Napoléon, qui le considérait particulièrement et qui le savait dévoué à la France, le réclama auprès de lui comme ambassadeur de Hollande, et M. Williem Six eut l'ambassade de Saint-Pétersbourg. M. van der Heim remplaça à la marine l'amiral Verhuell; M. van Maanen devint ministre de la police; mais on le trouva peu disposé à employer toute son intelligence pour bien remplir les devoirs de sa charge. M. Hogendorp, trop enclin à la prodigalité et d'un tempérament fougueux, fut en ambassade à Vienne, et M. Janssen le remplaça au ministère de la guerre. Le grand-écuyer de la couronne, M. de Caulincourt, fut nommé ministre plénipotentiaire à Naples.

L'hiver de 1807 se passa assez tristement à la cour; la gaîté n'est pas toujours sous les lambris dorés. Les réunions au palais étaient 1807. bien moins fréquentes ; le roi faisait plus souvent de la musique avec son maître de chapelle qu'il ne se plaisait à faire donner des concerts ; il allait presque tous les jours au spectacle, où des yeux exercés à observer les faiblesses humaines crurent s'apercevoir que S. M. daignait encourager très-particulièrement le talent d'une jeune actrice, mademoiselle Dangeville, dont au surplus l'excellente réputation justifiait bien la protection dont le roi paraissait l'honorer.

ANNÉE 1808.

1808. Les premiers jours de l'année ne sont pas toujours les plus beaux ni les plus amusans, surtout à la cour, où l'étiquette commande alors plus que jamais, et plus qu'en tout autre lieu, des démarches, des félicitations que le cœur n'avoue pas toujours. Ce fut au palais d'Utrecht le moment où le grand-maître des cérémonies se trouva le plus occupé, et par cette circonstance M. le grand-chambellant aurait bien volontiers remis *la clef* des grandeurs à quelque jeune chambellan qui eût été enchanté qu'on le remarquât. De tous côtés il arrivait au palais des députations qui désiraient offrir leurs hommages au roi, et dans ce flux et reflux d'hommes empressés on y distingnait bien évidemment ceux qui n'étaient pas dans l'usage de porter l'habit de cour. Sous ce costume adopté pour la haute galanterie et l'extrême bon ton, on est presque toujours ridicule, à force de vouloir se donner des manières, des airs qu'on ne peut obtenir qu'avec le temps, et surtout en voyant ce qu'on appelle le grand monde. *

Ce fut au commencement du mois de janvier de cette année (1808), que le roi fit au palais d'Utrecht la distribution des décorations qui lui avaient été remises par les ministres de France et de Wurtemberg. Si ces décorations n'étaient toujours que la récompense d'une action éclatante, on n'aurait point à craindre en les distribuant d'exciter la jalousie de quelqu'un, puisque les droits de l'aspirant seraient attestés par l'action qui l'honnorait; mais ces décorations étrangères deviennent des faveurs particu-

---

* Il y eut cette année à Utrecht un acteur nommé Moraitrier qui portait fort bien *l'habit français*, et qui, pendant la dernière quinzaine de décembre, ne fut occupé qu'à démontrer aux nouveaux courtisans le grand art de tenir aisément son chapeau, de porter l'épée avec aisance, et de jouer gracieusement avec son jabot; mais soit que ce professeur de *belles manières* ne pût enseigner ce qu'il savait fort bien, ou qu'il eût affaire à des écoliers peu disposés à le concevoir, on ne s'aperçut guère à la cour que ses disciples eussent profité de ses précieuses leçons.

lières de la part du prince à qui elles sont envoyées, et chacun croit avoir des droits à sa bienveillance. Personne au palais, il est vrai, ne se plaignit ouvertement ; mais que de courtisans qui parmi leurs affidés disaient qu'on leur avait fait un passe-droit !

Le roi, malgré de fréquentes indispositions, travaillait beaucoup avec ses ministres et semblait vivement affligé des mesures que le gouvernement français prenait pour assurer l'effet de son blocus contre l'Angleterre ; et parce que le commerce de Hollande souffrait de ces mesures coërcitives, le roi criait à l'infamie et à la subversion de tous les principes, sans jamais vouloir se mettre à la place de l'empereur des Français, sans lui savoir gré de tout ce qu'il entreprenait pour assurer le triomphe du continent, triomphe dont les résultats devaient assurer la fortune de tous ceux qui devaient y coopérer. Ce n'était toujours que sur des plaintes réitérées de la part du gouvernemement français que celui de Hollande se décidait à faire ce qu'on attendait de lui, ce que l'empereur par sa position était forcé d'exiger.

A la cour, encore plus qu'à la ville, tout 1808. se sait à peu près, et les discussions les plus secrètes transpirent assez souvent. Les murs ont des oreilles, dit-on, et les paroles filtrent à travers. Ceux qui entendirent le roi de Hollande s'irriter, s'indigner contre le système continental de l'empereur, système qui, d'après le roi, semblait ériger en principes la *mauvaise foi et l'immoralité ;* ceux-là, disons-le, ont dû être très-étonnés d'entendre ensuite, en maintes occasions, le roi de Hollande faire un éloge pompeux des qualités de son frère, de sa bravoure, de sa droiture, de son génie, et proclamer dans un décret qu'il était du devoir des Hollandais d'accéder, à l'égard du système continental, aux instances de l'empereur et *même de les surpasser.* C'est dans cette vue probablement qu'à la fin de janvier la Hollande déclara la guerre à la Suède, qui s'y trouvait déjà avec la France.

Encore des mutations, et toujours des changemens ! Ce n'était pas ce qu'il fallait offrir à un peuple qui, par goût n'aime point ces oscillations qui blessent son caractère méthodique. A la suite d'une discussion où le ministre des affaires étrangères n'avait été de l'avis de personne, il y eut encore un changement dans le ministère, et la retraite de M. van der Goes, si bien placé aux relations étrangères, affligea beaucoup de Hollandais.

Le général Noguès, officier français, grand-veneur de la couronne en Hollande, attaqué depuis long-temps d'une affection pulmonaire, mourut généralement regretté ; le roi, dont il était le premier aide-de-camp, et qui l'aimait beaucoup, se montra très-sensible à cette perte. La charge de grand-veneur, quelque temps après, fut donnée à M. le baron Van Heeckeren qui sans doute, comme capitaine des chasses, y avait tous les droits. Mais pourquoi le roi n'appela-t-il pas un Français pour succéder à M. van Heeckeren, et que ce fut M. le baron Spingler qui occupa la place?

Une épouvantable tempête vint dans le courant de janvier désoler les côtes de la Hollande. La ville de Flessingue fut presque entièrement submergée et un grand nombre de personnes périt dans l'inondation. D'autres pays encore furent la proie des eaux, ainsi que les îles de Walcheren et de Nieuwland. Le roi, dans toutes ces circonstances affligeantes, courait au-devant des malheureux, et pour les secourir il semblait oublier tous ses maux.

Depuis long-temps on voyait avec inquiétude que le gouvernement français n'eût aucun ministre en Hollande. Enfin l'empereur y envoya M. de la Rochefoucauld (Alexandre), et ce ne fut pas, disait-on en Hollande, l'homme qui eût le moins travaillé à faire réunir ce pays à la France. Son valet de chambre assura, à quelqu'un digne de foi, que, long-temps avant la réunion, il avait entendu son maître en donner l'assurance à M. le baron de Feltz, ministre de l'empereur d'Autriche.

Au feu! au feu! au feu! A ce cri d'alarme, tous les habitans d'Utrecht furent éveillés dans la nuit du 15 au 16 février. La salle de spectacle, construite toute en bois, était en proie aux flammes et éclairait toute la ville d'une manière effrayante. Cet incendie, qui éclata au milieu de la nuit, ne rencontrant que des matières combustibles, n'offrit aucun moyen d'en arrêter les progrès; et comme ce local de la comédie était isolé de toutes parts, on le laissa brûler tout à son aise. Tous les secours se dirigèrent seulement sur les maisons qui avoisinaient le plus le foyer de l'incendie, et l'on parvint à les préserver de l'embrasement. On n'eut à gémir sur la perte d'aucun individu, et Thalie elle-même dut se consoler facilement de la destruction d'un temple si peu digne d'elle. Toutes les décorations et une partie de la garde-robe des comédiens furent dévorées par les flammes. Damis, Mondor et Frontin; Cidalise, dame Argante et Marton auraient bien voulu que ce jour-là tous leurs beaux atours eussent été au théâtre, pour que le roi voulût bien les payer aussi généreusement que le peu qui avait été brûlé.

Cet événement est un nouvel exemple que les petites causes produisent quelquefois de grands effets. Les flammes de cet incendie, qu'on attribua à divers motifs, pensèrent éclairer une aventure qui, à défaut de la comédie, aurait pu égayer tout autre que celui dont les amours ont manqué d'être mis au grand jour par cet événement. Le concierge de la comédie avait deux grandes filles assez bien découplées et de tournure très-appétente. L'une d'elles était fort jolie et ses attraits avaient donné dans l'œil d'un grand personnage du palais, M. de Caulincourt. L'homme de cour, quoiqu'il ne parlât aucunement hollandais, trouva cependant bien le moyen de se faire entendre de la jeune personne, qui, de son côté, ne savait pas un mot de français. Le plaisir, les désirs ont un dialecte tout particulier, une espèce de pantomime très-intelligible, très-significative, et qui, parfois, supplée très-bien au langage le plus éloquent. Tant il y a que le couple silencieux s'entendait, se comprenait fort bien sans se rien dire, et leur muette intelligence n'empêchait pas qu'ils ne passassent de doux instans ensemble. Jamais il ne s'élevait entre eux de ces petites querelles qu'amène souvent un mot dit de travers ou mal interprété. Eh! que de ménages auraient toujours vécu en paix, si les époux eussent été, comme nos amans, privés tous deux de la faculté de se parler. Le jour où l'incendie éclata, on avait donné une représentation de *Hugo de Groot* (*Grotius*), sujet national que traita avec succès M. de Ferrière, ex-directeur du journal hollandais, et auquel le roi sut gré de cette production, au moins du motif qui la lui avait fait entreprendre. Depuis quelques heures les comédiens étaient rentrés dans leurs logemens, tous les feux étaient éteints, le concierge et sa femme dormaient déjà et ne soupçonnaient guère que leurs filles veillaient avec leurs amans, qu'elles introduisaient secrètement et sans lumière par la porte destinée au service des décorations. Comme elles n'avaient qu'une chambre pour elles deux, cette chambre appartenait de droit, du moins pour les réunions mystérieuses, à celle qui possédait l'amant en *dignités*, et il n'était guère possible de faire partie carrée, car alors *Monseigneur* se serait trouvé le partner d'un des valets de pied du roi, lequel valet se contentait, pour ses rendez-vous, du théâtre, qui lui servait en même temps de tabagie. Ce galonné serviteur du roi était un nommé

Stuky, Hollandais, et qui, bien entendu, fumait tout en faisant l'amour. Le jour de la représentation de Grotius, tout le monde étant sorti, Stuky était en scène, c'est-à-dire au lieu de son rendez-vous, et Monseigneur cette nuit-là même goûtait silencieusement le plaisir d'être avec la jolie fille du concierge. Avant de quitter sa belle, Stuky alluma sa pipe auprès d'une lumière qu'il n'eut pas la précaution d'éteindre et qu'il laissa à côté d'une coulisse d'où le feu s'est communiqué à la décoration. Les flammes avaient déjà causé de grands ravages, que Stuky était rentré au palais, et que Monseigneur ne soupçonnait pas qu'il fût dans un danger aussi imminent. Mais un bruit de voix confuses, qui s'élevait avec l'accent de l'effroi et du tumulte, ne lui permet pas de douter qu'il se passe près de lui quelque chose d'extraordinaire. Il se lève promptement, s'habille à la hâte, et en ouvrant la porte de la chambre il se trouve suffoqué par un épais nuage de fumée, à travers lequel il distingue cependant les flammes qui l'entouraient déjà; il était perdu sans retour, si la malheureuse fille du concierge, en le prenant par la main et dirigeant ses pas en marchant sur des planches en partie brûlées, ne l'eût heureusement fait sortir par où il était entré; et comme on était dans les longues nuits d'hiver, Monseigneur put s'échapper encore sans être vu et rentrer chez lui. Le lendemain il se joignit aux curieux qui allaient reconnaître la place où la veille était la salle de spectacle ; mais il se garda bien de dire : C'est là que, sans l'assistance d'une femme courageuse, mon corps aurait augmenté ces ruines encore fumantes. Il fit donner de généreux secours à la famille du concierge, qui perdit tout dans cette fatale nuit ; mais jamais personne ne sut au palais, si ce n'est Stuky, tout le danger qu'avait couru un des premiers officiers de la couronne. Chacun fit son feuilleton sur les causes de cet incendie, et ceux qui se disaient les mieux informés étaient bien éloignés de la vérité.

Fatigué du maussade logement que j'occupais chez mon maître menuisier, qui n'avait rien de commun avec maître Adam, mais qui pourtant, ainsi que lui, dès l'aurore, le rabot en main, commençait sa carrière par m'enlever malgré moi aux douceurs du sommeil; fatigué, dis-je, de mon incommode habitation, je fus assez heureux pour trouver à me caser plus convenablement chez un apothicaire, M. Clakenberg, dont la maison était en face du palais. Chez mon nouvel hôte j'avais le double avantage d'y être moins mal couché et d'avoir quelqu'un qui parlait français. Comme il était fort complaisant, je lui demandai un jour de m'expliquer pourquoi les droguistes en Hollande avaient pour enseigne une grosse tête en bois avec une énorme bouche toute grande ouverte. Cette bouche ouverte, me dit M. Clakenberg, est le simulacre de la restitution des humeurs qui s'opère par l'effet des médicamens que l'on vend dans le magasin de pharmacie à la porte duquel se trouve la grosse tête. — Bien ! lui dis-je, je vous comprends, c'est l'émétique en action. Je dus encore à sa complaisance de savoir qu'il était d'usage en Hollande de payer en partie le dîner qu'un ami vous invitait à prendre chez lui, en donnant quelques florins aux domestiques qui vous servent

1808. à table, car autrement on court risque d'être la victime de quelque maladresse faite à dessein, ou d'être mal servi. Mais ce qu'il n'osa pas me dire, et pour cause, c'est que dans beaucoup de maisons en Hollande les domestiques n'ont pas d'autres gages que ces profits de table*.

Depuis quelque temps il ne pouvait échapper à ceux qui vivaient à la cour, que le roi n'éprouvât intérieurement des chagrins dont rien ne pouvait le distraire, des chagrins indépendans des tourmens de l'administration d'un pays dont il prévoyait la ruine, sans trop espérer pouvoir l'éviter. On soupçonna cependant que Louis ne fit l'acquisition d'une petite maison à Amelswerde, auprès d'Utrecht, qu'afin d'y être plus à son aise pour donner

---

* Lorsqu'un nouveau domestique se présente pour servir dans une maison, après qu'il a justifié de sa moralité, on doit lui dire, et il ne manque pas de s'en informer, combien de fois par mois on donne à manger et quel est le nombre des convives. C'est d'après ces renseignemens qu'il juge s'il peut accorder *gratis* ses services. D'autres maîtres de maison, ceux par exemple qui reçoivent beaucoup et fréquemment du monde, poussent encore plus loin l'esprit d'ordre, car ils partagent avec leurs domestiques l'espèce de contribution levée sur les convives.

un libre cours à l'affection particulière qu'il portait, disait-on, à une certaine dame D.....ay, assez jolie, assez coquette et assez éveillée pour justifier tout ce que la chronique scandaleuse publiait à cet égard. Cependant cette nouvelle galante ne s'accrédita pas dans l'esprit de tout le monde, par la raison que la dame qui en avait été l'objet n'avait pas toute la dignité qu'on aurait souhaitée dans une maîtresse en titre. Cette petite maison, dont le premier propriétaire n'avait pas du tout été flatté de se défaire, ne tarda point à déplaire à son nouveau maître, qui la revendit quelque temps avant son abdication.

Une nouvelle fantaisie d'habitation vint occuper un moment le roi, qui eut envie d'acquérir à Zeist, à quelques heures d'Utrecht, un très-spacieux bâtiment qui appartenait aux *frères Moraves*, confrérie allemande d'une centaine d'hommes à peu près, qui ont formé entre eux une société libre où s'exercent différens genres d'industrie; mais toutes les instances, toutes les propositions qu'on leur fit au nom du roi ne purent les déterminer à se défaire de leur établissement.

M. de Caulincourt, grand-écuyer de la couronne et qui avait été nommé ministre plénipotentiaire à Naples, ne quitta pas de suite la Hollande; ses liaisons particulières avec M. de Broc, grand-maréchal du palais, rendaient leur séparation pénible; et avant qu'elle ne s'effectuât, ils eurent de fréquens entretiens, où sans doute il fut question du parti que M. de Caulincourt allait prendre en France. Enfin il eut son audience de congé, il quitta Utrecht, et prévoyant que bientôt il serait disgracié s'il restait en Hollande, il sollicita l'ambassade de Naples avec la plus vive instance; mais arrivé à Paris, il s'empressa, en donnant sa démission, de prévenir la disgrâce qui l'attendait. Il rentra au service de France, et fut tué à la bataille de la Moskwa.

Avant l'avénement du roi au trône de Hollande, M. de Caulincourt avait été son aide-de-camp en France, et presque son ami particulier. Les grandes occupations du roi, et probablement l'intention qu'il avait toujours de tenir les Hollandais au premier rang des seigneurs de sa cour, diminuèrent beaucoup les rapports d'amitié qui avaient existé entre le prince Louis et son aide-de-camp; d'un autre côté, M. de Caulincourt, d'un caractère fier et tout à la fois d'une franchise peut-être un peu trop libre auprès d'un souverain, se permettait de faire au roi des observations probablement trop hardies, et quelques rapports désavantageux sur l'administration des écuries du roi; tout semblait concourir à détruire, ou tout au moins à beaucoup altérer l'affection de S. M. pour son grand-écuyer. M. le baron van Heeckren, devenu grand-veneur par la mort du général Noguès, cumula avec sa nouvelle dignité les fonctions de grand-écuyer, et tous ceux qui se trouvèrent sous ses ordres, sans distinction de nation, lui rendirent cette justice, qu'il était impossible d'obéir à quelqu'un qui commandât avec plus d'aménité, tandis que M. de Caulincourt traitait trop cavalièrement les employés de son service.

1808.

On s'étonnait à la cour, du moins ceux qui aimaient le roi pour lui-même, que S. M. s'abandonnât aussi facilement à des inquiétudes domestiques qui, en la tourmentant, affligeaient aussi ceux qui l'entouraient. Il se

1808. lassait aisément de ce qui l'avait d'abord flatté, et le grand-maréchal du palais avait, chaque jour, le déplaisir d'entendre S. M. se plaindre, sans raison, des personnes qui en approchaient le plus pour la servir. Son premier valet de chambre, Rochard, homme sûr, amené par lui en Hollande, lui déplut et il le suspendit de ses fonctions. Un valet de chambre ordinaire, nommé Laforce, le remplaça. Ce Laforce, espèce de Figaro, était un garçon très-fin, très-adroit, et qui ne se souciait pas trop de l'honneur qu'on lui faisait. Il savait combien à la cour le chemin de la faveur était glissant; pourtant il fallut obéir, et mons Laforce endossa l'habit de la nouvelle charge, sans oublier l'épée, qui faisait partie du costume. Mais Rochard, qui supposait que le roi n'avait eu à son égard qu'un mouvement d'humeur, et ne se croyant pas dépossédé des honneurs de son rang, s'opposa à ce que Laforce parût en épée auprès du roi. Le grand-chambellan, qui en effet ne voyait pas trop de quelle utilité l'épée pouvait être dans un service de valet de chambre, dispensa Laforce de la porter. On l'en plaisanta, et il attendit avec impatience l'occasion de prendre sa revanche sur ceux qui riaient à ses dépens. On informa le roi de cette querelle d'antichambre, il s'en amusa, voulut être informé de la suite qu'elle aurait; Laforce le sut, et se proposa d'en tirer parti. Rochard, tout disgracié qu'il était, se trouvait assez souvent encore dans la pièce qui précédait la chambre à coucher du roi, où un jour Laforce allait entrer décoré de l'épée, lorsque l'ancien premier valet de chambre voulut la lui faire ôter. L'*interim* insiste, une querelle s'engage, et les deux champions ne s'observant pas assez, le roi entendit du bruit et voulut en savoir la cause. Il sonne, la querelle cesse; le valet en exercice ouvre la porte de la chambre du roi et demande ce que désire S. M. « Laforce, dit le roi. — Mais est-ce *Laforce armé*, Sire, dit le rusé serviteur ? — Oui, dit le roi que l'à propos fit rire, et Laforce prit son épée qu'il ne quitta plus. Cette présence d'esprit acheva la disgrâce de Rochard, qui reçut l'ordre de partir pour la France, où d'ailleurs il ne fut point malheureux, car lorsqu'il était en faveur le roi avait pris soin de sa fortune, et ses béné-

1808. fices de la garde-robe étaient encore une chose importante.

Un autre exemple de l'affligeante instabilité du roi vint atteindre un homme qui se croyait à son service pour très long-temps. Un propriétaire d'hôtel garni à La Haye, le sieur Dulon, qu'à toute force S. M. voulut avoir pour contrôleur des dépenses de la bouche, ne resta que quelques mois à son service. D'après les ordres du roi, on lui envoya de Paris, de la maison même de *Madame Mère*, trois hommes d'une confiance éprouvée; eh bien! tous trois ne lui plurent que peu de temps, et tous trois furent bientôt grossir la liste des Français qui n'étaient déjà plus en Hollande. Jusqu'à un misérable garçon de cave, à qui on fit l'honneur d'une décision royale pour l'obliger de reprendre le chemin de la France, et le priver du modique emploi qui lui valait vingt-cinq florins par mois (cinquante-deux francs).

Au commencement du mois de mars, le roi approuva le premier compte des finances au 1er janvier 1807, d'où il résultait que les mesures de finances prises par lui en 1806 avaient eu le succès qu'il en avait espéré, 1808. et tout prouva la bonté, l'excellence de l'important travail disposé à cet égard par le ministre, M. Gogel.

S. M. adressa ensuite au corps-législatif un message sur les besoins de l'année 1808, message dans lequel le roi montrait le désir qu'on ne s'occupât pour le moment que du moyen de faire face seulement aux dépenses de l'année, en ajournant jusqu'à la paix maritime un système définitif sur les finances du pays. Il exposa après cela très-longuement le détail des calculs comparatifs d'un exercice à l'autre pour ce qui concernait chaque partie du service, et il termina par des raisonnemens qui attestèrent tout à la fois sa sagacité et une constante sollicitude pour assurer le bien de ses sujets. Après cela la commission du conseil-d'état présenta la loi relative aux finances, et qui fut adoptée par le corps-législatif.

Le roi de Bavière ayant envoyé quatre décorations au roi de Hollande, celui-ci s'en décora de suite, et destina les autres au prince royal, à M. Brantzen et à M. Six d'Oterleck, homme de mérite, mais déjà assez vain, affectant partout de se faire donner de l'excellence, et qui n'avait pas besoin de cette nouvelle faveur pour se montrer très-orgueilleux[*].

Les autans avaient cessé d'attrister la nature, les gazons s'émaillaient de violettes, la plus belle saison de l'année, le doux et joyeux printemps succédait à un hiver assez rude et fort triste, lorsque la cour fut au *Loo*, château royal, en Gueldre, à douze lieues d'Utrecht, et vraiment royal dans toute l'acception du mot, car c'est la seule habitation où toute la cour pouvait se trouver convenablement réunie. A la vérité le roi y fit faire des constructions assez importantes, et il ordonna des travaux qui embellirent beaucoup les jardins, sans effacer cependant le

---

[*] En 1812, M. Six d'Oterleck, sous le régime impérial, étant intendant des biens de la couronne, un soir, au retour d'une galante partie, où la raison de S. Exc. était un peu en goguette, le malheureux M. Six se noya accidentellement dans un canal en face de chez lui. Il avait été deux fois à Batavia sans que l'immensité des mers lui eût, pour ainsi dire, mouillé les pieds, et c'est à sa porte, dans un peu d'eau bourbeuse, que S. Exc. est venue ensevelir toutes ses grandeurs.

souvenir des excès auxquels l'armée française s'était portée lors de la première invasion du pays, en 1795. Le roi se procurait souvent au Loo le plaisir de la chasse, et la Comédie-Française eut ordre de venir y donner des représentations. Sans être d'une grande étendue, la salle de spectacle offrait le moyen d'y contenir aisément toute la cour ainsi que les différens services, auxquels le roi permettait qu'on laissât joindre des paysans, quoiqu'ils n'entendissent pas le français, et ce bizarre assemblage de diverses classes était déjà un spectacle fort curieux.

Les acteurs, qui n'étaient pas sans talens, jouaient les meilleurs ouvrages du théâtre français; mais pour ajouter à ces délassemens, le roi fit mettre à l'étude un ouvrage qu'on disait être de lui et qui passa pour être du colonel Ferrière, un de ses aides-de-camp. La pièce était lue et le jour de la représentation était indiqué; mais on fut obligé de la suspendre à cause de l'indisposition d'une jeune actrice, mademoiselle Olinde, qui, trompée sur sa position physique, accoucha inopinément et presque au moment où elle allait représenter une innocente victime de l'amour. Elle était tout-à-fait en situation, car si on n'avait point abusé de son innocence, il était bien constant qu'elle était victime de l'incontinence de deux personnages qui, de compte-à-demi, pouvaient se partager les honneurs de la paternité, laquelle cependant resta sans partage au comédien qui jouait dans cette affaire un rôle de pure complaisance, mais qui souffrit volontiers que les frais de *gésine* fussent généreusement payés par une *excellence* très-bien connue à la cour comme un grand amateur des dames de théâtre. La nouvelle pièce ne put être jouée qu'après les couches de mademoiselle Olinde, et dans le principal rôle de cette production dramatique, on vit bien que l'auteur avait eu l'intention de tracer le portrait d'un très-grand personnage.

A son château du Loo, le roi avait réuni à beaucoup de seigneurs un petit cercle de dames dont la société prémunissait contre l'ennui, qui n'avait garde de se montrer où séjournaient les grâces et la galanterie. Les jours où l'on ne jouait pas la comédie on se rassemblait au salon de la Paix, où le roi permettait volontiers que l'on fît un peu le diable à quatre. On y jouait à de petits jeux presque innocens, et les charades en action surtout offraient un cadre d'amusemens où la gaîté et l'esprit plaçaient des tableaux charmans. Rien, sans doute, n'était plus aimable de la part du roi que de permettre et de donner l'exemple d'une certaine familiarité, qui n'était point dans l'étiquette de la cour; mais ce qui ne plaisait à personne, et ce qui semblait beaucoup amuser S. M., c'était les folies, les extravagances, et quelquefois même les impertinences de son chien, du jeune *Tiel*, beaucoup aimé du roi, dont la faiblesse allait jusqu'à vouloir qu'on le trouvât charmant. Ce nom de Tiel lui venait d'une petite ville où il s'était rendu dans la voiture du roi, qui l'y accueillit avec bonté en dépit des courtisans qui voulaient l'éconduire à coups de pieds. Ce que c'est que la jalousie! On a vu souvent ce favori du roi, qui s'éloignait peu de son maître, aboyer insolemment à des députations respectables, et presque mordre aux jambes de certains ambassadeurs, comme s'il avait eu quelques connaissances en politique.

Le roi ne resta guère qu'un mois et demi à son château du Loo, mais sur la fin de son séjour on remarqua qu'il y était presque toujours de mauvaise humeur. Les motifs de l'éloignement de la reine, les contrariétés qu'il éprouvait de la part de l'empereur par rapport aux affaires du pays, joint à cela une santé assez chancelante, tout concourait à entretenir cette fâcheuse humeur dont souffrait tout son entourage; il semblait douter du zèle de tous ceux qui le servaient, et ceux qui lui étaient le plus attachés évitaient sa présence, dans la crainte qu'en les apercevant il ne lui prît envie de les renvoyer ou de les changer de destination. Personne n'eut autant à souffrir des humeurs capricieuses et de toutes les fâcheuses dispositions du roi, que M. Fleury (Cuvillier), précédemment chef du bureau topographique de l'empereur, l'un de ses secrétaires particuliers, qui avait été l'ami intime de Louis, et sur lequel cependant S. M. se plaisait souvent à exercer cet esprit de *taquinerie* qu'on remarquait en lui hors des affaires de haute importance, mais dont le pauvre

M. Fleury s'affecta tellement qu'il en perdit l'esprit*.

Des reproches sanglans avaient été adressés au nommé Darras, chef de la cuisine particulière du roi, soupçonné de négliger avec intention l'apprêt des alimens de la table de S. M. : mais Darras blessé dans son honneur voulut se disculper, et, protégé par le sommelier, qui était toujours de service quand le roi était à table, il parvint jusqu'à S. M. pendant qu'elle déjeunait. En s'approchant très-respectueusement du roi il lui dit : Sire, on a mal parlé sur mon compte, mais je n'ai rien à me reprocher, et puisque j'ai démérité de votre confiance je viens remettre à V. M. le

---

* M. Cuvillier Fleury est mort à Paris il y a quelques années dans un état de démence, où il a vécu pendant quatre ans. Il fut le seul Français des officiers de la maison du roi auquel S. M. ne laissa aucune trace de sa bienfaisance. Le comte de Saint-Leu, depuis qu'il est à Rome, demanda à madame Fleury, restée veuve avec quatre enfans, de lui envoyer son fils aîné dont il était le parrain, montrant le désir de faire du bien au fils de son ancien ami. Le jeune homme, plein de mérite et de douceur, est allé à Rome, où jamais il n'a pu rester plus d'un an auprès du comte de Saint-Leu, qui, sous de légers prétextes, l'a renvoyé à sa mère.

tablier de mon service, et après cela je retourne en France. En effet le bonhomme Darras, qui se croyait un sujet important, et que les autres cuisiniers appelaient le général *des fournaux*, déposa sur un guéridon près du roi, et avec un certain attendrissement, le tablier de son office, et il mit à cette action presque autant de dignité qu'un ministre en pourrait mettre à rendre son portefeuille. Le roi ne put se fâcher d'une démarche, fort inconvenante à la vérité, mais pleine de franchise, et avec bonté il engagea le trop sensible cuisinier à *reprendre son tablier*. Darras retourna à ses fournaux en disant au roi : Sire, je n'ai rien à vous refuser !

Au mois d'avril, la cour étant à Utrecht, le roi y reçut une députation des habitans d'Amsterdam qui venait l'engager à prendre leur hôtel-de-ville pour sa demeure, et à déclarer Amsterdam la capitale du royaume. La députation ne devait pas craindre d'éprouver un refus, puisque depuis fort longtemps, et d'après les ordres du roi, non seulement l'hôtel-de-ville était à sa disposition, mais qu'il était déjà complétement

meublé et qu'on y avait fait de grands chan- 1808.
gemens dans l'intérieur.

Le départ de la cour pour Amsterdam devant avoir lieu très-prochainement, tous les services reçurent l'ordre de se préparer pour ce grand événement. Le roi augmenta le personnel de ces différens services, et M. Smissaert, homme poli et très-intelligent, fut nommé intendant du palais royal d'Amsterdam. Un directeur du mobilier fut nommé, et les fonctions en furent confiées à M. Snoukaert van Schauenburg, qui ne se doutait en aucune manière du travail dont on le chargeait ; mais c'était un homme père d'une nombreuse famille et qui avait besoin d'un emploi pour l'élever [*]. A cette époque il y eut encore des Français qui cessèrent d'être au service du roi, et qui furent remplacés par des Hollandais pas plus dévoués à S. M. que ceux que l'on renvoyait.

[*] Cet administrateur du mobilier, au commencement de sa gestion, croyait échapper à toute espèce d'erreur et de critique en adoptant le système de ne trouver rien de bien fait et tout trop cher, sans avoir aucune donnée sur la valeur des objets. Que de gens en place ont souvent adopté ce dangereux pessimisme pour voiler leur profonde ignorance !

1808. Depuis fort long-temps les amis que j'avais à La Haye se plaignaient de ne plus me voir, et l'aimable Caroline par sa correspondance me pressait vivement de faire un voyage que je remettais bien involontairement. Enfin je pus m'absenter et je courus donner la preuve à tous ceux qui se souvenaient de moi, que je ne les avais point oubliés. Je revis avec un grand plaisir cette douce amie, cette bonne Caroline, qui partagea bien toute ma joie. La famille Nieuweman, qui m'avait pris en affection, se rassembla plusieurs fois pour m'accueillir avec une sorte de fête, et jusqu'au cousin Trotman qui accourut aussi pour me complimenter. Le père de Caroline, à qui j'avais inspiré une grande confiance, crut m'en donner une grande preuve en me faisant part d'un projet qu'il avait de remarier sa fille avec le fils d'un de ses amis, très-épris des charmes de la jeune veuve, quoiqu'elle ne semblât pas trop émerveillée du mérite de son nouvel adorateur ; et vanité à part, j'en soupçonnais bien un peu le motif. Lorsque je vis Caroline en particulier, je me plaignis du silence qu'elle gardait avec moi sur les soins que lui rendait celui qui aspirait à sa main. — Eh! mon ami, me dit-elle, je vous ai si peu vu depuis que vous êtes ici, que je n'ai encore trouvé que le temps de vous dire combien je vous aime, sans avoir trouvé celui de vous parler d'un homme que je n'aime pas. Caroline m'était chère, et pourtant je n'avais jamais songé que l'hymen dût un jour cimenter les nœuds de l'amour. Je n'avais point à me reprocher d'avoir abusé, dans mes liaisons avec elle, de ces promesses dont les amans ne sont point avares et qui semblent presque justifier le plus intime abandon d'une jeune personne. Caroline, avec laquelle j'entretenais une correspondance très-suivie sur une foule d'objets, avait été à même de remarquer, sans doute, tout mon éloignement pour des liens aussi sérieux que ceux du mariage; et les avantages de la fortune dont elle jouissait n'auraient jamais pu me faire renoncer aux douceurs d'une indépendance que ma fortune particulière me rendait encore plus chère.

Mais, dis-je à Caroline, quel est donc cet

aspirant? — C'est un être insupportable, me repondit-elle, qui, depuis une partie que nous fîmes aux *Dunes*, m'assomme de complimens d'autant plus insipides, qu'ayant beaucoup lu de comédies, il ne fait que m'adresser des choses qu'il sait par cœur et dont il a la sottise de croire que je suis flattée. Son père est l'ami de ma famille, et je vois qu'on voudrait arranger un mariage auquel je ne veux point me prêter.

Après être resté quinze jours à La Haye, je fus obligé de quitter les bons amis qui auraient voulu me retenir davantage, mais les devoirs m'appelaient à la cour et je dus leur sacrifier mes plaisirs.

Enfin, le 20 avril, S. M., accompagnée d'un fastueux et royal cortége, fut reçue à quelque distance d'Amsterdam par les bourgmestres et les principaux magistrats de la ville qui lui en offrirent les clefs, qu'il rendit aussitôt comme c'est l'usage. Le peuple, toujours idolâtre du nouveau, avait été fort loin à la rencontre du roi; il témoigna par des acclamations, par des battemens de mains, des cris de joie, enfin par tout ce qui marque une grande affection, la satisfaction qu'il éprouvait en voyant le roi. Ce fut ce jour-là même aussi que Louis apprit la naissance de son second fils, à Paris.

1808.

Les premiers temps de sa résidence à Amsterdam se passèrent dans l'agitation, dans le mouvement d'un déménagement considérable, et dans des receptions d'autorités et de corporations qui se pressaient en foule au palais pour présenter leur hommage au nouveau locataire. Cet hôtel-de-ville, transformé désormais en palais royal, si l'on en croit une vieille chronique hollandaise, repose à peu près sur 14000 piliers de bois, tandis que, suivant un auteur plus moderne, il y en aurait 30000; différence si grande qu'il faut en conclure que ni l'un ni l'autre de ces deux auteurs ne s'est donné la peine de compter exactement le nombre des pilotis sur lesquels est appuyé cet édifice vraiment beau pour un hôtel-de-ville, mais qui pourtant ne mérite point encore d'être regardé comme une huitième merveille du monde, ainsi que se l'imagine et comme l'a écrit un certain M. E. Maas-

1808. kamp, marchand d'estampes à Amsterdam, auteur d'un voyage par la Hollande en 1807, à la tête duquel se trouve une dédicace au roi, dont il serait curieux aujourd'hui de rapprocher les expressions avec tout ce que ce même M. Maaskamp disait peu de jours après l'abdication du roi *.

A ce magnifique édifice, à cette *huitième merveille* enfin, dont parle l'auteur du voyage en Hollande, on n'a pas seulement songé de faire une entrée principale ; car on n'y parvient que par sept petits portiques qui font, dit-on, allusion aux sept provinces unies. La place du *Dam*, sur la-

---

* Indépendamment de tout ce que disait de peu flateur M. E. Maaskamp sur le compte d'un souverain *dont il avait eu l'honneur d'implorer la royale protection, et sur les destinées duquel il avait invoqué les bénédictions du Tout-Puissant*, il vendit, après l'abdication, un assez grand nombre d'exemplaires d'une estampe anglaise représentant Louis tenant dans chacune de ses mains un rouleau de papiers. Sur celui de la main gauche on lisait : *ordres ;* sur celui de la main droite, *contre-ordres ;* et sur une espèce de bandeau qui lui entourait la tête, on lisait *désordre.*

Quand le flambeau de la faveur est éteint, les flatteurs chantent la palinodie, mais du moins ils ne devraient jamais laisser de traces de leurs adulations.

quelle l'hôtel-de-ville est élevé, était masquée par l'hôtel des poids et mesures, très-vieux et très-vilain bâtiment que le roi a fait abattre, au très-grand regret d'une certaine classe de gens qui aimeraient mieux manquer d'air que de voir détruire de gothiques constructions pour lesquelles ils ont une sorte de vénération d'habitude.

1808.

Toutes les anciennes distributions intérieures de l'hôtel-de-ville ont fait place à des distributions modernes faites à grands frais et qui sont appropriées à sa nouvelle destination. Nulle part peut-être ne voit-on, que dans le palais d'Amsterdam, une aussi belle salle de grande réception, tant par son étendue que par son élévation. Une large porte en bronze et à deux battans en indique l'entrée. Sa longueur est de 120 pieds sur 58 de large et sur 98 de hauteur. Vingt doubles croisées éclairent cette magnifique pièce; à l'une des extrémités est une figure colossale représentant Atlas soutenant le monde sur ses épaules et accompagné de la Sagesse et de la Vigilance. Le plafond représente des figures allégoriques, et sur le plancher, re-

1808. couvert maintenant d'un beau tapis, on a dessiné en cuivre et en marbre de différentes couleurs les deux hémisphères, et au milieu le globe céleste. Lorsque cette salle fut richement meublée et que les lustres et les girandoles étaient allumés, elle présentait vraiment un coup d'œil majestueux. La première fois que l'on put bien juger de toute sa magnificence, fut le jour de l'anniversaire de l'institution de l'ordre de la Réunion, où le roi assis sur son trône, après avoir prononcé un discours éloquent, reçut le serment des chevaliers.

A La Haye comme à Utrecht, on doit bien penser que le faste et la coquetterie ne furent point épargnés pour rendre les cercles de la cour très-brillans, et cependant il semblait que les réunions au palais d'Amsterdam étaient encore plus éclatantes. Peut-être cela tenait-il davantage à la somptuosité des appartemens qu'à l'élégance des dames. Mais le plus bel ornement des réunions de La Haye n'était plus à la cour; la reine n'y jetait point cet éclat qui aurait mis le comble à ces belles assemblées.

On remarquait dans les bals qui se don- 1808. naient à la cour, au nombre des plus jolies personnes qui se trouvaient y figurer une demoiselle Daendels, aussi belle que modeste, et à qui le roi se plaisait à adresser particulièrement des choses flatteuses, mais sur le compte de laquelle qui que ce soit n'osa jamais se permettre la plus légère réflexion, tant ses mœurs la mettaient à l'abri des attaques de la malignité. Cependant elle devint bien innocemment la cause d'un événement qui fournit un épisode fort piquant dans un bal au palais. Mademoiselle van der H..., qui n'était ni sans beauté ni sans esprit, s'était imaginé que le roi se plaisait aussi à la distinguer, et sa vanité l'emportant sur toute autre considération, elle mettait une sorte d'amour-propre à faire croire que S. M. ne s'en défendait pas. Le roi, dit-on, voulant la punir de cette espèce de prévention, dont tout autre que lui aurait dû être flatté, affecta dans un grand bal de ne point s'occuper du tout de mademoiselle van der H..., et de rechercher au contraire toutes les occasions de louer hautement mademoiselle Daendels. Chez les femmes, l'amour-propre blessé amène le dépit, mais la bienséance en comprime les effets, et lorsque l'affection est trop pénible, l'individu succombe. C'est ce qui arriva à la trop sensible demoiselle van der H..., qui se trouva mal, mais dont les amis s'empressèrent de rejeter sur toute autre cause une indisposition aussi prompte.

Dans le nombre des salles qui composaient l'intérieur de l'ancien hôtel-de-ville, et qui toutes avaient des désignations particulières, on y remarquait sous la même clef celle des *mariages* et des *disputes*, comme si ces deux choses avaient quelque analogie entre elles; et dans la chambre de l'ancien secrétariat on laissa subsister un bas-relief du Silence sous la figure d'une femme. C'est une galanterie hollandaise, digne sans doute du temps où les Grecs se piquaient d'une politesse exquise, quoique le doigt de cette femme soit placé sur sa bouche, comme si elle ne pouvait conserver un secret sans presser fortement ses lèvres.

Avant de quitter Utrecht pour venir à Amsterdam, quelques amis particuliers eurent à gémir sur le retour en France de M. de Mézangères, qui avait été l'ami du roi, qui lui confia les fonctions de trésorier de la couronne; fonctions dont il s'acquitta toujours avec une délicatesse, une capacité et un désintéressement qui lui ont fait honneur*. Sa charge, on devait s'y attendre, fut donnée à un Hollandais, à M. Twent de Kortenbosch, qui détestait les Français; et sa haine était d'autant plus perfide qu'il la voilait sous les formes les plus aimables. Pour n'être point sa dupe, un Français aurait toujours dû penser de lui le contraire de ce qu'il disait. Il y a tout lieu de croire que ce nouveau trésorier, pour satisfaire son antipathie contre les Français, a étrangement abusé de la disposition que le roi avait à se méfier, et sans raison, des personnes qui étaient venues de France avec lui.

1808.

Peu de temps après le départ du trésorier,

---

* Lorsque M. de Mézangères quitta la trésorerie de la couronne, il avait entre autres sommes 30,000 florins en ducats que plus d'un comptable aurait convertis en écus, et c'est ce qu'on lui conseilla de faire avant la remise des caisses; mais sa délicatesse dédaigna une opération que son successeur s'empressa de faire aussitôt la prise de possession de la charge.

1808. un autre Français, M. Thiénon, dessinateur du cabinet, doué de qualités aimables, et qui par affection pour le roi avait quitté Paris pour le suivre en Hollande, dut aussi abandonner les rives de l'Amstel pour revoir les bords de la Seine. M. Pasquier, aujourd'hui premier chirurgien à l'hôtel des Invalides à Paris, et qui était chirurgien du roi en Hollande, fatigué de ne point voir se réaliser les promesses sur lesquelles il devait compter, quitta de son plein gré la Hollande, et abandonna le service d'un souverain auquel il avait assez donné de marques de dévoûment pour avoir quelques droits à sa bienveillance. On le voit, tous les Français s'en allaient en détail et s'éloignaient à regret d'un prince qu'ils aimaient parce qu'il était essentiellement bon, mais qu'une fausse et ridicule prévention animait sans cesse contre ses anciens compatriotes. En venant régner en Hollande, Louis avait-il donc pu s'affranchir aussi promptement des liens qui l'attachaient à son ancienne patrie? Sans doute il se devait à la nation qui avait été *obligée* de le demander pour roi; mais ne se devait-il pas encore pour quelque chose à cette France qui l'avait élevé à des honneurs, à un rang dont le souvenir devait toujours être présent à sa pensée? Que l'empereur Napoléon et la reine Hortense eussent à la cour de Hollande quelques personnes qui leur rendissent compte de ce qu'y faisait le roi, cela se peut, et l'on peut même dire que cela était; mais le roi devait-il craindre que toutes ses actions, ou privées ou publiques, fussent connues? et était-il raisonnable à lui de penser que tous les Français qui étaient à la cour, depuis le grand officier de la couronne jusqu'au dernier marmiton, fussent dans la confidence de l'empereur et de la reine?

La cour retourna quelque temps à Utrecht, et ce voyage avait pour but, de la part du roi, d'examiner l'exposition des produits de l'industrie nationale. On y distingua principalement les draps de Leyde, les toiles d'Haarlem et d'Utrecht, les velours d'Amsterdam, les basins et les cuirs du Brabant. Les prix consistaient en trois médailles d'or et vingt-cinq médailles d'argent.

1808. *Tiel*, le bien-aimé *Tiel*, s'il eût été de race française, n'aurait peut-être pas aussi long-temps conservé la faveur de son maître. Quelques dogues hargneux du pays lui auraient cherché noise et auraient obtenu qu'il allât ronger des os en France. *Tiel*, toujours très-bien en cour, accompagna le roi à Utrecht; mais ce voyage, hélas ! pensa lui devenir très-funeste. Le fâcheux accident qui lui arriva prouve bien que les mortels les plus heureux ne sont pas toujours à l'abri des vicissitudes humaines. Le chien chéri du prince, comme un enfant gâté, jouissait d'une grande liberté, et souvent du salon de son maître, où toujours il avait une excellente pâtée, il allait, il flairait les endroits les moins dignes de lui. Un jour, comme maître renard, dont il avait un peu l'encolure, et comme lui par l'odeur alléché, *Tiel*, sans hésiter, dirige ses pas du côté des cuisines, et dès que les enfans de *Comus* l'aperçoivent, tous, presque bonnet bas, s'empressent de lui être agréables. Tous à l'envi lui offrent un plat de leur métier, et de tous côtés *Tiel* assez goulument happe ce qu'on lui présente. Il paraît content, et faisant volte-face il s'en retourne bien pansé; mais en s'en allant il entre au lavoir, et dans son insatiable appétit il s'empare d'un os que le dernier des barbets aurait dédaigné; il le ronge en grognant parce qu'on veut le lui ôter, comme n'étant pas digne de lui; mais la colère le rend imprudent, et comme il veut avaler l'os malgré tout le monde, l'os se met en travers de l'œsophage, et le pauvre *Tiel* est menacé d'une strangulation. Les marmitons appellent au secours; en un moment le chien est entouré de tout le service de la bouche, qui se croit très-compétent dans une affaire de ce genre, et pourtant, en cherchant à le soulager, on ne fait qu'ajouter à son malaise, tant le maudit os paraît adhérent au gosier. Que faire? Par hasard, et fort heureusement, un préfet du palais (M. Van Asbeek), en grand costume, passait près du lavoir, où gisait le favori du roi. On prie monsieur le préfet d'approcher, il voit Tiel qui se débat, il est effrayé, et se hâte de l'emporter au salon, où une partie de la cour est assemblée. Le danger est pressant, et le roi envoie chercher de suite M. Giraud, son premier chirurgien, qui vient en courant, avec la crainte qu'il ne soit arrivé quelque accident à S. M. On lui présente *Tiel*, il refuse de lui donner aucun secours; le roi s'indigne qu'on laisse volontairement souffrir cette pauvre bête et que l'on refuse de lui obéir; mais le chirurgien limousin, franc et un peu rustre, représente au roi qu'à la vérité il est bien à son service, mais que ce n'est pas pour y traiter ses chiens; et il se retire *. Le chambellan de service (M. Fornier Montcazals) se rappelle heureusement que le dentiste du roi est au palais; on le cherche, on le trouve chez un seigneur dont il réparait la bouche, et en un instant il est auprès du malade. Ce dentiste était un Italien, *M. Angela de Vergami*, garçon fort adroit et qui très-lestement arracha presque *san dolor*, du gosier de *Tiel*, l'os qui l'embarrassait si fort. Depuis cet accident, M. Giraud perdit graduellement sa faveur, et quelque temps après il retourna

---

* Dans un moment de gaîté et d'un ton un peu goguenard, le roi disait à M. Giraud : « Vous seriez-vous jamais douté qu'un jour vous deviendriez le chirurgien d'un roi? — Et vous, sire, vous seriez-vous jamais attendu à devenir roi? »

en France, à l'Hôtel-Dieu de Paris, comme premier chirurgien, où il mourut, emportant la réputation d'un homme de beaucoup de mérite. *Il signor Vergami*, au contraire, depuis l'opération faite sur le chien du roi, vit s'accroître sa clientelle, et toutes les mâchoires de la ville et de la cour lui furent confiées, avec un empressement qui le mit sur le chemin de la fortune, dont il s'éloigna fort maladroitement ; car, un an après, de fâcheux créanciers le firent mettre en prison, dont il ne sortit que parce que le roi eut la bonté de payer ses dettes.

1808.

Dans la belle saison, rien n'est agréable en Hollande comme le voyage par eau d'Utrecht à Amsterdam ; aussi tous les Français voulaient le faire, pour jouir du brillant coup-d'œil qu'offrent les maisons de campagne qui avoisinent les bords du canal, où tout en voguant on suit avec une sorte de plaisir le mouvement uniforme des barques qui se croisent. Les jardins de ces maisons sont tous dessinés avec infiniment de goût, et leur variété laisse dans l'imagination de douces impressions ; chaque habitation a presque sur le bord du canal une espèce de *gloriette* en forme de *kiosque*, où les hommes fument lisant la gazette, tandis que les femmes travaillent en faisant le thé. Sur les murs de quelques-unes de ces gloriettes qui font face au canal, on voit des inscriptions qu'on lit souvent avec intérêt, parce qu'elles expriment (toujours en hollandais) des idées de bonheur et de bienveillance; telles par exemple que: *La paix est ici. Espoir et repos. Je suis content. J'aime mon semblable. Patrie, honneur.*

Le roi, de retour à Amsterdam, s'occupa entre autres choses d'y fonder l'institut général des sciences et arts, divisé en quatre classes. Dans celles des beaux-arts figuraient seulement les noms de deux Français, dont l'un était M. Plantade, directeur de sa musique, et l'autre M. Thiébaut, architecte de ses bâtimens ; tous les autres membres des diverses classes étaient du pays, et il était bien que cela fût ainsi. D'ailleurs, c'étaient presque tous hommes d'un grand mérite.

Il existait déjà à Amsterdam plusieurs sociétés savantes connues sous le nom de *Con-*

cordia et libertate, *Felix meritis*, *Doctrina et amicitia*, une autre pour la culture des langues et de la poésie, et enfin une dernière sous le titre de Musée; toutes ces sociétés comptent beaucoup de membres, mais celle *Felix meritis* se distingue peut-être de toutes les autres non seulement par la réunion des gens les plus éclairés de la Hollande, mais encore par sa galanterie, parce qu'on y admet de temps en temps les dames à de brillans concerts, qui ordinairement se terminent par des lectures agréables. Le bâtiment de cette société est un des plus beaux édifices de la ville; l'architecture en est magnifique; la façade, en pierre de taille, chose assez rare en Hollande, a quatre-vingts pieds d'élévation sur vingt-six pieds de large; et quatre belles colonnes de l'ordre corinthien s'élèvent au-dessus du cordon du rez-de-chaussée, pour soutenir le chapiteau.

En raison du libre exercice de toutes les religions en Hollande, le roi crut devoir séparer le ministère de l'intérieur des affaires du culte; en sorte que M. Mollerus resta exclusivement et seulement chargé de cette

1808. partie de l'administration, et M. van Leyden van Westbarendrecht devint ministre de l'intérieur.

A cette époque, la session du corps-législatif se termina, et, après avoir entendu le discours de fermeture, prononcé par le président, le comte Byland-Halt, le roi félicita tous les députés sur le résultat de leurs travaux ; il leur annonça en même temps que les codes civil et criminel et le plan de l'organisation du pouvoir judiciaire étaient terminés, et il leur fit pressentir que l'on allait s'occuper des mesures de finances pour les besoins de l'année prochaine.

Si le roi se trouvait flatté d'être au milieu de sa *bonne ville* d'Amsterdam, qui pourtant, de bon compte, n'était pas meilleure que les autres villes de la Hollande ; rien assurément ne pouvait le charmer dans une habitation où jamais sa vue, de quelque côté qu'il la portât, ne pouvait apercevoir l'ombre du plus petit arbrisseau. S. M. était obligée de traverser toute sa capitale pour respirer le grand air et s'affranchir un peu du cérémonial de la cour. A la fin du mois de mai, le roi alla à son château de Zoestdyk, simple et toute modeste habitation, presque au milieu des bois et fort inconvenablement décorée du titre de château; on pourrait encore moins la désigner comme une maison de plaisance, car rien n'est moins plaisant assurément que cette maison bâtie en briques, dont les appartemens sont fort mal distribués et dont les alentours sont assez tristes et bourbeux. Cependant lorsqu'on y était il fallait, pour plaire au roi, s'y montrer sous un dehors joyeux, et dissimuler avec adresse qu'on y périssait d'ennui. Mais il ne fait pas toujours beau, et il faut savoir s'accommoder des lieux qu'on habite : *Si le printemps durait toujours, on n'aimerait pas tant les roses*; mais les roses de Zoestdyk étaient bien plus entourées d'épines que partout ailleurs, et le fourrier du palais en savait quelque chose. Un soir, ou plutôt une nuit, le temps était assez beau, le fourrier était de garde et faisait sa ronde dans le jardin derrière le château, où il avait trouvé tout dans un profond silence; le coassement des grenouilles était tout ce qu'il avait entendu. Il reprenait le chemin pour rentrer au château, lorsqu'en détournant une allée il croit entendre un léger bruit; il prête une oreille attentive, il se baisse, se blottit, regarde avec plus d'attention, et croit enfin apercevoir quelque chose qui a l'air d'un homme. En effet, c'en était un, et de taille assez élevée; mais comme il était couché et le visage tourné contre terre, il était impossible au fourrier de le reconnaître; cependant il soupçonna que c'était un officier de la maison du roi et qui même approchait d'assez près S. M. Que faisait donc là cet officier? Le fourrier pour s'en assurer allait l'aborder, lorsqu'il entendit parler, mais trop doucement pour comprendre ce qu'il disait. Le fourrier ne douta point que l'officier ne fût en galante partie, et ne voulant point troubler un aussi doux passe-temps, il eut la patience d'attendre que le couple amoureux (car c'en était un) se fût remis en route pour continuer son chemin. Il les suit avec précaution, il est même assez près d'eux, mais l'obscurité l'empêche de reconnaître la dame, qui avec son cavalier sort du jardin par une petite porte. Ils se dirigent par un sentier qui, en les éloignant

du château, doit cependant les y ramener : 1808.
le fourrier peut les devancer en prenant à
travers champs et en se cachant ensuite derrière un gros chêne près duquel ils doivent
passer, et là il espère tout voir sans être
aperçu. Le voilà cheminant avec vitesse, se
réjouissant d'avance de la découverte qu'il
va faire. Mais, hélas! souvent au moment
de jouir on est trompé dans son attente; le
démon nous tend partout des embûches;
mais ici c'était le garde-chasse qui avait tendu
un piége auquel devait se prendre un renard
qu'il guettait, et à la place duquel se trouvait
pris le pauvre fourrier qui jetait les hautscris. L'officier l'entendit bien, mais il ne
pouvait au milieu de la nuit abandonner une
dame dans les champs : il l'accompagna donc
jusque chez elle, et revint ensuite, à peu près
au hasard, tenter d'être utile au malheureux
fourrier, qui était parvenu à se débarrasser du
maudit piége, qui heureusement encore ne
lui avait fait qu'une contusion à la jambe,
en le faisant tomber sur un buisson d'épines.
Malgré cet accident il valut encore mieux
pour le fourrier qu'il manquât de se casser la

1808. jambe, et qu'il se fît une petite bosse au front, que d'avoir reconnu la dame après laquelle il courait. (C'était sa femme.)

Du prétendu château de Zoestdyk, la cour, par des chemins assez raboteux, s'en fut au château du Loo, dont le séjour plaisait infiniment au roi, mais où il aurait été plus souvent encore, sans l'éloignement et la difficulté des communications avec la capitale. Pendant le séjour de S. M. au Loo, le prince d'Olgorouki, ambassadeur de Russie, lui fut présenté, et il lui remit de la part de l'empereur Alexandre trois différentes décorations. Le roi en prit une pour lui, la seconde fut pour le prince royal, et il donna la troisième à M. Roëll.

Avant que l'empereur Napoléon ne plaçât son frère Joseph sur le trône d'Espagne, cette couronne avait déjà été offerte en secret au roi de Hollande, qui la refusa avec grandeur, avec magnanimité. La conduite courageuse du roi dans cette circonstance lui a fait beaucoup d'honneur aux yeux de toute l'Europe; elle a singulièrement augmenté pour lui l'attachement des Hollandais qui l'entouraient, et parmi les dames qu'on a pu initier alors dans le secret du refus du roi il en fut une, a-t-on dit, qui, dans l'enthousiasme de son admiration, ne put s'empêcher de l'embrasser avec transport (madame R....p).

A cette époque, M. de Broc, grand-maréchal du palais, s'aperçut que la bienveillance du roi n'était plus la même pour lui; il n'était plus comme autrefois dans l'intimité de S. M., qui semblait l'éviter et ne plus lui adresser la parole que machinalement. Le grand-maréchal se plaignit un jour au roi que depuis quelque temps ses lettres de France étaient décachetées avant de lui être remises, et il supplia S. M. de donner des ordres pour qu'une semblable infidélité ne se continuât pas. Le roi le regarda très-fixement un instant sans lui répondre, et le quitta en lui tournant le dos.

Il n'est pas douteux que la défaveur du grand-maréchal n'ait pris naissance dans l'affection particulière de la reine pour madame de Broc; le roi croyait qu'il y avait entre le grand-maréchal et sa femme une correspondance toute dévouée à la reine, et dans laquelle il supposait qu'on s'entretenait beaucoup de lui et de son gouvernement. Mais M. de Broc, homme d'honneur s'il en fut jamais, n'était pas plus fait pour trahir le roi que pour désavouer la bienveillance dont l'honorait la reine; il savait bien que dans toute querelle de ménage personne ne doit intervenir, et il était au surplus hors de son caractère de souffler, d'attiser le feu de la mésintelligence entre deux époux désunis, qui toujours s'imaginent qu'on est contre eux lorsqu'on ne veut pas ostensiblement se déclarer en leur faveur.

Si le roi avait voulu établir en Hollande un ministère de la police à l'instar de celui de la France, il serait parvenu sans doute à s'assurer que les Français qui étaient à sa cour étaient incapables de le trahir malgré leurs rapports particuliers avec la France. Mais S. M., par une affectueuse faiblesse pour les Hollandais, n'ayant pas voulu fronder leurs habitudes, ne voulut jamais laisser établir une police qui eût secondé son gouvernement par une surveillance sévère, et sa répugnance était basée sur ce qu'une administration de ce genre n'avait jamais existé en Hollande. Aussi qu'en 1808. est-il résulté? c'est que le roi est resté dans une profonde ignorance sur une foule de choses qu'il eût été bien important pour lui de savoir.

Cette amie intime, que la reine avait tant regretté de n'avoir point auprès d'elle lorsqu'elle arriva en Hollande et dont nous avons déjà parlé, était maintenant à la cour auprès de son mari le grand-maréchal du palais. Madame de Broc se trouvait assez fréquemment chez le roi, exposée à entendre S. M. s'expliquer sur le compte de la reine en des termes qui l'affligeaient beaucoup; elle cherchait avec douceur, avec respect, à détruire les fâcheuses impressions qui animaient le roi, et tout ce que lui suggérait et l'amitié et la raison était infructueux. Plusieurs fois elle avait même supplié le roi de lui épargner le chagrin d'entendre injurier son amie; mais le roi, comme tous les hommes qui se croient offensés, revenait sans cesse sur le chapitre qui l'affectait, et un jour qu'il avait à la main le portrait de la reine, auquel il n'adressait pas des choses très-flatteuses, madame la maréchale, les larmes aux yeux, le lui arracha des mains, en lui manifestant toute son indignation.

Lorsque le roi voulait se défaire de quelqu'un, il n'avait pas toujours le courage de l'affliger tant qu'il était près de lui; alors il lui donnait une mission, ce que l'expérience autorisait à considérer comme un renvoi. Un seul individu, nommé d'Hautavoine, sommelier du roi, eut la hardiesse de refuser à S. M., à elle-même en personne, d'aller à Bordeaux chercher du vin. Le roi étonné lui demanda le motif de son refus, et d'Hautavoine, sans se déconcerter, lui dit : « Sire, pour vous servir j'irais au diable; mais si je pars d'ici pour aller à Bordeaux, lorsque je serai à Paris, j'y recevrai l'avis que je ne suis plus à votre service, et, en conséquence, comme je veux rester près de V. M., je reste en Hollande. J'ai fait mon devoir, et V. M. ne doit pas me renvoyer.— Mais on assure, dit le roi, que vous buvez le meilleur vin de ma cave. — Cela est vrai, sire, et je ferais le contraire que personne ne le croirait, pas même V. M. » Cette naïveté, cette franchise ne déplurent point au roi,

qui ne put s'empêcher d'en rire ; il fut désarmé, 1808.
et d'Hautavoine resta ; mais sous la condition,
cependant, qu'il ne boirait pas du vin de
Tokay *.

Dans le courant du mois de juin, le roi
visita plusieurs parties de son royaume, et il
ordonna partout, avec sagesse, les travaux publics qui pouvaient contribuer au bien du pays.

Au commencement de juillet, il revint à
Amsterdam en passant par Utrecht, et c'est là
que, paraissant rendre au grand-maréchal du
palais toute son ancienne affection, il lui donna
la mission d'aller à Madrid féliciter son frère
Joseph sur son avénement au trône d'Espagne.
Le grand-maréchal, enchanté d'avoir reconquis toute la confiance, toute la bienveillance
de son souverain et l'amitié de son ancien frère
d'armes, versa des pleurs d'attendrissement en
prenant son audience de congé.

---

* Le roi venait de recevoir tout récemment de l'empereur
d'Autriche deux milles bouteilles de vin de Tokay, cadeau
bien précieux et que l'on considérait comme une marque toute
particulière de l'affection du souverain qui l'avait fait. Après
l'abdication de Louis, la majeure partie de ce vin a été expédiée pour les caves des Tuileries, ainsi qu'une partie de vin
de Constance ou du Cap, rapportée par le ministre Janssens,
qui en fit hommage au roi.

1808. Quelque temps avant le départ de M. de Broc, il arriva de Paris à Utrecht un nommé Gâteau, qui paraissait être chargé par le gouvernement français d'organiser pour l'empereur une police secrète en Hollande. Ce Gâteau, fine *mouche* de son métier, trouva le moyen de voir le roi et de l'entretenir de son projet, que, bien entendu, il lui présenta sous un jour favorable; mais le roi, qui avait deviné le véritable motif de sa mission, et qui ne voulait point ouvertement refuser de se prêter à ses vues, joua de ruse, parut donner son assentiment sur quelques points, éluda sur d'autres, ajourna le plan général à son retour à Amsterdam. Il fit si bien que cette police ne fut point organisée, du moins pour le moment, quoique l'envoyé de Paris eût déjà des affidés, entre autres un nommé Superby, employé dans les bureaux de l'intendance de la maison du roi, et qui en fut honteusement renvoyé après que le grand-maréchal du palais l'eut convaincu qu'il était l'adjoint de Gâteau.

Le grand-maréchal, en allant en Espagne, passa par Paris, où quelques amis le félicitèrent sur l'honorable mission dont il était chargé; d'autres ne purent lui cacher la crainte qu'ils avaient que cette mission ne se terminât par une disgrâce; mais M. de Broc, plein de confiance dans les marques d'affection qu'il avait reçues du roi avant son départ d'Utrecht, rassura lui-même ses amis et partit avec sécurité.

M. de Broc rejoignit le roi d'Espagne à Vittoria. S. M., à laquelle il remit ses dépêches, le reçut fort gracieusement et l'invita à dîner avec elle. Le lendemain, lorsque le grand-maréchal du roi de Hollande se présenta pour faire sa cour au roi Joseph, ce fut une toute autre réception. On lui refusa presque l'entrée du palais, et, quelles que furent ses démarches, il ne put jamais avoir une seconde audience du roi : il lui parut bien évident que les dépêches qu'il avait remises au roi d'Espagne contenaient des choses qui lui étaient personnellement défavorables; aussi, tant qu'elles n'avaient point été ouvertes, il n'avait eu qu'à se féliciter du gracieux accueil du roi. M. de Broc ne sut trop d'abord quel parti prendre, mais l'arrivée à Vittoria du maréchal Ney, son beau-frère, mit fin à son incertitude. Le maréchal, après l'avoir entendu, lui donna le conseil de rentrer au service de France. L'empereur Napoléon y consentit, mais sans vouloir accorder à M. de Broc le grade de général de brigade qu'il avait en Hollande, et il fut obligé de se contenter de celui de colonel d'état-major. Il revint en France, et alla faire la guerre en Italie, où il fut blessé légèrement. Il mourut à Milan des suites d'une affection catharrale à la vessie, affection dont il souffrait depuis long-temps. Madame de Broc ne put jamais se consoler de la perte d'un époux qu'elle chérissait tendrement ; et elle le pleurait encore, lorsque deux ans après, en accompagnant la reine de Hollande aux eaux d'Aix, en Savoie, elle tomba dans un précipice, dont il n'a pas même été possible de retirer son cadavre.

Après que M. de Broc eut quitté Utrecht, pour aller en Espagne, les fonctions de grand-maréchal du palais furent provisoirement confiées à M. Bloys van Treslong, vice-amiral et aide-de-camp du roi, homme juste, brave, laborieux et bon administrateur. Il regarda toujours comme au-dessous de lui de s'associer à ces petites intrigues de cour, où quelques chambellans du roi s'exerçaient avec assez d'acharnement. M. Bloys van Treslong, que le travail n'effrayait pas, refusa cependant de prendre les rênes d'une administration aussi détaillée que celle du service du grand-maréchal, parce qu'il connaissoit peu la langue française ; mais le roi, qui avait beaucoup de confiance en lui, ayant insisté, il accepta parce qu'il apprit qu'au secrétariat de cette administration il y avait un Français qui en dirigeait tout le travail et sur l'intelligence duquel il pouvait se reposer. Ce Français fut encore un de ceux dont le roi, sous divers prétextes, demanda plusieurs fois le renvoi ; mais il resta, parce qu'il était si nécessaire au grand-maréchal, dont il avait organisé le travail, que celui-ci déclara positivement au roi qu'il ne pouvait répondre du service si on lui enlevait cette personne. Le roi se rendit à la nécessité, mais il revint à la charge et toujours il trouva une opposition dont à la fin il aurait triomphé par sa volonté suprême, si l'empire des circonstances n'eût triomphé de lui-même.

1808. Le plus sûr moyen de s'attacher les hommes, c'est d'être juste envers eux et de savoir récompenser les belles actions. Le roi de Hollande, pénétré de cette vérité, annonça par un décret qu'à l'avenir tout sujet militaire et matelot qui se distinguerait d'une manière éclatante recevrait une médaille d'or.

Dans le courant de juillet, S. M. continua à parcourir son royaume. Ces visites du souverain produisent toujours de salutaires effets. Le peuple aime à voir ceux dont il attend sa félicité. Le roi alla en Gueldre, s'arrêta à Arnhem et ne négligea rien pour acquérir une parfaite connaissance de la situation du pays.

On ne vit pas à cette époque sans inquiétude en Hollande le départ de l'ambassadeur d'Autriche, M. le baron de Feltz, qui, sous le prétexte d'un simple congé, allait, dit-on, à Vienne, afin d'y conférer sur des affaires de la plus haute importance ; les conjectures qui eurent lieu à cet égard furent justifiées par la suite.

Le départ du baron de Feltz pour Vienne diminua le nombre des habitués du salon de la célèbre actrice, mademoiselle Lobé, qui rassemblait toujours chez elle et la ville et la cour. M. Prévost, le chargé d'affaires en l'absence de l'ambassadeur d'Autriche, fit, dit-on, assez bien les siennes auprès de la reine du théâtre royal, qui indépendamment du grand-chambellan, M. Mollerus fils, lui avait adjoint et le comte de Palfy, et le secrétaire de légation d'Autriche.

Le roi, de retour dans sa capitale, s'y occupa de régler les affaires concernant les cultes, et tout ce qu'il fit à cet égard lui mérita l'assentiment presque général; car il sut concilier toutes les idées religieuses, et c'était une chose assez difficile à cause de la diversité des dogmes : il dut trouver la récompense de toute sa sollicitude pour le bonheur de son pays, dans l'enthousiame général avec lequel on célébra sa fête, le 25 août. Cependant il existait encore des gens que le roi n'avait pu s'attacher, de ces Hollandais de vieille roche, de ces grosses intelligences qui regrettent toujours le passé : tel était un certain M. Gartman, libraire dans le Kalver-Straat, à Amsterdam, qui jamais ne mettait le pied dans la rue tant qu'il savait que le roi était dans la capitale, et cela dans la seule crainte de le voir et de le rencontrer. Il y en avait encore d'autres qui, entichés d'antiques et urbaines prétentions, ne pouvaient lui pardonner de s'être emparé de leur hôtel-de-ville, pour en faire son palais *.

L'excès du bien amène presque toujours des abus, et les bonnes habitudes dégénèrent souvent en manies ; et telle est celle que l'on a en Hollande, de laver sans cesse extérieurement les maisons ; mais c'est à Amsterdam où l'on est le plus exposé à cet excès de propreté qui salit les passans. On y voit continuellement jouer la pompe à laver ; partout on voit en activité les torchons, les vergettes, les balais, les baquets et la terre

* Les anciens Hollandais, ces primitifs, froids, lents et méthodiques habitans du Dordregtsche-Ward, redoutaient tellement, dit-on, les dangereux effets d'une communication avec les Français, qu'ils préféraient souvent aller à Batavia plutôt que de risquer un voyage en France ; et des Hollandais dignes de foi assurent qu'autrefois, par testament, les parens exigeaient que leurs enfans ne restassent point en France avant d'avoir quarante ans, parce qu'ils supposaient qu'à cet âge ils auraient assez d'expérience pour se garantir de la séduction d'un peuple si enclin à la dissipation et à la gaîté.

à dégraisser; et tout ce qu'on fait en Hollande pour la propreté extérieure des maisons n'a jamais pu convaincre un Français que ce fût un moyen assuré de conserver les bâtimens. De malins observateurs ont prétendu que cet amour pour la propreté ne s'étendait pas jusqu'à la personne des dames, auxquelles on reprochait un peu de négligence à cet égard. Mais il suffit d'avoir été admis dans la bonne société pour n'être point de cet avis, qui fait injure aux dames qui la composent. L'idée où l'on est encore France, que toutes les dames hollandaises portent des caleçons de couleur et d'étoffe en laine rouge (*roode-broek*), est-elle plus fondée? Cet usage a existé, il est vrai, mais il ne subsiste plus guère que parmi le peuple et la bourgeoisie, et peut-être encore chez un assez grand nombre de nobles dames, esclaves d'anciennes habitudes. Quelquefois en France les dames portent aussi la culotte, mais ce n'est pas de cette manière-là; et si c'est un avantage, elles n'en jouissent pas en Hollande, où les femmes sont encore dans une espèce de dépendance dont elles se sont affranchies en France.

1808. On savait, par des correspondances particulières, que les relations de l'empereur avec le roi s'aigrissaient de jour en jour, et que, pour plaire à Napoléon, il aurait fallu que Louis ne voulût régner en Hollande que d'après le système du gouvernement français. Le devait-il?.... Le roi prétendait que non, parce qu'il se devait, disait-il, tout à la nation hollandaise; et l'empereur, qui l'avait *fait roi*, prétendait le contraire, parce que son frère lui devait tout; et pourtant, dans un message au corps-législatif, le roi disait : « Notre système politique ne peut être autre que celui » de la France, etc. » Comment expliquer cette contradiction ?

Comme alliée de la France, la Hollande envoya en Espagne des troupes sous le commandement du général Chassé, et ces troupes, dans maintes affaires, méritèrent les suffrages des généraux qui les employaient. On se rappelle toujours en Hollande que le maréchal Lefèvre déclara, en parlant de quelques officiers hollandais, qu'il était impossible d'être *plus valeureux*.

La ville d'Haarlem, que les Français appelaient le Saint-Cloud de la Hollande, était trop près de la résidence du roi pour qu'il ne désirât pas y avoir au moins un pied-à-terre. La jolie maison de M. Hope, fameux banquier si bien connu en Europe par l'importance de ses relations et par l'immensité de sa fortune, excita l'envie de S. M., qui en fit proposer l'achat. On fut trè-slong-temps sans pouvoir déterminer M. Hope à se défaire de sa propriété; enfin, bon gré, mal gré, le roi s'y établit, et cette maison, connue désormais sous le titre de *Pavillon royal*, qui, pour un particulier, était une habitation charmante, n'était pas à beaucoup près assez spacieuse pour l'usage auquel elle venait d'être affectée. On fut obligé de louer des bâtimens de tous côtés pour loger les différens services, et par suite le roi fit quelques acquisitions de maisons près du château; mais ces acquisitions furent toujours insuffisantes pour recevoir la cour et tout ce qui l'entourait.

Le palais de sa capitale ressemblait tellement à une prison d'état, qu'il n'était pas étonnant que le roi eût envie, et surtout dans la belle saison, de sortir de cette prison.

1808. Cette envie l'exposa un jour ou à ne pas dîner, ou bien à aller dîner en ville chez un de ses sujets. S. M. ayant annoncé qu'elle irait à son château du Loo, le grand-maréchal y avait envoyé une partie du service de la bouche et de la chambre. Le lendemain, le roi changea d'avis et déclara qu'il irait d'abord passer quelques jours à Utrecht; alors le grand-maréchal détacha, des gens de la bouche qui étaient encore à Amsterdam, ceux dont on pouvait se passer à la rigueur, et les envoya à Utrecht, ne gardant que le strict nécessaire. Après le déjeuner du jour où l'on devait partir pour Utrecht, S. M. dit qu'elle irait dîner au *Pavillon royal* d'Haarlem; de suite le grand-maréchal dirige sur ce point le restant des employés de la bouche; qu'arriva-t-il? c'est qu'au moment de partir, un orage affreux ne permit point de se mettre en route, et que le roi se vit contraint de dîner à Amsterdam. Mais la chose devenait impossible, puisqu'au palais il ne restait pas même l'ombre d'un marmiton, et à moins que le grand-maréchal, comme surintendant du service de la bouche, ne prît le tablier de cuisine et le bonnet de coton, on ne voyait pas trop comment on allait assurer le dîner du roi. Un brave et silencieux Hollandais, M. van Troxel, adjudant du palais, qui n'ouvrait guère la bouche que pour boire et pour manger, effrayé d'ailleurs pour son propre compte de voir au palais toutes les marmites renversées, proposa de faire prendre dans les grands hôtels garnis de la ville tout ce qui serait nécessaire pour le dîner de S. M., et pour assurer aussi le service du grand-maréchal, dont il était le commensal, comme adjudant du palais en activité. L'avis fut goûté par le grand-maréchal, et le grave M. van Troxel, qui de sa vie peut-être n'avait marché plus vite un jour que l'autre, partit comme un trait, attendu l'urgence et l'appétit qui commençait à le talonner, et au nom de S. M., fit main basse dans les hôtels garnis sur tout ce qu'il jugea digne de la bouche d'un roi. Il n'oublia pas, bien entendu, d'approvisionner amplement la table du grand-maréchal, et grâce à l'industrieux adjudant du palais, la cour dîna, mais un peu aux dépens de la ville.

Le lendemain, enfin, on partit pour le *Pavil-*

1808. *lon royal*, dont le séjour était charmant, à cela près de l'exiguité du local. On fit revenir l'escadron de cuisiniers envoyés à Utrecht, et l'on passa quelque temps à Haarlem, où ceux qui ne connaissaient point cette ville eurent tout le loisir de la visiter, après avoir été se promener dans le bois magnifique qui appartient à la ville, mais qui semblait être une dépendance de la propriété du roi, à cause de sa proximité.

L'intérieur d'Haarlem n'a rien d'extraordinaire, quoique ses rues soient assez spacieuses; l'on y voit un orgue fameux, le plus beau, le plus grand, dit-on, que l'on connaisse en Europe, et dont tout le corps est soutenu par des colonnes de porphire. Le buffet est composé de huit cents tuyaux, dont quelques-uns ont près de quarante pieds de hauteur et soixante pouces de diamètre.

En parcourant les rues d'Haarlem, je fus assez étonné de voir qu'on avait attaché, à côté de la porte de quelques maisons, de grosses et très-élégantes pelottes garnies de dentelle, et toutes semblables à celles que l'on trouve sur la table de toilette d'une élégante petite-maîtresse. J'étais loin de deviner le motif de cette exposition de pelottes aussi galantes, et je l'ignorerais encore si une dame de la ville n'avait eu la bonté de me l'expliquer. L'accouchement des dames, me dit-elle, s'annonce de cette manière, et quand la pelotte est *fond rose*, c'est le signe de l'avénement en ce monde d'une petite fille, tandis que la pelotte *fond bleu* annonce que c'est un garçon. Ces pelottes restent exposées quarante jours, et s'il arrive que le mari d'une femme accouchée soit poursuivi pour dettes, on ne peut rien exiger de lui pendant ces quarante jours. Cet usage hollandais, qui a force de loi et qui devrait être généralement adopté, est plein de philanthropie, de sagesse et d'humanité; il n'est la sauvegarde du mari que pour préserver la femme en couche d'impressions trop vives et qui pourraient compromettre sa santé.

Haarlem et ses environs sont encore plus célèbres qu'aucun autre lieu de la Hollande, par la beauté des fleurs qu'on y cultive. Dans de vastes jardins on y voit des champs entiers de hyacinthes, devant lesquelles les propriétaires en admiration semblent plantés et prendre racine eux-mêmes. On citait à Haarlem un particulier, grand amateur de fleurs, qui avait acheté 3,000 florins un seul ognon de tulipe. Nulle part encore on ne porte aussi loin le luxe des serres chaudes, et au moyen de celles qu'on entretenait à grands frais dans les jardins du roi à Haarlem, sa table était garnie en tous temps des fruits et des légumes les plus rares pour la saison ; mais toutes ces productions hâtives, et même celles qui arrivent naturellement suivant le cours ordinaire des saisons, n'ont jamais la saveur, le goût exquis des fruits provenant de France. La ville d'Haarlem se prévaut encore avec ostentation d'avoir donné le jour à Pierre Schoeffer, qui, dans l'imprimerie, dit-on, fut l'inventeur des caractères de fonte.

Pendant son séjour à son *Pavillon royal*, Louis s'occupa moins d'affaires sérieuses que de sa santé et de quelques travaux pour l'embellissement de ses jardins. Après y être resté quelque temps, il retourna d'abord à Amsterdam, ensuite à Utrecht, où, pour être agréable à l'empereur Napoléon, il prit une décision qui ordonnait le transport hors du royaume de tous les passagers qui pourraient y débarquer en venant de l'Angleterre ou de quelques pays ou colonies occupés par les troupes anglaises.

1808.

Le roi revint à Amsterdam où l'on donna un grand bal à la cour. On y remarqua le prince d'Olgorouki, qui effaçait par ses brillantes décorations tout le luxe de la toilette des dames. Ce prince, ambassadeur de Russie, avait su gagner la confiance particulière de Louis, qui aimait beaucoup à s'entretenir avec lui.

On doit toujours être étonné qu'un peuple aussi sérieux que le Hollandais s'affranchisse tout à coup de son sang-froid national, pour s'abandonner à une exaltation dont on ne le croirait pas susceptible ; et c'est cependant ce que les Français furent à portée de remarquer à Amsterdam à l'époque de la foire (*kermis*).

Jamais contraste ne fut plus frappant, peut-être, que celui que l'on remarque en Hollande, entre la tranquillité habituelle de tous les habitans, et l'extravagance à laquelle tout le monde se livre pendant le temps de la foire : des jongleurs de toute espèce et de tout pays viennent offrir le spectacle de tout ce qu'ils ont pu trouver de plus bizarre, de plus monstrueux; de petits commerçans abondent de toutes les villes qui avoisinent le lieu de la foire, pour y vendre fort cher ce qu'on aurait partout ailleurs à bien meilleur compte; toutes les classes de la société se foulent, se pressent, sans que homme ou femme se plaigne qu'on le froisse trop rudement : à chaque pas on s'arrête pour boire et manger dans des baraques en bois fort proprement décorées à l'extérieur, et dans l'intérieur desquelles Dieu sait tout ce qui s'y passe. Ces *kermis* sont des espèces de saturnales où tous les rangs sont confondus, où les maîtres se trouvent quelquefois avec les valets; et les domestiques en Hollande conservent, depuis un temps immémorial, le droit de pouvoir passer un jour et une nuit tout entière hors de la maison de leurs maîtres, afin de jouir pleinement de tous les plaisirs de la foire. Les cuisinières, les bonnes d'enfans courent ordinairement ces lieux de licence avec leurs amans; mais celles qu'Amour a dédaignées, parce qu'elles sont vieilles ou laides, se font accompagner par des hommes qu'elles louent, et l'époque de la foire est pour ces hommes un temps sur lequel ils spéculent comme le marchand sur la vente des objets qu'il a en magasin. Ces sigisbés d'une nouvelle espèce se paient tant par jour suivant l'âge, la bonne mine et la mise qu'on exige d'eux. Celui qui donne le bras en habit se paie plus cher que celui qui n'a qu'une veste; celui qui a une chemise à jabot avec des manchettes est encore d'un prix plus élevé; s'il a un parapluie ou une badine à la main, on lui paie cet accessoire à part du costume; mais dans quel accoutrement qu'il soit, partout où la donzelle boit et mange, il en fait autant sans qu'il lui en coûte rien.

Le roi ayant demandé que les bases du Code Napoléon fussent adoptées pour la rédaction de celui de la Hollande, la commission soumit ce dernier à l'examen du conseil-d'état, qui l'approuva. Peu de temps après, le

1808. corps-législatif s'assembla pour proposer le budget des dépenses de 1809. Deux jours après son ouverture, le roi le reçut dans son palais à Amsterdam. Le président, M. Rengers, prononça un discours où le corps-législatif, en gémissant sur les effets désastreux d'une guerre qui réduisait le commerce à une affreuse stagnation, s'en rapportait à la sagesse du roi, autour duquel il venait se grouper, pour soutenir courageusement avec lui le fardeau de l'État. S. M. répondit à ce discours avec des expressions très-affectueuses, et annonça au corps-législatif sur quels objets dans la session qui s'ouvrait il appellerait son attention; ajoutant que, pour l'exercice qui expirait, comme pour le précédent, il fallait rejeter sur les circonstances de la guerre l'impossibilité où l'on avait été d'opérer tout le bien qu'on avait le désir de faire, et que l'on aurait bientôt et facilement effectué si on avait eu la paix.

ANNÉE 1809.

Jamais on ne vit au palais d'Amsterdam un plus grand concours de personnes, que dans les premiers jours de cette année, où toutes les classes de la société se pressaient en foule pour offrir leurs nouveaux hommages au souverain. Les années finissent, mais l'intérêt particulier, sous l'apparence de l'acquit d'un devoir, se confond en protestations qui ne finiront jamais, tant que les hommes auront besoin les uns des autres. Les corps constitués du royaume, les grands officiers de la couronne, suivis des officiers ordinaires de la maison du roi, le corps diplomatique, enfin tout ce qui se trouvait sur le premier plan du tableau des grandeurs, fut admis à l'honneur de faire sa cour au roi. Vinrent ensuite chaque grand dignitaire administrateur d'un service avec sa cour particulière, et chaque employé un peu marquant, avec ses inférieurs, qui probablement étaient suivis de leurs subalternes, dont le dernier né se croyait sûrement pas sans importance. C'était au palais le jeu le plus complet de tous les ricochets de la société.

M. Bloys van Treslong continuait toujours à remplir provisoirement les fonctions de grand-maréchal du palais, dans le service duquel il apportait une sévérité qu'il étendait même jusqu'à passer de temps en temps la revue des employés dépendans de ses attributions; et c'était une chose assez plaisante que de voir sous les armes, le couteau de service au côté et le bonnet de coton en tête, toute l'escouade de la cuisine et de l'office, inspectée par un contre-amiral qui, dans une antichambre du palais, se conduisait comme à son bord.

Depuis la retraite de M. de Caulincourt, les fonctions de grand-écuyer avaient toujours été remplies par le grand-veneur; mais enfin le roi y nomma le général Bruno, et on fut très-étonné de voir un Français obtenir cette haute dignité. Au surplus, ce nouveau grand-officier de la couronne était un militaire fort distingué, qui, à la vérité, avait très-peu l'habitude du travail administratif, mais qui cependant parvint à s'en pénétrer. Si le nom du général Bruno rappelait le saint fondateur de l'ordre des chartreux, la gaîté du grand-écuyer, son faste et le goût qu'il avait pour le plaisir ne faisaient pas pressentir qu'un jour il dût imiter son patron, en devenant un saint homme, quoiqu'on dise cependant que le diable se fit ermite en devenant vieux.

1809.

Le blocus, et par mer et par terre, subsistait toujours, et pourtant il se faisait encore quelques opérations commerciales avec l'Angleterre. Il eût été très-difficile, pour ne pas dire impossible, qu'il ne s'échappât point, à travers les filets tendus sur les côtes par les douanes, quelques bâtimens chargés de marchandises anglaises. Pour que les gardes-côtes pussent bien voir tout ce qui se passe autour d'eux, il faudrait qu'ils eussent des yeux de lynx; encore, tandis que tout bas un fraudeur parle à l'oreille d'un douanier, celui-ci ne peut guère avoir l'œil aux aguets.

Le roi était à Utrecht lorsqu'il apprit l'effroyable inondation qui répandit partout la consternation, et S. M. en fut elle-même si alarmée, que malgré qu'elle fût souffrante elle se décida à courir sur les lieux, afin d'être plus à portée d'ordonner tout ce qu'il pourrait être important de faire promptement. Le roi dirigea ses premiers pas du côté de la Gueldre, par Arnhem, et il arriva plusieurs fois que S. M. courut des dangers assez imminens. Rien ne pouvait détourner le roi de faire faire sous ses yeux les travaux qu'exigeait la position critique où se trouvaient les pays en proie à l'inondation. Sa patience et son courage excitaient les ouvriers d'une manière étonnante; il récompensait grandement ceux qui s'exposaient le plus pour la cause commune, et sa présence partout était un grand motif de consolation. La ville de Gorcum eût probablement été tout-à-fait submergée, si le roi ne s'y fût pas rendu et n'eût ordonné des travaux qui la sauvèrent du péril extrême où elle était. Exténuée de fatigues, S. M. alla prendre quelque repos à son château d'U-trecht, où elle forma un comité central de l'administration des eaux, pour conférer sur les moyens de garantir, à l'avenir, le territoire de semblables inondations. Le roi repartit 1809. d'Utrecht pour continuer son inspection sur tous les points, laissant partout des marques de sa sollicitude. Il rentra ensuite dans sa capitale, où il eut la douce satisfaction de voir que les habitans de toutes les provinces voulaient concourir avec lui par des actes de générosité à soulager les malheureux atteints par l'inondation.

Après avoir resté quelque temps à Amsterdam, le roi fit un voyage dans le département de l'Over-Yssel, où il ordonna beaucoup de travaux utiles, et où il accorda à différens établissemens de sages encouragemens. En terminant ce voyage, il revint à son château du Loo, où il ne passa que quelques jours, et il retourna ensuite au palais d'Amsterdam.

Alors on s'occupa du projet de loi sur la noblesse, et ce fut le baron de Pallandt, premier chambellan, qui le présenta à S. M. Le roi approuva la loi, après quelques modifications, mais, sur la demande de l'empereur, il fut obligé de la rapporter quatre mois après. Napoléon demanda aussi l'annulation du titre de maréchal de Hollande, qui avait été conféré à plusieurs officiers généraux. Louis, qui régnait alors, trouvait que l'hérédité n'était indispensable que dans la famille royale; mais il pensait que le fils d'un gentilhomme, sans mérite et sans aucun titre que celui de sa naissance, ne devait point hériter de la noblesse de son père. Ce M. de Pallandt, qui présenta la loi à la sanction de S. M., était bien le plus orgueilleux personnage de la cour; et certes l'ancienne noblesse n'avait point à craindre, par la nouvelle loi, qu'il eût cherché à la dégrader. M. de Pallandt passait aussi, à la cour, pour être le Hollandais à qui le nom d'un Français semblait le plus donner de vapeurs; et si le grand-maréchal du palais, M. de Broc, fût resté auprès du roi, il aurait bien pu guérir M. le premier chambellan de cette espèce d'affection vaporeuse.

Depuis long-temps il n'y avait pas eu de bal à la cour; mais l'époque du carnaval détermina le roi à en ordonner un, et j'étais d'autant plus flatté de cette circonstance, que Caroline et son père étaient à Amsterdam,

et que j'étais enchanté de pouvoir leur procu- 1809.
rer les agrémens d'une réunion qui devait
être fort belle.

Si la composition d'un bal offre toujours
quelque chose de piquant, ce doit être surtout à la cour. Là, c'est un mélange curieux
de mœurs, de hautes prétentions, de bonhomie, de manières usées, de gaucherie et
d'assurance ridicule. Il n'est pas une femme,
même une femme laide, à qui son miroir n'ait
assuré les regards et l'hommage flatteurs de
quelques courtisans, et il n'est pas un homme
sans goût qui ne soit parti de chez lui avec la
certitude d'avoir l'extrême bon ton. Tout est
à peu près au mieux, puisque chacun se trouve
bien. Il n'y a que l'impartial observateur qui,
voyant tout sans prévention, dit que tout
pourrait être encore mieux.

J'accompagnais M. Nieuweman et sa fille au
bal, lorsque celui-ci, en entrant dans la salle,
y rencontra un de ses parens avec lequel il
se mit à causer : nous le perdîmes dans la
foule, qui était considérable. La cour était un
spectacle tout nouveau pour Caroline; jamais
elle n'avait assisté à une réunion aussi

bruyante, aussi magnifique; étonnée, éblouie par l'éclat d'une salle immense brillamment éclairée et somptueusement décorée; étourdie du fracas de la musique et du tumulte de ceux qui parlaient ensemble, elle était tout émue d'admiration et de timidité. Elle aurait voulu tout voir et n'être vue de personne. Elle désira s'asseoir dans un endroit isolé, afin de laisser passer sa vive émotion, et nous nous retranchâmes ensemble dans une embrasure de croisée, d'où il était possible d'observer sans être presque aperçu. Puisque vous vous condamnez, lui dis-je, à une espèce d'isolement, je vais essayer de vous distraire en vous esquissant le portrait de quelques personnes qui passeront auprès de nous.

Vous voyez cette jeune dame dont la tête est ornée d'un brillant oiseau de paradis, et qui donne indifféremment le bras à son mari; eh bien! il y a deux ans qu'elle fut mariée contre son gré. Le don de son cœur n'a pas accompagné celui de sa main, que son amant favorisé n'a pu obtenir parce qu'il n'avait point une fortune égale à la sienne. Le ciel lui a accordé deux enfans, dont l'un ressemble beaucoup à son mari : que peut-on exiger de plus ? toutefois les femmes reprochent à celle-ci de suivre les modes françaises, et il n'en est pas une qui ne cherche à l'imiter dans sa toilette.

Cet homme de haute stature, sur la poitrine duquel brille un soleil de diamans, et qui cause en ce moment avec le roi, est un ambassadeur qu'on cite dans la diplomatie comme étant un des plus grands joueurs d'échecs. On le cite encore comme un excellent mari, et il a, en même temps, la réputation d'être un amant généreux : le voilà qui se sépare du roi pour faire place au ministre des relations extérieures, qu'il ne perd pas de vue un seul instant, quoiqu'il semble occupé d'un autre objet.

Cette femme brune, qui danse en ce moment avec cet officier de hussards, qui a des moustaches rousses, est l'épouse d'un négociant fort riche, un de ceux qui, dit-on, observent le moins la loi sur le blocus et qui va d'Amsterdam à Londres aussi facilement que l'on va de La Haye à Leyde. L'officier de hussards est un de ses parens, qui paraît être très-attaché à cette dame ; il arrive d'Espagne, où il n'avait que faire, mais où il a été dangereusement blessé en se battant avec intrépidité.

Ce petit homme poudré à blanc, et dont le teint enluminé contraste si bien avec sa coiffure, est un gros capitaliste hollandais, qui ayant renoncé aux affaires ne s'occupe plus qu'à mettre un prix très-élevé aux bontés particulières des actrices du théâtre français. Il est galant avec elles comme on l'est à vingt ans ; mais il est trompé comme on l'est à soixante, lorsqu'on a la sottise de vouloir encore faire le jeune homme.

Ce cavalier de moyen âge, en habit richement brodé, et qui porte la tête haute, est un militaire français qui occupe en ce moment un des premiers emplois de la cour ; il se pique de trop de franchise, au milieu d'un monde où la politesse et la dissimulation ont toujours eu le pas sur la véracité. En arrivant en Hollande il était l'ami du roi....

Cet homme en habit rouge, et qui passe auprès de nous, est un chambellan du roi : à sa marche assurée, à son air important, on juge que ce doit être le chambellan *chargé de la garderobe.* Il est très-bien en cour; on le dit 1809. l'ami du prince : le voilà qui accoste une dame qui ne peut pas le souffrir, et qui pourtant lui sourit agréablement; mais elle a un fils qu'elle voudrait voir aux pages, et M. le chambellan a la clef des faveurs du jour.

Le roi parle en ce moment à un officier français, modestement vêtu, qui n'a qu'une simple décoration et plusieurs cicatrices. S. M. a connu ce militaire en Égypte, et c'est, dit-on, un homme d'un aussi grand mérite qu'il paraît modeste. Mais il est Français....

Oh! remarquez donc ce couple original qui s'avance de ce côté; tout le monde le suit des yeux; quels fuseaux! quelle maigreur! mais ce sont deux cigognes! attendez, je crois les connaître. Eh! oui, je ne me trompe pas, c'est M. et madame van der Blom, d'Haarlem, montés sur leurs tiges comme les tulipes de leur jardin.

Ah! voilà un des ministres du roi : c'est un homme très estimable et bien dévoué à son pays; mais on ne conçoit pas qu'avec ses opinions il soit devenu le ministre d'un souverain étranger à son pays. La dame à laquelle

1809. il donne le bras est la femme d'un autre ministre, espèce de *Janus*, comme on en trouve assez communément dans toutes les cours, sachant adroitement traverser les révolutions en faisant heureusement le plongeon; ami du parti triomphant, et toujours prêt à l'abandonner. En temps de paix fermant sa porte à tout le monde, et pendant la guerre l'ouvrant toujours au vainqueur.

Cette petite dame toute ronde, qui vient presque à nous, et qui a la figure un peu couleur de bronze, a singulièrement, mais en vain, intrigué pour être une des quatre dames d'honneur de la reine. Ce n'est pas qu'elle manquât d'honneur : l'alliée d'un ancien bourgmestre ne pouvait en être dépourvue; que lui manquait-il donc? du babil à défaut d'esprit, de la beauté et de la coquetterie. Sans cela, à la cour, point de salut.

Maintenant que vous êtes affranchie de votre timidité, que vous êtes revenue de votre grande émotion, dis-je à Caroline, faisons un tour dans la salle, venez vous réunir aux jeunes personnes, qui par leur danse gracieuse appellent tout le monde sur leurs traces. Vous dansez à ravir, je le sais; contribuons ensemble à former quelques quadrilles, après cela nous chercherons votre père, et, si vous le désirez, tout en nous promenant, je continuerai mes remarques sur une foule de personnes que vous ne connaissez pas.

Le bal fut charmant et il se prolongea jusqu'au jour naissant. Le lendemain le roi apprit une nouvelle qui le flatta assez. Tout se compense dans la vie, et Louis, qui avait été mortifié qu'on l'obligeât à rapporter la nouvelle loi sur la noblesse, vit avec plaisir que l'empereur venait de donner au prince royal de Hollande le grand-duché de Berg, vacant par l'avénement du prince Murat au trône de Naples. Cette donation était une disposition très-flatteuse en faveur de la Hollande; mais le roi crut y voir encore une arrière-pensée de Napoléon, par l'affectation que l'on mit à ne lui donner aucun avis préalable sur cette disposition en faveur de son fils.

Napoléon voulait s'attribuer sur la famille de Louis un empire tellement despotique, que l'autorité paternelle de celui-ci fût à peu près méconnue.

1809. Le roi quitta Amsterdam et fut à Utrecht au temps de Pâques. C'était toujours dans cette ancienne résidence que S. M. faisait ses dévotions, et l'exemple de ses devoirs religieux était suivi par plusieurs personnes de sa maison. Le roi, sans y contraindre qui que ce soit, aimait à apprendre qu'on eût satisfait à cette obligation de piété.

Le corps-législatif qui avait été assemblé extraordinairement termina sa session, et le roi, après l'avoir félicité sur ses travaux, appela son attention sur la nécessité d'éteindre dans les provinces une foule de distinctions qui nuisaient à l'exécution du plan général qui pouvait seul assurer la prospérité de l'État et la félicité particulière. Il renouvela avec énergie, avec clarté, tout ce qu'il était indispensable de faire pour garantir le pays du désastre de nouvelles inondations. Enfin il entretint le corps-législatif de deux objets très-essentiels. Le premier relatif à la loi constitutionnelle sur la noblesse, et l'autre concernant l'établissement de la garde nationale ou garde bourgeoise.

Le roi partit ensuite pour aller faire une tournée dans le Brabant et dans la Zélande.

satisfaction, qu'à l'armée d'Espagne les troupes hollandaises se montraient d'une manière très-distinguée. On vantait surtout le courage des hussards hollandais, et on citait, comme un des officiers qui s'y montrait avec le plus d'intrépidité, le colonel Roest van Alkemade, qui fut nommé général-major, et qui devait un jour se trouver au nombre des grands officiers de la couronne.

S. M., voulant signaler sa présence à la foire d'Haarlem, y avait fait d'assez nombreuses acquisitions en objets de nouveautés, et provenant, autant que possible, des manufactures hollandaises. Tous ces objets ayant été portés au château du Loo, le roi en fit faire une loterie entre toutes les personnes qui étaient à la cour. Cette galanterie de S. M. transforma la grande salle du palais en une espèce de bazar où les dames et les seigneurs de la cour reçurent des marques de la libéralité du roi.

Ceux qui ne prirent aucune part à cette loterie en jasèrent tout bas; car par respect pour le roi on n'osa pas hautement la tourner en ridicule. Mais en petit comité les mécontens firent aussi leur jeu, et les sarcasmes apprêtèrent les lots. A cette loterie-là, la fortune n'était point aveugle et la roue s'arrêtait toujours en face d'un objet qui avait quelque analogie avec le caractère ou l'emploi de la personne à laquelle il était destiné : par exemple, on disposa en faveur du grand-écuyer d'un cheval de carton monté par un polichinelle tenant une cravache à la main ; le premier chambellan, chargé de la garderobe, eut un beau vase de nuit en porcelaine ; le grand-veneur, un joli nécessaire tout en cornes de cerf ; le grand-maréchal obtint toute une batterie de cuisine en jouets d'enfans ; les ministres eurent chacun un portefeuille fermé avec une espèce de girouette ; les préfets et les adjudans du château eurent chacun deux paires de pantoufles du palais, et l'on donna des ridicules à quelques dames, qui se les prêtèrent volontiers réciproquement.

Les comédiens, par l'entremise du chambellan de service, soumettaient leur répertoire à S. M., qui désignait, dans la haute comédie, les ouvrages dont elle voulait avoir la représentation. Le roi venait exactement au spectacle; c'était un des délassemens auxquels il semblait attacher le plus de prix, et pourtant jamais dans sa capitale il ne daigna se montrer au spectacle français, quoiqu'il eût permis que ce théâtre prît le titre de théâtre royal, et où d'ailleurs il avait une loge fort bien décorée. Louis craignait-il donc tant de se trouver dans un lieu où il supposait qu'il y avait beaucoup de Français ? Ce n'était pas qu'il redoutât les nombreuses assemblées, car on le vit plusieurs fois assister au spectacle hollandais, où les réunions étaient bien plus considérables qu'au théâtre français. On se voit donc obligé de remarquer que le roi, dans tout et partout, semblait affecter d'oublier qu'il était Français. Cependant on a soupçonné un instant, au château du Loo, que S. M., sur certain point, avait encore conservé quelque chose du caractère français, et voici l'aventure qui le donna à penser.

1809.

Un soir, au déclin du jour et par le plus beau temps du monde, quelqu'un du château revenant du village d'Apeldoorn, qui n'en est qu'à une très-petite distance, aperçut une jeune personne qui promenait ses pas le long

1809. d'une allée mystérieuse, d'où elle semblait vouloir éviter les regards des curieux ; notre observateur sut échapper adroitement à ceux de la belle, et, grâce à la nuit qui approchait, il la suivit, espérant bien savoir ce qu'allait devenir cette jolie promeneuse. Tout à coup paraît Laforce, le premier valet de chambre du roi ; il aborda la belle de nuit. Elle prit son bras, et un instant après on entendit le bruit d'une voiture qui s'arrêta dès que Laforce se montra au cocher. La dame monte dans la voiture, Laforce s'y place à ses côtés, et l'observateur, qui n'avait encore pu reconnaître la dame, n'eut pas d'autre parti à prendre que de l'escorter en grimpant derrière la voiture, seul moyen peut-être de savoir qui elle était. La voiture roulait doucement, probablement pour ne point éveiller l'attention des curieux, elle passe devant le château, prend à gauche et se dirige du côté de la petite porte du parc, où le nommé Kieffer, qui en était le portier et qui avait le mot d'ordre, ouvre sans hésiter et laisse passer le carrosse ; on tourne autour du château et enfin on s'arrête auprès d'une petite porte ; Laforce descend, la dame en fait autant, et l'observateur blotti derrière la voiture eut alors la facilité de reconnaître la mystérieuse personne, qui n'était autre que mademoiselle D.........; la jeune et jolie actrice que le roi aimait beaucoup à applaudir à Utrecht, et à laquelle il était tout naturel de supposer qu'il avait quelque chose de très-particulier à dire ce soir-là. L'observateur, qui n'avait plus rien à voir, en s'en allant et en pensant au roi, se rappela la devise de l'ordre hollandais : *Fay ce que doy, advienne que pourra !* oui, mais aussi : *Honni soit qui mal y pense.*

1809

La cour, après avoir passé près de deux mois au château du Loo, revint à Utrecht, où le roi fit donner un grand bal, auquel toutes les dames de la province furent invitées. Celles qui ne venaient que fort rarement à la cour demandaient toujours où était la reine, et chacun à sa manière, tout bas à l'oreille, satisfaisait leur curiosité. Cette absence de la reine se remarquait bien davantage encore dans les réunions d'agrément, et sans avoir l'indiscrétion de blâmer ni d'approuver l'un ou l'autre des époux en querelle, on s'étonnait, on se formalisait même que le roi, qui dans maintes occasions faisait si bien l'éloge des mœurs hollandaises, donnât aussi ostensiblement l'exemple d'une désunion domestique qu'il eût sans doute condamnée dans un autre. Était-il, en effet, convenable de mettre tous ses sujets, pour ainsi dire, dans la confidence de ses tribulations conjugales? En admettant que les torts ne fussent pas de son côté, était-ce une raison pour que la reine ne restât point auprès de lui? On pensait qu'il aurait dû impérieusement exiger sa présence à la cour, auprès de lui, et ne point céder avec autant de facilité aux motifs que la reine alléguait sans cesse pour rester en France. Si en Hollande, comme en tout pays, les époux qui croient avoir à se plaindre l'un de l'autre s'avisaient de bouder comme le firent le roi et la reine, on verrait peut-être trop de ménages où la femme serait d'un côté et le mari de l'autre.

Malgré que la Hollande eût coopéré d'une manière assez importante à faire la guerre en Allemagne pour le compte de la France, Napoléon se plaignait néanmoins de sa déloyauté, accusant la Hollande d'être aussi le comptoir où se fabriquaient toutes les nouvelles qui pouvaient être défavorables à la France, il savait par des agens secrets, et qui pourtant n'étaient point auprès du roi, que les Hollandais faisaient d'assez grandes affaires par la contrebande avec l'Angleterre*. Un journal hollandais, la *Gazette de Leyde*, chercha à détruire ces mauvaises impressions, et opposa à ce qu'il appelait des calomnies, l'attitude paisible de la Hollande au milieu des pays insurgés, et les services qu'elle avait rendus à l'armée française ; mais l'empereur n'en persista pas moins à dire que tout le pays était entaché d'anglomanie, et que le roi en était le premier *smogleur* **.

Le roi, de retour à Amsterdam, y reçut le colonel Roest d'Alkemade, qu'il avait nommé son grand-maréchal du palais. Ce jeune homme, dont le général Sébastiani avait attesté toute la bravoure à l'armée d'Espagne, allait être chargé d'un service à la cour, où son bouillant courage trouverait peu l'occasion de se signaler. Au lieu d'avoir à com-

---

* *Pièces justificatives*, n. 3.

** Du mot anglais *smuggler*, contrebandier.

mander aux intrépides chasseurs de la garde, il venait donner des ordres à une légion de valets de toute espèce, et au lieu d'étudier le grand art de la guerre, il devait s'appliquer à régler des mémoires de boucherie et d'épicerie. Cette place de grand-maréchal était fort honorable sans doute, puisqu'elle fournissait souvent l'occasion d'approcher de la personne du roi, dont on répond; mais en Hollande, où l'on ne devait probablement jamais faire une guerre offensive, elle ne pouvait convenir à un jeune et valeureux militaire, qui d'ailleurs n'avait aucune connaissance administrative, et qui, hors des rangs, s'abandonnait tout entier aux goûts d'une jeunesse très-impétueuse, que la place qu'il venait d'obtenir à la cour lui donnait la facilité de satisfaire tout à son aise. Cet emploi n'aurait jamais dû être confié qu'à un officier supérieur d'un âge mûr, et qui déjà aurait administré un service quelconque. Heureusement que le nouveau grand-maréchal succédait à un homme très-capable, à M. Bloys van Treslong, qui avait appliqué à ce service important de la maison du roi toutes les connaissances qu'il avait en administration, et fort heureusement aussi que M. Roest d'Alkemade trouva encore au secrétariat de son service le Français qui l'avait primitivement organisé, mais dont le roi demandait toujours le renvoi.

Ce fut au pavillon royal d'Haarlem, que M. de Roest commença son service; il chercha bientôt à l'alléger en le partageant avec M. Sloet van Oldruitenburgh, préfet du palais, ancien administrateur de la loterie, auquel M. Bloys voulait, disait-il, ne laisser que le soin de porter son *habit brodé*. M. de Roest se lia bientôt, et assez intimement, avec le général Bruno, grand-écuyer de la couronne, qui partageait volontiers tous ses goûts pour la dissipation; et ces deux grands officiers de la couronne quittaient assez souvent *incognito*, après le coucher du roi, le modeste pavillon d'Haarlem, pour accourir dans la capitale, où sans doute ils avaient de douces intelligences. Mais les plaisirs ne compromettaient point les devoirs, et le matin, au lever de sa majesté, Oreste et Pilade étaient à leur poste. Les chevaux du roi étaient trop discrets pour révéler les courses extraordinaires qu'on leur faisait faire, et le roi ne s'apercevait de rien, pourvu qu'on ne touchât pas au cheval *Nelavarin*, le seul qu'il montât. Le jeune d'Alkemade avait tout les goûts d'un Français enclin à la plus joyeuse vie, et le grand-écuyer, le général Bruno, était devenu son modèle.

A cette époque, il y eut encore de nouvelles mutations parmi les ambassadeurs. Le général Dumonceau fut nommé gouverneur d'Amsterdam, et l'amiral de Winter commandant des escadres du Texel, de Harlingue et de Vlie.

La Hollande, qui observait tous les mouvemens de la France, pressentait bien quelques grands événemens, et le roi, plus que tout autre, crut apercevoir, à l'horizon politique, un point noir dont il redoutait l'agrandissement. Toutes relations fraternelles avaient cessé entre l'empereur et Louis, et l'on jugeait alors ou que Napoléon était trop exigeant, ou que Louis, s'il devait lui obéir, ne le faisait jamais qu'après y avoir été contraint. Qui devait donc céder dans cette lutte? On ne saurait se dissimuler que la position du roi de Hollande ne fût très-délicate et très-embarrassante, car il était placé entre les devoirs qu'il avait à remplir comme souverain de la Hollande, et la crainte de déplaire à celui qui l'avait fait monter sur le trône, et dont la puissance formidable pouvait l'en faire descendre aisément. Rien ne pouvait dissuader l'empereur que la Hollande n'eût des relations assez suivies et toujours trop importantes avec l'Angleterre, et cela est si vrai que Napoléon écrivait d'Allemagne à son frère que la Hollande était devenue une province de l'Angleterre.

A la fin du mois de juillet, le roi se rendit à Aix-la-Chapelle pour y voir sa mère; mais à peine y fut-il, qu'il reçut la nouvelle que les Anglais s'étaient emparés de l'île de Walcheren, et il jugea que le but de leur expédition était probablement de s'emparer de la flotte française sur l'Escaut. D'Aix-la-Chapelle, le roi donna des ordres à ses généraux, en Hollande, pour qu'ils se rapprochassent avec leurs troupes de la ville d'Anvers pour défendre la flotte, et tout invite à croire que le général

1809. Bruce, officier hollandais qui commandait le fort de Batz, seconda les vues de l'Angleterre en évacuant, sans coup férir, ce fort, où il pouvait long-temps se défendre. Ce fort quelque temps après fut repris courageusement par les troupes hollandaises. Le roi traita d'*étourderie* la conduite du général Bruce, tandis qu'elle avait bien tout le caractère d'une trahison; mais si ce n'était qu'une étourderie, pourquoi le roi, pour une faute légère à ses yeux, destitua-t-il cet officier, et raya-t-il son nom du tableau des membres de l'ordre royal de Hollande? Il le fit mettre en jugement devant un tribunal militaire qui l'acquitta après l'avoir entendu, mais sans avoir fait aucune information juridique. Sur les plaintes du gouvernement français, le général Bruce fut remis une seconde fois en jugement; on confirma sa destitution, et il fut seulement condamné à un très-court emprisonnement.

Le roi resta fort peu de temps à Aix-la-Chapelle, il revint à Amsterdam, d'où il repartit promptement pour se rendre du côté d'Anvers, et de toutes parts il fit venir des troupes hollandaises dont il forma un corps 1809. d'armée assez imposant pour contenir les Anglais. Il prit encore d'autres mesures pour rendre infructueux tous les projets de l'Angleterre sur cette partie du territoire hollandais, où se rendaient aussi des troupes françaises. Mais quoiqu'il s'en défendît auprès des généraux français, Louis fut obligé de prendre le commandement de toutes les troupes, à la vérité sans le consentement de l'empereur. Il ne tarda pas à s'en repentir; car peu de temps après le prince de Ponte-Corvo vint prendre ce même commandement, au nom de l'empereur; et le roi de Hollande fut très-sensible à cette mortification de la part de Napoléon, dont il venait cependant de faire célébrer la fête avec somptuosité, le 15 août. Louis quitta Anvers, emmenant seulement sa garde avec lui, et laissa le commandement de ses troupes au général Dumonceau. En réfléchissant sur la conduite de la France à son égard, il n'était pas difficile de voir que l'on se méfiait de lui, et ses conjectures sur le grand événement qu'il prévoyait depuis long-temps n'étaient que trop

1809. justifiées à ses yeux par le grand nombre de troupes que l'on rassemblait dans le Brabant. Flessingue, après une défense assez faible, faite par le général Monnet qui avait quatre mille hommes de garnison, se rendit aux Anglais qui en faisaient le siége depuis quelque temps. Ce général fut mis en jugement et déclaré coupable de trahison.

L'occupation de la Zélande par les Anglais n'empêcha pas qu'on ne célébrât à Amsterdam, avec les démonstrations de la plus vive allégresse, l'anniversaire de la fête de S. M., et pendant trois jours il y eut au palais un concours de réceptions dont on n'avait point encore eu d'exemple. Jamais la cour n'avait été aussi brillante, et pendant chacun de ces trois jours le roi s'y montra avec une recherche toute particulière. Il aimait à briller au milieu de ses courtisans, et comme il ne voulait pas toujours s'y montrer dans le même costume, il s'était fait faire autant d'habits de colonel qu'il y avait à peu près de régimens en Hollande; coquetterie assez excusable dans un jeune prince à qui la toilette allait fort bien.

La fête de l'ordre de l'Union termina magnifiquement celle du roi, qui distribua des décorations; et au nombre des nouveaux chevaliers se trouvaient quelques braves officiers qui, tout récemment, avec une rare intrépidité, avaient reconquis sur les Anglais le fort de Batz. Ce fut ce jour-là aussi que le roi décora du même ordre l'abbé Bertrand, un de ses aumôniers, digne ecclésiastique sans doute, mais qui en prêtant son serment se trouvait tout étonné, dans cette auguste cérémonie, d'y recevoir la même décoration que des militaires dont les honorables blessures n'étaient point encore cicatrisées. La reconnaissance dont l'abbé Bertrand se sentait pénétré pour la haute faveur dont S. M. venait de l'honorer ne l'empêchait pas de convenir, avec humilité, devant ses amis particuliers, qu'il eût préféré le plus modeste évêché à ce signe d'honneur qui, d'après lui, semblait ne devoir être que la récompense d'un courage éprouvé.

Après avoir occupé la Zélande plus de deux mois, les Anglais l'évacuèrent, et leur départ ne causa pas la moindre satisfaction dans la province. Les Anglais y avaient un peu ravivé le commerce en y jetant une assez grande quantité de marchandises de leurs fabriques, qui refluaient jusque dans le palais du roi, où tout le monde, depuis le plus grand dignitaire jusqu'au plus simple serviteur, cherchait à se parer de marchandises anglaises. On en trouvait partout, et partout on en désirait, malgré le décret du roi qui les prohibait avec sévérité. C'était du fruit défendu ; était-il étonnant que tout le monde en désirât? On allait jusqu'à dire qu'avant le décret prohibitif, S. M. avait aussi succombé à la tentation *.

Napoléon décida dans sa politique que les souverains alliés de la France viendraient à Paris ; et le véritable motif de cette réunion de têtes couronnées n'était connu de qui que ce fût alors, si ce n'est de l'empereur et de deux autres personnes dont la discrétion lui

* Sous le régime impérial, en 1814, l'impératrice Marie-Louise, étant à Amsterdam, se procura, en cachette de Napoléon, toutes les étoffes anglaises qui purent la flatter, et une certaine dame de Durand, chargée de la toilette de l'impératrice, se mit en rapport pour cela avec les juifs les plus effrontés du pays.

était bien garantie. Le roi de Hollande était 1809.
du nombre des souverains qu'on attendait à
Paris, mais il était peu disposé à quitter ses
états, tant il avait la crainte de ne plus y revenir. Au surplus, il ne connaissait point encore officiellement les intentions de l'empereur, et, sur de simples bruits, il ne pouvait
pas faire une démarche de cette importance.
D'ailleurs la reine était à Paris, et le roi n'aimait pas à se trouver aussi près d'elle, quoique ce fût le moyen de voir le jeune prince
royal qu'il aimait beaucoup. L'empereur cependant manifesta à son frère Louis le désir
qu'il vînt à Paris se réunir aux autres souverains qu'on y attendait. Louis se trouvait
d'autant moins disposé à répondre à l'invitation de Napoléon, que chaque jour il voyait
s'augmenter dans le Brabant le nombre des
troupes françaises, et ces dispositions de la
France étaient pour le roi d'un sinistre présage. Refuser de se rendre à Paris, c'était
s'opposer ouvertement aux volontés de l'empereur, qui n'était que trop habitué à ce
qu'on lui cédât; un refus rompait toute espèce d'intelligence entre la France et la Hol-

1809. lande, et celle-ci, sous une foule de rapports, ne pouvait pas long-temps lutter sans quelle ne succombât; d'un autre côté, il ne semblait pas du tout prudent au roi de s'éloigner de chez lui lorsque ses frontières étaient encombrées de troupes dont la présence lui donnait de vives inquiétudes. Dans cette anxiété, le roi s'entoura de ses ministres pour avoir leur avis sur le parti le plus sage à prendre. Un seul, le ministre de la guerre, M. Kraayenhof, était d'avis que l'on se mît ostensiblement sur la défensive; mais on ne le pouvait guère qu'avec le secours de l'Angleterre, et s'allier avec cette puissance c'était jouer un jeu où l'on pouvait tout perdre; c'était placer toute sa fortune sur un seul dé, et, en s'affranchissant des serres de l'aigle, on courait le risque de tomber sous les griffes du léopard*. Le roi partageait assez l'opinion du ministre de la guerre; mais il voulut bien néanmoins se

* Ce même M. Kraayenhof, louable sans doute dans l'opinion qu'il émettait de défendre son pays pour le soustraire à la domination française, devint, sous le régime impérial, un des officiers de l'empereur; et en 1813, lors de l'affranchissement de la Hollande, M. Kraayenhof, flatté probablement

rendre à celle de tous ceux qui ne partageaient pas la sienne, et il annonça, contre son gré, qu'il irait à Paris. Depuis ce moment, le roi devint très-soucieux, il parlait peu, ne sortait presque pas, et son service personnel était devenu beaucoup plus difficile. Le grand-maréchal du palais, courtisan de trop fraîche date, ne s'accommodait pas des rebuffades du roi, et les honneurs de sa dignité ne l'empêchaient pas de regretter le temps où il n'était que simple colonel de hussards. Il aurait préféré les dangers du combat à la monotonie d'un service qui le tenait dans une dépendance que l'humeur du roi rendait d'autant plus pesante.

Avant son départ, le roi assembla le corps-législatif, auquel il exposa analytiquement le compte de la situation du pays, résultant de tout ce qui avait été fait pendant l'année (1809).

---

de trouver l'occasion de repousser le reproche qu'on lui faisait d'avoir été au service de France, suscita avec acharnement une foule de tracasseries et de vexations aux Français qui étaient alors à Amsterdam, et surtout au payeur de la guerre, M. Scitivaux, auquel il avait même quelques obligations particulières.

Il annonça ensuite son voyage à Paris, en donnant l'espoir à la nation que son absence pourrait être d'une grande utilité au peuple qui lui était cher, et à la destinée duquel la sienne était attachée.

Le roi, dans son âme et conscience, doutait plus que personne que le résultat de son voyage fût heureux pour la Hollande. Mais en cédant malgré lui à la nécessité de le faire, il ne fallait point encore effrayer la nation, afin de lui conserver l'énergie dont elle pouvait avoir besoin pour supporter de nouveaux malheurs. Avant de partir, le roi eut une longue conférence avec le ministre de la guerre, où l'on supposa qu'il lui donna ses ordres sur la défense du pays en cas d'événemens.

Puisque le voyage de Paris était décidé, il fallut faire des dispositions en conséquence, et régler la maison du roi pendant son séjour dans la capitale de la France. S. M., d'abord, voulait y aller dans le plus simple appareil, pour que l'on vît bien à Paris que son intention n'était pas d'être long-temps absente; d'un autre côté, les souverains avec lesquels on devait se trouver à Paris pouvaient s'y montrer avec tout le faste de la royauté, et il n'était pas de la dignité nationale que le seul roi de Hollande y figurât comme un particulier. Le grand-maréchal, chargé par S. M. de lui présenter le personnel des différens services qui allaient l'accompagner, se trouva sollicité par des hommes de tous les rangs pour être du voyage; Hollandais et Français, tout le monde désirait en être. Enfin, après plusieurs listes présentées au roi, S. M. arrêta définitivement:

1º Celle des officiers de sa maison, comprenant M. Roest d'Alkemade, grand-maréchal; le contre-amiral Bloys van Treslong et le général Vichay, aide-de-camp; le comte Ch. de Bylandt et le colonel Trip, écuyer; M. Corverhof, chambellan; Smissaert, directeur du mobilier, mais chargé des fonctions de trésorier; et le secrétaire du grand-maréchal, pour tous les services.

2º Une autre liste comprenant trois maîtres-d'hôtel, trois cuisiniers, cinq valets de chambre et six valets de pied.

Le roi partit le 27 novembre, accompagné,

dans sa voiture, de M. Roëll, ministre des affaires étrangères et du grand-maréchal du palais. Tout ce que le roi ordonna tant qu'il fut sur les terres de Hollande, et tout ce qu'il dit en route, annonçait bien la ferme volonté où il était de ne faire aucune concession qui tendrait à affaiblir le pays. C'est dans de telles intentions qu'il arriva à Paris le 1er décembre. La reine occupant l'hôtel du roi, rue Céruti, S. M. ne voulut point y descendre; mais comme on n'avait pas prévenu la suite du roi de cette disposition et qu'il était tout naturel de penser que S. M. descendrait chez elle en arrivant à Paris, tout le monde se rendit à son hôtel, où M. Jolivet, son intendant, déclara n'avoir pas vu le roi, ni reçu l'ordre de recevoir qui que ce soit. On fut à la légation de Hollande, où S. M. ne s'était point montrée non plus, et on ne savait où rencontrer le roi, lorsqu'on apprit qu'il était chez *Madame Mère*, où tous les services coururent avec la crainte de s'être fait trop attendre.

Dans le premier moment, les officiers de la maison du roi prirent des logemens particuliers dans la ville de Paris, et le service, en général, souffrait beaucoup de l'éloignement où se trouvaient tous ces officiers. Le grand-maréchal, qui connaissait déjà Paris, par goût se logea dans le quartier du Palais-Royal, au grand hôtel d'Espagne, rue de Richelieu, dont le propriétaire, tant qu'il ne sut pas que son locataire était un grand dignitaire du royaume de Hollande, se contenta d'un modeste prix de loyer pour ses appartemens; mais dès qu'il apprit à qui il avait affaire, il tripla de suite le prix de sa location, et il aurait pu faire la quittance du loyer du grand-maréchal, en spécifiant tant pour la *personne* et tant pour la *dignité*.

Quoique l'hôtel de *Madame Mère* fût assez spacieux, il n'était pas facile d'y caser la suite du roi, et le grand-maréchal surtout n'était point fâché d'avoir son habitation un peu éloignée de celle de S. M. Le voisinage du Palais-Royal lui plaisait infiniment mieux que le faubourg Saint-Germain. Cependant le roi parvint à obtenir de sa mère quelques chambres où l'on plaça fort mal les officiers de sa maison, et le grand-maréchal n'avait pour tout appartement qu'une petite chambre à l'entre-sol, d'où on délogea un cuisinier pour y loger son excellence.

Madame Mère parut enchantée d'avoir son fils auprès d'elle; et pour vivre avec lui dans une plus grande intimité, il fut convenu qu'ils mangeraient ensemble. Mais quoique le service du roi fût bien moins considérable que celui de *Madame*, elle ne voulut cependant pas souffrir qu'il payât plus des *deux tiers* de la dépense commune. On voit par là jusqu'où peut aller la tendresse d'une mère pour un fils chéri. Rien ne lui coûte. Quel beau désintéressement !

Louis ne tarda pas à aller visiter l'empepereur, qui l'accueillit bien fraternellement. Ce n'était point deux souverains en présence l'un de l'autre, c'étaient deux frères qui semblaient se revoir avec plaisir après une assez longue absence. Dans cette visite, on ne parla aucunement des affaires d'état; et le roi, quoiqu'il pressentît bien qu'il n'aurait pas à s'en louer, aurait préféré qu'on abordât de suite et franchement la question, plutôt que de garder envers lui un silence qui, peut-être, annonçait qu'on l'informerait seulement de ce qu'on exigerait de la Hollande, sans daigner le consulter ni s'assurer si cela lui convenait.

Le roi de Naples et le vice-roi d'Italie, le prince Eugène, furent voir plusieurs fois le roi de Hollande, mais ce n'était jamais qu'aux Tuileries que Louis voyait Napoléon.

Le roi de Hollande fut un des souverains étrangers, à Paris, qui reçut le moins de ces visites de corps, de ces visites d'étiquette qui fatiguent autant ceux qui les rendent, qu'elles sont assez souvent insipides à celui qui en est l'objet. Louis s'en applaudissait et disait à son aide-de-camp, M. Bloys : Autant j'aimerais à revoir mes anciens amis, autant je suis peu jaloux de ces honneurs rendus à mon rang seulement. Heureux celui chez lequel les grandeurs n'étouffent pas le besoin de l'amitié ! Le roi sortait peu dans les premiers momens de son séjour à Paris, mais il envoyait souvent chercher son fils le jeune prince royal ; et comme il aimait beaucoup à le voir, on en conçut l'espérance que peut-être il chercherait aussi à se rapprocher de la reine. On le désirait vivement en Hollande, parce que la reine, dans le peu d'instans qu'elle y était restée, avait su se faire beaucoup aimer. Et puis sa présence en Hollande, auprès de son époux, étouffait tous ces bruits clandestins que la méchanceté soutient et propage dans l'ombre; sa présence pouvait détruire, ou du moins étonnamment atténuer toute espèce de malignes conjectures; conjectures qui au fond affectaient réellement la nation hollandaise, qui par amour-propre n'aurait pas voulu que sa reine fût l'objet de réflexions défavorables. Eh bien! cet espoir, loin de se réaliser, se perdit totalement, lorsqu'on apprit que le roi et la reine avaient sollicité chacun de de leur côté une demande en séparation de corps. Le conseil de famille tenta en vain de rapprocher les époux, et s'il fallait en croire la chronique du conseil de famille, ce serait la reine que l'on aurait trouvée le moins disposée à la réconciliation. On la poussa jusque dans les derniers retranchemens de la tendresse maternelle, en lui faisant pressentir qu'un jour son éloignement lui coûterait, peut-être, le douloureux sacrifice de ne plus voir ses enfans, qu'elle aimait beaucoup : cependant on ne parvint point à la faire changer de résolution, et il n'y eut pas de rapprochement entre les époux. Quoiqu'il en soit, l'empereur ne voulut pas que leur séparation fût prononcée, et on verra par la suite quelles étaient ses raisons pour s'y opposer.

Dans un discours que Napoléon prononça au corps-législatif, il fut aisé de pressentir quel serait bientôt le sort qu'il réservait à la Hollande ; car ce fut après cette séance, où Louis ne fut point invité comme les autres souverains alliés de la France, qu'il sentit vivement tout le tort qu'il avait eu de céder aux instances de ses ministres, qui le pressèrent si fort de se rendre à l'invitation de l'empereur. Il se repentit bien alors de n'avoir pas suivi le parti proposé par le ministre de la guerre. Mais il n'était plus temps de rétrograder pour se mettre sur la défensive ; il fallut dissimuler son dépit et attendre tout du temps*.

Le grand-maréchal était si mal logé, ou plutôt il était si près du roi qui le faisait ap-

---

* *Voyez* Pièces justificatives, n° 4.

peler à chaque instant, que M. de Roest résolut de s'affranchir un peu du service continuel qu'il faisait auprès du roi, pour jouir d'une sorte d'indépendance, dont il désirait faire un libre usage, dans un pays où tous les plaisirs se reproduisaient sous tant de formes délicieuses. Le grand-maréchal, jeune homme dans toute l'acception du mot, lorsqu'il était à l'armée sur le champ de bataille, ne connaissait que son devoir, et il avait donné des preuves d'une intrépide bravoure ; mais en ville presque toutes ses idées se dirigeaient vers le plaisir ; la politique, les intérêts d'état ne l'occupaient nullement. Il montra donc au roi le désir d'avoir un logement hors de l'hôtel de *Madame Mère*, et il ne l'obtint qu'en mettant dans ses intérêts le médecin du roi, qui, en raison d'une blessure qui n'était point encore entièrement cicatrisée, ordonna à M. Roest, pour sa santé, d'avoir une habitation plus aérée. Dès qu'il en eut la permission, il déménagea d'auprès du roi et s'en fut assez loin de lui, dans un hôtel où il pouvait tout à son aise faire du jour la nuit et de la nuit le jour.

Si le hasard quelquefois nous aveugle, il 1809. sait aussi nous ouvrir les yeux pour courir la carrière des aventures; et le grand-maréchal, sans penser à mal, s'abandonna au destin qui le conduisit un jour sur les pas d'une jeune dame espagnole dont il avait déjà fait la connaissance en Andalousie. Cette dame était la femme d'un officier espagnol, prisonnier de guerre dans une ville de France. La dame fut enchantée de rencontrer à Paris quelqu'un qui pourrait lui être utile pour obtenir la liberté de son mari, et M. de Roest s'applaudissait fort de pouvoir rendre quelques services à deux beaux yeux noirs, dans lesquels il serait flatteur de voir un jour l'expression touchante d'une douce reconnaissance. On fit des démarches ensemble, on se voyait fréquemment, on contracta l'aimable habitude de se voir tous les jours; la dame était jeune et jolie, le grand-maréchal était assez beau garçon; il fit à la dame quelques aveux, à la hussarde peut-être, et dont pourtant elle ne s'effraya pas trop; il devint plus galant, se rendit encore plus nécessaire à la signora, qui ne mit point de bornes à sa gratitude;

mais au moment où ils jugèrent qu'ils allaient obtenir du ministre de la guerre, en France, ce qu'ils sollicitaient en faveur du prisonnier, ils s'arrêtèrent tout à coup pour réfléchir que s'ils obtenaient la liberté de l'officier espagnol, ils n'auraient plus celle de se voir aussi facilement. Alors ils ralentirent leurs instances, et on se contenta d'écrire au prisonnier qu'on avait beaucoup d'espoir. Cet espoir s'est toujours soutenu, et ne s'est réalisé qu'un an plus tard. *Le trésor qu'on espère,* dit-on, *vaut mieux que celui qu'on a.* Chanson ! l'homme qui gémit dans les fers et qui soupire après sa liberté ne pourra jamais s'accommoder de cet adage.

Le roi, qui en partant d'Amsterdam avait presque donné l'assurance qu'il serait rentré dans sa capitale avant la fin de l'année, ne prévoyait point encore l'époque de son retour. Les affaires qui concernaient la Hollande se traitaient sourdement. Le cabinet des Tuileries était, pour le roi, un lieu très-obscur d'où l'on semblait l'éloigner, parce qu'on était assuré d'avance qu'il ne donnerait point son assentiment aux sacrifices qu'on exigerait du pays.

Louis, hors de ses états, dont il s'est éloigné malgré lui, dont il pressent l'envahissement et à la défense desquels il ne peut courir; Louis, roi de Hollande, et presque réduit, à Paris, à la simple condition d'un particulier; Louis, habitant la même ville que sa femme et ne la voyant pas, demandant une séparation de corps et ne pouvant l'obtenir; Louis, enfin, père de famille, et n'ayant presque jamais le bonheur de voir ses enfans; ah! c'est aussi trop d'adversités et de tribulations pour un seul homme, et on ne peut se défendre de plaindre celui autour duquel elles semblent se grouper à l'envi!

Le roi en était accablé, lorsqu'on lui apprit encore la dissolution du mariage de l'impératrice Joséphine, qui donna dans cette circonstance la mesure d'un grand caractère et d'une résignation aussi louable que courageuse. Louis, abattu sous le fardeau des affections les plus douloureuses, donna machinalement son adhésion à une action qu'il improuvait, et la fin de l'année (1809) fut pour lui une constante succession d'événemens plus affligeans les uns que les autres.

ANNÉE 1810.

On ne pouvait plus douter que la France ne voulût ou le bouleversement de la Hollande, ou qu'elle n'eût l'intention de s'en emparer. A travers l'obscurité dont on l'environnait, Louis distinguait assez bien les projets de l'empereur, sur lesquels celui-ci gardait le plus profond silence avec le roi de Hollande. Louis, après avoir consulté son ministre des relations extérieures et quelques officiers de sa maison, était décidé à retourner en Hollande, afin d'y prendre de promptes et vigoureuses mesures, pour s'opposer, s'il était possible encore, aux sourdes hostilités de la France. Mais lorsqu'il fut pour exécuter son projet de départ, il s'aperçut qu'il était observé, et le premier avis qu'il en reçut parvint à son grand-maréchal par un des gendarmes qui était de surveillance à la porte de son hôtel. Ce gendarme avait été soldat au 5e régiment de dragons, dont le prince Louis Bonaparte avait été colonel.

Après cet avis le roi s'assura très-facilement que son hôtel était continuellement gardé par des gendarmes déguisés. Louis néanmoins feignit de ne point s'apercevoir de cet entourage étranger, afin de pouvoir, sous l'apparence d'une grande sécurité, abuser ses surveillans, et il espérait y parvenir en allant à sa terre de Saint Leu, à quelque distance de Paris; mais de tout côté il était tellement gardé à vue que toute tentative d'évasion n'aurait pu se faire qu'à main armée. Mais à l'imitation de Charles XII, lorsqu'il était à Bender, quand Louis aurait armé ses officiers, ses cuisiniers et les valets qui l'entouraient, jamais il n'aurait pu se frayer un chemin pour sortir de l'embarras où il se trouvait. Mais lorsqu'on ne peut vaincre par la force et le courage il faut tenter la ruse. Qu'importe la route, pourvu qu'on arrive à son but? Il y avait bien un moyen d'échapper aux gardes de Napoléon si Louis avait pu l'employer, c'était de se déguiser, de sortir ensuite de l'hôtel de sa mère par une porte de l'orangerie, qui n'était point gardée, puisqu'elle était condamnée depuis long-temps, mais qu'on pouvait aisément et discrètement rouvrir ; gagner ensuite la barrière de Flandre, et en quarante-huit heures, avec de bons chevaux, on était en Hollande. Malheureusement Louis, quoique très-jeune encore, n'était point du tout ingambe, il marchait difficilement et n'était point assez robuste pour entreprendre une échappée de cette nature*.

En Hollande les esprits étaient dans une grande agitation ; chacun raisonnait dans le sens de ses intérêts ou de ses opinions politiques, et comme dans les affaires de ce genre l'éloignement produit presque toujours l'effet du microscope, on disait que le roi avait des gardes jusque dans son appartement même,

---

* Louis avait une forte constitution, mais depuis fort long-temps des affections rhumatismales, et dont la cause remontait, dit-on, jusqu'à la conquête du Nouveau-Monde, lui avaient, pour ainsi dire, paralysé la main droite, dont il se servait très-difficilement ; et depuis une chute de cheval qu'il fit à l'armée, il boitait d'une jambe. Mais cela n'empêchait pas que Louis, lorsqu'il était en toilette, n'eût l'apparence d'un fort beau cavalier.

et qu'il avait eu avec l'empereur des altercations très-vives ; que son grand-maréchal du palais était arrêté, enfin que le roi ne reviendrait probablement pas en Hollande ; d'autres avaient tiré de fâcheuses inductions du ton impérieux que l'ambassadeur de France prenait avec les ministres du roi en Hollande. Ce qu'il y avait encore d'assez affligeant pour le roi, c'est qu'il ne pouvait arrêter toutes ces conjectures par le moyen d'une correspondance dont il craignait l'interception. Alors il se détermina à envoyer à Amsterdam M. le comte de Bylandt, écuyer de service auprès de lui, avec l'ordre exprès au ministre de la guerre de défendre le pays à l'aide des inondations, et de tout employer pour empêcher au moins l'occupation de la capitale. Il ne s'agissait de rien moins que de tenter de noyer les habitans pour les soustraire à la domination française.

L'envoyé du roi, dans le peu d'instans qu'il fut à Amsterdam, se trouva entouré de personnes qui cherchaient à obtenir de lui des nouvelles qui ne pouvaient être que fort intéressantes dans la position où l'on se trouvait.

Il semblait à ceux qui parlaient au comte de Bylandt, qu'il avait toujours des réticences qui leur dérobaient des choses affligeantes, et quoiqu'il se piquât de dire la vérité, sans dire cependant tout ce qu'il savait, on le soupçonnait toujours de cacher la véritable situation du roi.

Tous les différens services de la maison du roi restés au palais d'Amsterdam, où ils vivaient en chanoines, indépendamment des inquiétudes communes à tout le monde, se tourmentaient encore dans un autre genre que les habitans. Si le roi ne revenait pas, chacun se voyait dépossédé d'une place à laquelle il tenait, et dans l'oisiveté où vivait la majeure partie de ce monde-là, on conçoit l'incohérence de tous leurs discours, et dans quelles erreurs ils durent jeter tous ceux qui venaient au palais pour apprendre des nouvelles de Paris.

Les dispositions que fit prendre le roi pour la défense de la Hollande furent bientôt connues de l'empereur qui s'en plaignit avec aigreur au roi, qui, ne croyant plus devoir temporiser, avoua que tout s'était fait d'après ses ordres et qu'on l'y avait forcé en l'abusant par des promesses qu'on n'avait jamais eu l'intention de tenir. Ce ton ferme et impérieux avec lequel Napoléon n'était point habitué qu'on lui parlât excita d'abord toute sa colère et amena une explication très-vive entre les deux frères, où Louis conserva toujours beaucoup de fermeté ; mais l'empereur, quoiqu'en s'adoucissant assez promptement, annonça au roi qu'il fallait absolument contremander la défense de la ville d'Amsterdam, destituer le ministre de la guerre, ou voir la Hollande réunie à la France, et supprimer le titre de maréchal de Hollande pour le remplacer par celui de général ou d'amiral.

Comme cette réunion était tout ce que Louis redoutait le plus pour l'intérêt de la nation, il céda à la nécessité; et, voulant conjurer l'orage, il promit à l'empereur tout ce qu'il demandait, destitua son ministre de la guerre, tout en lui donnant secrètement de nouvelles assurances de son affection; secret qui ne fut pas bien gardé, car Napoléon, qui le sut, apprit par là que Louis n'agissait absolument que par crainte.

La véritable intention du roi, en quittant 1810. l'empereur à la suite de cette entrevue assez orageuse, était de partir sur-le-champ pour la Hollande, s'il pouvait tromper ses surveillans; mais l'empereur qui l'avait deviné renouvella l'ordre de le faire surveiller avec plus de sévérité que jamais, et les gendarmes d'élite qui s'établirent à la porte de son hôtel ne gardèrent plus l'incognito et déclarèrent ostensiblement au grand-maréchal du palais qu'ils étaient là d'après les ordres de l'empereur pour accompagner le roi partout où il irait; et à coup sûr, si Louis avait pris la route du Brabant, les gendarmes n'eussent pas manqué de s'y opposer.

Décidément le roi était prisonnier, quoique ayant la liberté de sortir pourvu qu'il ne voulût point aller chez lui. Pendant cette espèce de captivité, et sans en prévenir Louis, le maréchal duc de Reggio s'empara des places de Berg-op-Zoom et de Bréda, et l'empereur prit un décret qui réunissait à la France tous les pays situés entre la Meuse, l'Escaut et l'Océan. Le roi, qui ne pouvait vouloir faire une résistance armée, se contenta de faire protester contre toute usurpation d'autorité étrangère. Pendant quelque temps le gouvernement français se montra aux yeux du roi sous des formes un peu plus conciliantes, mais Louis s'aperçut que c'était pour l'amener à devenir, entre la France et l'Angleterre, l'agent de propositions de paix, en faisant pressentir aux Anglais que la Hollande ne pouvait éviter d'être réunie à la France. Le roi éprouvait bien quelque scrupule à se prêter à cette espèce de tromperie; mais il désirait tellement la paix qu'il se rendit aux vœux de la France, et que d'après ses ordres le ministère hollandais expédia en Angleterre un homme adroit et de considération (M. Labouchère), dont toutes les démarches furent infructueuses.

Depuis quelque temps le roi ne jouissait pas d'une excellente santé, et aisément on peut concevoir que tous les désagrémens qu'il éprouvait devaient sensiblement l'affecter; aussi, vers la mi-février, S. M. se trouva sérieusement alitée. En Hollande, où tout se rapportait avec exagération, le bruit courait même que le roi était mort, et que la reine, comme régente du royaume, allait incessamment arriver à Amsterdam, avec le jeune prince royal et un ministre des relations extérieures donné par l'empereur. Cependant le roi triompha de sa maladie, qui n'était qu'une vive affection nerveuse, pendant laquelle les souverains alliés qui étaient à Paris vinrent voir Louis. L'empereur seul n'y était point venu, lorsqu'un jour, en allant à la chasse, il se détourna de sa route pour visiter son frère, qu'il savait très-bien être indisposé. On ne l'attendait point à l'hôtel de *Madame Mère*, où d'ailleurs il venait fort rarement, lorsque tout à coup, dans la cour, on vit sa voiture, qui n'avait été précédée que de quelques minutes par un piqueur de service. Aussitôt les officiers de la maison du roi s'empressèrent d'aller le recevoir au pied du grand escalier, quoiqu'ils ignorassent si Napoléon allait chez sa mère ou chez son frère, et l'empereur, en montant cet escalier fort lestement, demanda aux officiers qui le suivaient en courant : *Comment va-t-il donc, Louis ?* On le conduisit à l'appartement du roi, qui était encore au lit. *Eh bien*, lui dit l'empereur d'un ton presque satirique, *tu es malade, tu as de l'humeur!* Louis, qui sentit bien le piquant de la seconde partie de l'apostrophe de son frère, jugea plus sage de ne parler que de sa santé, et la conversation devint assez insignifiante. Il n'y eut pas un mot de proféré sur les débats qui existaient entre les deux puissances. Napoléon affecta beaucoup de gaîté, et en quittant le roi, il lui dit : *Il faut aussi t'égayer, sortir et t'amuser ; moi, je vais à la chasse. Adieu.* Il fut un instant voir *Madame*, et sa visite en tout n'excéda pas vingt minutes.

Pendant sa maladie, le roi avait vu souvent le prince royal, et il avait reçu de Hollande de fréquens et respectueux témoignages d'affection. Ses ministres l'informèrent que l'armée française, en Brabant, s'approchait toujours de plus en plus de sa capitale, que le roi ordonna de mettre le plus que possible en état de défense.

Lorsque Louis fut en pleine convalescence, il sortit pour s'assurer par lui-même s'il était toujours *aux arrêts*. Il alla jusqu'à Neuilly, visiter sa sœur, la princesse Elisa, et il lui sembla ne voir autour de sa voiture que les gens de sa maison. Deux jours après, il fut à Saint-Leu, et à une distance assez éloignée de lui, on aperçut des gendarmes d'élite qui sans doute lui servaient d'escorte, et lui firent juger qu'il était toujours prisonnier.

Il est rare qu'on ne se lasse pas des choses que l'on a le plus vivement desirées; et tous ceux qui avaient accompagné le roi en France, où ils avaient été enchantés de venir, étaient fatigués de leur séjour à Paris. Quelquefois la chose la plus simple, la plus innocente tempère plus efficacement nos chagrins que tous les calculs de la raison. Qui croirait que tous les valets de chambre et les valets de pied hollandais, lorsqu'ils n'étaient pas de service, éprouvaient un grand plaisir à aller voir les cigognes au jardin des Plantes? La vue de cet oiseau de prédilection, pour les Hollandais, calmait l'ennui de ces braves gens et semblait les rapprocher de leur pays. Cependant du nombre de ceux que l'ennui tourmentait, il faut en excepter le grand-maréchal, qui n'allait point en pélerinage au jardin des Plantes, et qui donnait à son plaisir tous les instans que le roi ne le gardait pas auprès de lui, et sous divers prétextes il trouvait souvent le moyen de s'affranchir de son service. Il ne pouvait y avoir qu'un ancien colonel de hussards qui pût résister à la vie dissipée que menait M. Roest, et à laquelle on pouvait opposer les modestes et paisibles délassemens des autres officiers de la suite du roi.

Par toutes les insinuations indirectes qui lui arrivaient de toutes parts, et par les demandes positives qui lui étaient faites au nom du gouvernement français, Louis vit bien qu'on allait encore exiger de lui d'autres sacrifices que ceux qui avaient déjà été faits, et pour conserver sa souveraineté, il dut faire de grandes concessions; mais, à quelque prix que ce fût, il voulait retourner en Hollande et conserver ses états sur le grand tableau des nations. Il consentit donc à tout, excepté à la conscription et à une imposition considérable sur les rentes, ce qu'il aurait considéré comme une espèce de banqueroute.

Depuis quelque temps, on parlait hautement du mariage de Napoléon avec l'archiduchesse Marie-Louise d'Autriche, et même 1810. tout faisait croire que l'époque du mariage n'était pas fort éloignée. En effet, il fut consenti, convenu et célébré à Vienne, le 11 mars 1810, où le prince Berthier représentait l'empereur des Français.

Comme Louis avait à peu près consenti à tout ce que Napoléon exigeait de la Hollande, et que les *arrêts d'honneur* sur sa personne étaient levés, il existait entre les deux frères une sorte d'aménité et d'intelligence amicale qui détermina l'empereur à montrer au roi de Hollande le désir qu'il fût à Soissons au-devant de l'archiduchesse, pour l'accompagner au château de Compiègne, où il l'attendrait et où devaient aussi se rendre tous les autres souverains alliés de la France.

Dès le 23 mars, Louis donna l'ordre à tous les services qui étaient auprès de lui à Paris de se rendre à Compiègne, et le 24 on y arriva dans la matinée. Mais le château de Compiègne, quoique d'une grandeur immense, ne put suffire qu'à loger la cour de France, et pour offrir seulement des appartemens aux souverains qui s'y trouvaient, sans qu'ils puissent avoir chacun à coucher auprès d'eux plus d'un aide-de-camp, un valet de chambre et un valet de pied. Les autres officiers et le service subalterne se logèrent dans la ville, où il y avait une telle affluence qu'il était extrêmement difficile de se caser même à l'étroit, quoiqu'en payant fort cher. Les propriétaires, pour tirer un plus grand parti de leurs maisons, se retranchaient jusque dans leurs greniers et dans leurs caves. Les grands-maréchaux du palais, qui ne pouvaient pas s'éloigner de la personne du roi, n'étaient pas somptueusement logés, mais enfin ils étaient auprès de leurs souverains, et celui du roi de Hollande dut se contenter, au troisième étage, de deux petites pièces dont l'une servit à son valet de chambre.

Ce concours de potentats, de princes et d'un nombre considérable de grands seigneurs, réunion dont les fastes de l'histoire n'offrent peut-être pas encore d'exemple, remplissait le château de Compiègne d'une multitude de personnes de toutes nations et de toutes classes. Les concierges étaient continuellement occupés à répondre à toutes les 1810. demandes qui leur étaient faites, et avec les indications qu'ils donnaient il était impossible de ne pas trouver le quartier du souverain chez lequel on devait se rendre. Tout avait été prévu avec un ordre admirable, et la confusion ne s'est mise nulle part. Chaque officier qui ne parlait pas français, ou qui seulement le parlait difficilement, trouvait à la conciergerie du château un valet extraordinaire, qui savait concurremment et sa langue et le français, et qui le conduisait où il avait affaire. Pour le service de la bouche, chaque officier, d'après son grade, trouvait dans sa chambre l'indication de la table où son couvert était mis, et les rois seulement pouvaient se faire servir dans leurs appartemens, lorsqu'ils ne mangeaient point avec l'empereur.

La reine de Hollande avait aussi son appartement particulier, et dans le voisinage même de celui de son époux; rapprochement assez extraordinaire et qui peut-être n'était pas un effet du hasard. Au surplus, cette distribution d'appartemens était tout-à-fait ignorée du roi, car on s'en était occupé pendant qu'il était à Soissons, au-devant de l'impératrice, qui fit son entrée à Compiègne avec l'empereur, le 28 mars; le 29 et le 30, elle se reposa, et les souverains, dans la soirée, furent admis à lui faire la cour.

Le 30, le roi de Hollande, en rentrant à minuit de chez l'empereur, fit appeler son grand-maréchal du palais auquel il annonça avec instance l'intention de partir de suite pour Paris. Sans demander au roi le motif d'un départ aussi précipité, le grand-maréchal ordonna le service personnel du roi, et à une heure la voiture était à la porte du château. Mais tout à coup survint l'impossibilité de partir. Ni l'impatience du roi ni celle de ses gens ne peuvent empêcher sa voiture d'être encombrée d'une grande quantité de personnes qui se pressaient en foule et qui arrivaient de tous côtés pour éteindre le feu qui était au château, et dont les flammes en s'échappant, au milieu de la nuit, jetaient l'alarme dans toute la ville. Enfin, on parvint cependant à dégager la voiture du roi, qui néanmoins ne quitta la place qu'après avoir été informé qu'on était maître du feu et que le foyer de l'incendie était assez éloigné des appartemens de l'empereur et de l'archiduchesse. Mais pourquoi le roi semblait-il fuir au milieu de la nuit? On a cru généralement à Compiègne et à Paris que le départ précipité du roi de Hollande avait eu pour motif l'événement du feu; mais on était dans l'erreur, puisque les ordres pour partir étaient donnés avant que le feu n'éclatât; le véritable but de cette fuite nocturne était d'échapper à une réconciliation avec la reine, réconciliation qui devait être tentée le lendemain matin par deux grands personnages, qui avaient espéré l'obtenir au moyen de la proximité combinée d'avance des appartemens du roi avec ceux de sa femme.

Depuis son raccommodement avec l'empereur, le roi, quoique tourmenté par les grands sacrifices qu'on l'avait obligé de faire malgré lui, menait cependant une existence plus enjouée; il y avait chez lui de plus fréquentes réceptions; il sortait davantage et donnait plus souvent à manger : il assista aussi à toutes les cérémonies et à une partie des fêtes qui eurent lieu pour le mariage de Napoléon, et, à cette occasion, il fit la galanterie aux officiers décorés de sa maison qui étaient auprès de lui, de leur donner des décorations enrichies de diamans. Le grand-maréchal fut le seul qui n'eut point de part à cette munificence du roi. Cet oubli était loin de flatter M. Roest, qui aimait assez le faste, et dont l'amour-propre se trouva vivement blessé par cette inadvertance de S. M., qui ressemblait presque à une disgrâce.

S. M., devant enfin partir incessamment pour retourner dans ses états, et voulant gracieusement reconnaître quelques attentions, fit acheter un assez grand nombre de souvenirs en bijoux pour être distribués à diverses personnes qui, pendant le séjour du roi à Paris, lui avaient ou dédié des ouvrages ou montré un zèle ardent : Louis donna au grand-maréchal la liste de tous ceux qui devaient recevoir un cadeau de S. M., et sur laquelle figuraient aussi les noms de quelques artistes distingués dont il avait été voir les ouvrages.

Il est des gens qui sous le voile d'une apparente modestie cachent, assez souvent, des

vues très-intéressées, et tel auteur ne choisit 1810.
son *Mécène* parmi les grands que parce qu'il
en espère une fastueuse récompense. C'est
peut-être ce qui détermina M. Méjean, l'éditeur continuateur des *Causes célèbres*, à offrir
son ouvrage au roi de Hollande; mais le cadeau du roi ne répondant probablement pas à
son attente, il jugea, sans doute, qu'on avait
fait une méprise. Il faut expliquer le fait avant
d'accuser le roi de parsimonie, et si cette
cause pouvait jamais devenir célèbre, M. Méjean ne s'empressera vraisemblablement pas
de lui donner de la publicité. Indépendamment de la souscription à l'ouvrage, pour
plusieurs exemplaires, M. Méjean reçut une
boîte en écaille sur laquelle se trouvait le simple
chiffre du roi, souvenir honorable et agréable
sans doute, mais qui l'eût été bien davantage
aux yeux de l'auteur des *Causes célèbres*, si ce
chiffre eût été en diamans. Une telle marque
de générosité aurait sans doute donné de la
célébrité à M. Méjean; mais, en bonne conscience, n'était-ce pas aussi un souvenir trop
riche pour qu'il osât l'espérer, lui qui, dans son
épître dédicatoire au roi, ne paraissait solli-

citer que l'attention du prince *qui savait si bien protéger les sciences et honorer les gens de lettres ?* Et pourtant, malgré cette espèce de profession de foi, aussi modeste que désintéressée, M. Méjean vint auprès du grand-maréchal, s'assurer si l'intention de S. M. avait bien été de ne lui donner qu'une simple boîte : le protecteur des sciences fit donner à l'homme de lettres l'assurance qu'il n'y avait point eu de méprise à son égard.

Les extrêmes se touchent souvent, dit-on, et dans le vaste champ de la vie, l'orgueil dans sa marche présomptueuse butte quelquefois lorsque l'humble modestie, en allant droit son chemin et presque les yeux fermés, ne fait jamais de faux pas.

L'auteur des *Causes célèbres* s'imagina que son mérite n'avait pas été convenablement récompensé, tandis qu'un artiste très-distingué, auquel le roi voulait donner un témoignage de son estime, refusa le cadeau que S. M. lui envoyait, par la seule raison qu'il savait fort bien n'avoir rien fait qui dût lui valoir cette marque de la générosité du roi : rare exemple de désintéressement et de modestie que donna alors M. Peyre, auteur de la colonne érigée sur la place Vendôme, qui refusa obstinément de recevoir une très-belle montre et une chaîne en or, en faisant observer à la personne qui la lui présentait, que c'était sans doute une méprise, qu'il était de sa délicatesse de refuser un cadeau auquel il n'avait aucun droit.

1810.

Toutes les personnes de la suite du roi attendaient impatiemment, de jour en jour, l'ordre de retourner en Hollande; et S. M. enfin, ayant eu une dernière entrevue avec l'empereur, fixa son départ pour le 8 avril, après avoir resté plus de quatre mois hors de ses états, lorsqu'il ne croyait s'en éloigner que pour quinze à vingt jours. Il paraît que c'est dans cette dernière conférence entre les deux frères que Napoléon annonça à Louis que la reine devait aussi retourner en Hollande avec le prince royal. En sorte que, bon gré mal gré, les époux allaient être réunis, et toutes les dispositions pour leur voyage furent ordonnées; mais leur réunion ne devait point commencer probablement par voyager ensemble, car le roi s'en fut, et on ne sut trop pourquoi, par Aix-la-Chapelle, tandis que la reine prit la route ordinaire.

La suite du roi était augmentée d'un individu qui, par sa gentillesse, semblait devoir partager la faveur dont *Tiel*, le chien bien-aimé du roi, jouissait depuis assez long-temps. Le roi avait fait emplette, à Paris, d'une perruche, petite *Catau* Française, tout-à-fait aimable, d'humeur fort enjouée, et qui aurait l'avantage sur *Tiel* de dire de jolies choses, mais qui seraient quelquefois perdues dans un pays où tout le monde ne parlait pas français. C'est précisément ce qui arriva dans une auberge au-delà du Moerdyk, où la petite Catau, se trouvant en présence d'un perroquet hollandais, lui dégoisa en français tout son gai savoir, tandis que le Jacquot du pays répondait très-gutturalement à toutes ses gentillesses en bel et bon hollandais, c'est-à-dire dans un langage qui semblait n'avoir rien de gracieux. Ce dialogue, assez bizarre, était fort amusant pour les personnes qui entendaient les deux langues, quoique l'éducation du perroquet hollandais parût 1810. avoir quelque analogie avec la première instruction du célèbre Vert-Vert.

Le retour du roi produisit en Hollande une bien grande sensation. C'était la nouvelle du jour. Oh! que de monde s'attendait à ne plus le revoir! Sa présence causa la plus vive joie, et l'annonce de l'arrivée très-prochaine de la reine, qui n'avait, pour ainsi dire, qu'apparu un instant, fit naître la douce pensée que la bonne intelligence était enfin rétablie, et cette réunion présageait dans le gouvernement actuel une stabilité que l'on désirait vivement.

Peu de jours après l'arrivée du roi, les différens corps de l'État furent admis à l'honneur de voir S. M. et de la féliciter sur son retour. Mais le roi ne put donner à la nation l'espoir d'un avenir heureux. Les prétentions de la France, l'attitude presque menaçante de ses troupes sur le territoire hollandais, le découragement de quelques hommes d'état, tout affligeait le roi, qui pourtant, au milieu de la tempête, résistait avec courage et s'efforcait de conserver le vaisseau de l'État. A

1810. toutes ces anxiétés, ces agitations, vint se joindre le malaise que lui causait la présence de la reine, qui après avoir passé quelques jours à Utrecht vint occuper ses appartemens au palais d'Amsterdam. Pendant le peu de jours que Louis avait précédé la reine au palais, il avait donné des ordres pour que ses appartemens, qui précédemment communiquaient avec ceux de la reine, n'offrissent plus aucun moyen de passer des uns dans les autres ; et, pour éviter toute espèce de surprise, cette incommunicabilité fut poussée au point de faire murer des embrasures de portes. Cet éloignement des deux époux, et que le roi semblait affecter de vouloir rendre ostensible, ressemblait presque à une entière séparation de corps, car LL. MM. ne se trouvaient ensemble qu'au déjeuner, où assistait le prince royal, et très-rarement le roi et la reine se réunissaient le soir au salon. La reine recevait chez elle, et ce n'était qu'avec la crainte de déplaire au roi qu'on allait lui faire la cour. Mais quelque soin, quelque mystère que l'on mît à aller chez elle, le roi parvenait toujours à savoir quelles étaient les per-

sonnes qui lui rendaient des hommages, et 1810.
comme elle était bien aimée, la contrainte
était d'autant plus pénible. Considérée de
sang-froid, c'était une chose assez curieuse
à remarquer que cette espèce de cachoterie
entre les courtisans, toujours placés entre
l'appréhension d'offenser le roi et le désir de
plaire à la reine.

Louis, qui souvent s'était montré avec une
extrême bonté, semblait depuis quelque
temps, et dès qu'il s'agissait de sa femme,
fermer son âme à cette douce bienveillance
que la nature a mise au fond du cœur de
l'homme, et l'on remarquait avec un sentiment très-pénible qu'il paraissait se plaire à
abreuver la reine d'une foule de désagrémens
et d'humiliations même.

Cette contrainte, ce malaise humiliant,
disons-le, dans lequel vivait continuellement
la reine, qui sans doute eût été bientôt
abandonnée des personnes qu'elle voyait avec
intérêt, altéra sa santé au point de désirer
retourner en France, et elle savait déjà que
l'empereur ne s'y opposerait pas. Mais le roi
n'était pas disposé à rompre une chaîne qu'on

l'avait obligé à reprendre, et il s'opposa au voyage que la reine demandait à faire aux eaux de Plombières. Aucune démarche, aucune prière ne fut bien accueillie à cet égard; et comme la reine, sous le prétexte d'une promenade, aurait pu s'échapper du royaume, le roi non seulement prescrivit le rayon dans lequel les équipages de la reine devaient la promener, mais il avait encore fait donner l'ordre à tous les maîtres de poste de refuser des chevaux à la reine pour la conduire en France. Louis ne semblait-il pas se rappeler les arrêts qu'on lui avait imposés à Paris, et goûter une sorte de plaisir à prendre sa revanche auprès de sa femme?

La reine, ayant parcouru sans succès tout le cercle des instances directes et des sollicitations étrangères, fut obligée de recourir à l'artifice : le roi s'y attendait, il se mit en garde, et tout employé du service de la reine et du sien, soupçonné de vouloir favoriser la fuite de la reine, eût été renvoyé sur-le-champ. Ruse contre ruse, guerre ouverte entre les deux époux ; qui triomphera ? Un prince est si puissant, qu'il est bien difficile d'échapper à son pouvoir; mais aussi combien l'esprit féminin est fécond en ressources! Le grand-écuyer connaissait mieux que personne les intentions du roi, et quel risque il y aurait à servir les projets de la reine. Il n'importe, il est Français, il est chevalier, et il croit qu'il est de son devoir de s'armer pour la beauté. Aucun péril n'effraie son courage, il se dévoue tout entier au service de la reine, qui crut à ses sermens et qui s'abandonna, sans réserve, à sa courtoisie, à sa loyauté, à sa bravoure. A l'exception de deux femmes de la reine, d'un de ses écuyers et d'un médecin du roi, personne ne fut dans la confidence de son projet d'évasion; et Louis, croyant que sa femme avait renoncé au désir d'aller en France, consentit volontiers, et sur l'ordonnance du médecin, à ce que la reine fût passer quelque temps au château du Loo. Elle y alla donc, et dans un très-simple et très-modeste équipage, laissant au palais d'Amsterdam tout le monde bien persuadé qu'elle allait tenter de rétablir sa santé en Gueldre. Elle y passa en effet quelques jours, pendant lesquels le grand-écuyer de la couronne, que l'on croyait malade et alité chez lui, fut en personne faire disposer les relais qui devaient servir à la reine pour quitter les terres de Hollande. Toutes les mesures furent si bien prises, et le grand-écuyer avait tellement bien acheté la discrétion des gens qu'il employait, que la reine était à Anvers, où il l'accompagna lui-même, que le roi la croyait promenant tristement ses rêveries dans quelques allées silencieuses du parc du château du Loo. Le grand-écuyer, assuré du succès complet de l'évasion de la reine, revint promptement chez lui, à Amsterdam, où le lendemain on accourut lui apprendre une aventure qu'il connaissait mieux que personne. Le roi, que l'on soupçonnait devoir être furieux en apprenant cette nouvelle, se montra au contraire très-calme, et après avoir cherché à savoir si les gens de sa maison avaient aidé la reine dans sa fuite il n'en parla presque plus, et dès ce moment il était presque toujours avec son fils, le prince royal, dont la reine ne s'était séparée qu'en versant un torrent de larmes qu'elle s'efforçait de lui dérober.

En conformité du traité fait entre la France et la Hollande, le maréchal duc de Reggio, vers la fin d'avril, fit occuper La Haye et Leyde par les troupes françaises. Quoique ces dispositions fussent l'exécution des promesses faites par les Hollandais, ils n'en virent pas moins ces troupes non comme alliées, mais bien comme s'emparant du pays. Mais que faire contre une volonté de fer à laquelle on ne pouvait résister? d'autres troupes françaises furent encore dirigées dans le département de la Frise, et le quartier général de l'armée française fut établi à Utrecht, où le maréchal Oudinot y prit aussi le commandement de dix mille Hollandais, et fixa sa résidence à l'hôtel du Pape (Pauws-Huysen), où le roi Louis avait précédemment habité avant d'occuper son palais d'Utrecht.

Comme en Hollande on se flattait toujours d'une réconciliation entre les deux frères, réconciliation qui pourrait devenir très-salutaire au pays, on avait vu avec plaisir qu'à la fin d'avril le roi s'était rendu à Anvers pour y voir l'empereur et l'impératrice; mais rien par la suite ne prouva que cette entrevue eût amélioré le sort de la Hollande.

La cour était tout attristée non seulement par l'absence de la reine, événement sur lequel on ne parlait qu'en petit comité, mais encore par la situation des affaires d'état. Le roi, plus que jamais, devenait très-silencieux, se concentrant pour ainsi dire dans son affection pour son fils, et ne s'occupant presque plus de ces détails de maison auxquels autrefois il consacrait beaucoup trop de temps. Cependant il lui revint encore à la pensée que le grand-maréchal avait toujours auprès de lui son secrétaire, qui était, il est vrai, de race française, et dont il avait toujours en vain demandé le renvoi. Le grand-maréchal osa résister encore au roi, en lui faisant observer que ses prédécesseurs ainsi que lui n'avaient eu qu'à s'en louer. Il n'importe, dit S. M., je le veux! et vous prendrez un auditeur pour le remplacer. Qu'arriva-t-il de ce *je le veux*, qui ressemblait assez aux honneurs de l'ostracisme, c'est qu'il valut tout à la fois à celui qu'il frappait la protection du duc de Reggio et celle de M. Serrurier, se- 1810. crétaire de la légation française.

Le maréchal de France qui commandait en Hollande semblait balancer l'autorité du souverain dans les états duquel il se trouvait, et en suivant les ordres de l'empereur il devait nécessairement contrarier le roi par toutes les mesures qu'il était obligé de prendre ; mesures que Louis considérait comme une usurpation d'autorité, dont il se plaignit au duc de Reggio, qui d'après ses instructions ne put donner au roi la satisfaction qu'il en attendait. Il résulta plusieurs fois de ce conflit de pouvoirs des actes qui plaçaient les autorités civiles et militaires dans des positions très-embarrassantes ; mais la lutte ne pouvait pas être longue, et l'un des deux combattans était trop faible pour résister long-temps. Le roi, tourmenté, agité par les prétentions de la France, était facilement soupçonneux, et il crut apercevoir un piége dans le désir que lui montrait le duc de Reggio d'avoir une entrevue avec lui ; mais Louis était dans l'erreur. Le général français qui commandait en Hollande, quand son caractère de loyauté n'aurait pas d'abord repoussé l'idée d'une entreprise artificieuse, n'avait pas besoin de recourir à des moyens fallacieux pour accomplir les desseins de l'empereur, et les craintes que l'on inspira au roi dans cette occasion n'avaient aucun fondement. Son intendant-général, M. Twent, fut un de ceux qui accrédita davantage l'appréhension où était S. M., que le duc de Reggio ne voulût s'emparer de la personne du roi; et une preuve incontestable qu'on n'eut jamais cette intention, c'est que le maréchal Oudinot était assez puissant en Hollande pour s'assurer très-facilement du roi s'il avait dû le faire.

L'attitude imposante du général commandant en Hollande, jointe à ce qui transpirait de la haute politique en France, tout présageait de grands événemens en Hollande, et à la cour personne ne se dissimulait l'instabilité des choses. Le chancelier de la maison du roi, M. Crommelin, avant d'abandonner ses fonctions, annonça, presque avec un ton prophétique, qu'avant l'anniversaire de la fête du roi (25 août) S. M. ne serait plus en Hollande.

Sans se targuer d'une perspicacité aussi élevée que l'ex-chancelier de la maison du roi, et sans être dans le secret des lumières inaccessibles, on pouvait penser, on pouvait entrevoir que la couronne du roi chancelait sur sa tête, et que Louis probablement descendrait bientôt du trône de Hollande. Ses idées d'indépendance ne s'accordaient point avec le système de l'empereur, et tout espoir de conciliation entre les deux frères s'étant évanoui, Louis eut la pensée d'abdiquer en faveur de son fils, ce qui donnerait à Napoléon le pouvoir suprême en Hollande, puisque, d'après la constitution, la tutelle du roi mineur appartenait à la France. L'état de fluctuation politique où se trouvait la Hollande tenait tous les esprits dans une incertitude insupportable; chaque jour, à chaque instant, on s'attendait à des nouvelles importantes, à des événemens que l'on semblait désirer, quels qu'ils fussent, pour sortir de la crise où l'on se trouvait.

Les petites choses quelquefois peuvent avoir de grandes conséquences, et un incident assez ordinaire amena, pour ainsi dire, la résolution de cette crise politique. L'ambassadeur de France avait un cocher hollandais qui, étant un jour en grande livrée, se prit de querelle avec un bourgeois d'Amsterdam, et comme cette rixe avait lieu dans le voisinage du palais (à l'entrée du Nieuwezyds-achter-Burgwall), la garde du palais s'y transporta pour les séparer. Le parti des Hollandais, celui du roi bien entendu, s'empressa de dire que le cocher était chargé d'exciter des disputes pour donner à la France le prétexte d'exercer de nouvelles plaintes; comme s'il était vraisemblable qu'un ambassadeur pût donner sa confiance pour des choses d'une si haute importance à un homme de cette classe, et surtout à un Hollandais; comme s'il tombait sous le sens commun qu'on voulût amener le renversement d'un état par la diplomatie d'un cocher ! L'affaire fut assez mal informée, et l'adjudant du palais qui était de service le jour de la querelle, quoiqu'il fût Hollandais, ne put s'empêcher de convenir, après qu'il eut pris des renseigne- 1810. mens particuliers, que le cocher de l'ambassadeur avait été insulté sans qu'il eût provoqué l'offense; mais on n'a jamais su positivement si l'insulte avait été dirigée contre la personne seulement, individuellement parlant, ou bien contre le serviteur de l'ambassadeur de France. Quoi qu'il en soit, l'ambassadeur prit fait et cause et demanda une réparation pour l'insulte faite à sa livrée; et quoiqu'on eût promis cinq cents ducats (près de six mille francs) à celui qui ferait connaître les auteurs de l'insulte, jamais, dans cette affaire, on ne parvint à connaître l'exacte vérité.

Mais, soit que l'empereur Napoléon ait effectivement trouvé qu'on avait manqué d'égards à la France, en maltraitant le cocher de son ambassadeur (à quoi tient le sort d'une nation!), soit qu'il voulût enfin réunir la Hollande à l'empire français, il se fâcha tout-à-fait avec Louis; ne voulut plus d'ambassadeur de Hollande auprès de lui, et rappela M. de la Rochefoucault, qui était à Amsterdam. Dès lors le roi eut même la crainte que son fils ne pût lui succéder au trône de Hollande*.

Malgré l'état désespéré où se trouvaient ses affaires, Louis s'occupait néanmoins de l'audition des comptes de finances, et indiquait ce qu'il croyait encore pouvoir bonifier dans toutes les branches de l'administration. Sa position était à peu près la même que celle d'un père de famille qui, sur son lit de douleur, et sentant approcher sa fin, prescrit à ses enfans, dont il est entouré, les améliorations qu'ils pourront faire dans son héritage lorsqu'il ne sera plus. Le roi nomma encore des ambassadeurs dans plusieurs cours; et quoiqu'il pressentît le prochain anéantissement de sa puissance, il consentit à échanger des décorations entre la cour de Prusse et celle de Hollande. C'était peut-être le dernier rapport affectueux qu'il dût avoir, comme roi, avec une puissance dont le souverain l'avait très-gracieusement accueilli avant qu'il ne fût appelé à régner aussi.

Il y avait au palais d'Amsterdam, chez le

* Voyez Pièces justificatives, n° 5.

roi même, de fréquentes réunions des ministres et des différentes personnes que S. M. aimait à consulter. On lisait sur la figure de chacun à peu près ce qui se passait au fond de l'âme; on quittait les appartemens du roi, toujours avec cette expression de douleur qu'on éprouve en quittant la chambre d'un malade que l'on redoute de voir succomber, et qui chaque jour s'affaiblit davantage. Telle était l'affligeante position du malheureux roi Louis, qu'à moins d'un effort surnaturel, il lui était imposible de triompher du sort qui l'accablait. Il crut encore un instant pouvoir détourner le coup dont il était menacé, en accordant une sorte de satisfaction à l'ambassadeur de France, par l'enquête qu'il fit faire pour découvrir les auteurs du délit qu'il promettait de punir avec sévérité. Vain espoir ! c'était au moment même du délit qu'il eût été convenable aux intérêts de la Hollande de mettre de l'empressement à rechercher les fauteurs de l'insulte.

Si l'autorité du roi n'était pas ostensiblement méconnue, celle de la France s'accroissait bien visiblement; et Louis, à chaque instant, voyait arriver graduellement l'envahissement qu'il redoutait. Le duc de Reggio demandait l'occupation de la capitale et l'établissement de son quartier-général à Amsterdam. Louis était alors à son pavillon royal d'Haarlem, lorsqu'il reçut cette nouvelle, qu'il apprit avec le désespoir de l'indignation; et dès lors, abjurant cette temporisation qu'il avait toujours cru devoir opposer aux menaces, aux entreprises, aux usurpations de tout genre, il résolut de défendre sa capitale jusqu'à la dernière extrémité. Il comptait sur le peuple et sur l'armée. Mais ses ministres et ses généraux, à son grand étonnement, crurent qu'il n'était pas convenable de s'opposer à l'occupation de la capitale. Il céda. Il vit avec une profonde douleur qu'il fallait sacrifier son honneur, son amour-propre, à des considérations que sa sensibilité était loin de repousser ; car, pour défendre Amsterdam d'une occupation étrangère, il fallait inonder le pays, exposer les habitans à toutes les misères humaines, et probablement finir encore par succomber.

Enfin, après avoir long-temps délibéré avec

ses ministres, Louis rédigea lui-même non seulement un message au corps-législatif, annonçant ses dernières volontés, mais encore son acte d'abdication en faveur de ses deux fils, sous la régence de la reine, assistée d'un conseil de régence. Son dernier acte au peuple hollandais, qu'il était forcé d'abandonner, était une proclamation très-touchante, dans laquelle il invitait ses peuples à chercher à mériter la bienveillance de Napoléon, et il avait la générosité de se laisser envisager comme étant peut-être le seul obstacle qui s'opposât à leur bonheur *.

Louis, qui craignait que Napoléon, dans le dessein encore de s'assurer de sa personne, ne l'eût entouré d'agens, voulut que son abdication et tous les actes qui s'ensuivraient ne fussent publiés qu'après son départ de la Hollande *.

Après ces actes, d'une aussi grande impor-

* Sous le régime impérial, on montrait comme objet de curiosité, dans l'une des maisons qui dépendaient de la propriété d'Haarlem, le guéridon sur lequel le roi avait rédigé son acte d'abdication.

* *Voyez* Pièces justificatives, nos 6, 7 et 8.

portance, le roi s'occupa encore à régler ses affaires particulières avec son intendant général M. Twent, auquel, jusqu'à nouvel ordre, il laissa la garde de ses diamans, que Laforce, son premier valet de chambre, vint quelque temps après chercher en Hollande.

Ce fut donc le 2 juillet (1810), que parut cette proclamation qui imprima la consternation partout. Partout on se pressait en foule pour lire cette triste publication, ces adieux touchans et solennels sur lesquels le peuple gémissait et répandait des larmes, et chacun, en rentrant chez soi, y apportait le deuil et la crainte encore d'un avenir plus malheureux.

Le morne silence qui régnait au palais de d'Haarlem avait quelque chose d'imposant, de religieux. Quoique toute la maison du roi ne fût point dans la confidence des projets de S. M., la douleur la plus profonde était empreinte sur tous les visages, et le roi ne s'étant ouvert sur ses dernières intentions qu'à fort peu de personnes, il en résultait que ceux qui ne savaient rien, et c'était le plus grand nombre, arrangeaient les événemens avec des circonstances plus affligeantes les unes que les autres.

Les troupes françaises devant entrer le 4 juillet à Amsterdam, et le roi ne voulant point être en Hollande après l'occupation de sa capitale, il quitta Haarlem dans la nuit du premier juillet, embrassant son fils qu'il inondait de ses larmes, en le remettant au général Bruno, son grand-écuyer. Comme il désirait que son départ n'eût aucune publicité pour le moment, il évita toute espèce d'adieux, et par ce moyen il ménagea l'attendrissement des sujets et des serviteurs qui l'entouraient. Lui-même était oppressé d'une sensibilité à laquelle il dut opposer un grand effort de raison pour ne point succomber. A minuit il sortit de chez lui par la porte de son jardin, à quelque distance duquel devait se trouver une voiture. Pour sortir de ce jardin qui n'était défendu que par un fossé, le roi dut passer sur une planche, mais qui mal assurée tourna sous ses pieds, et le malheureux Louis, dans l'obscurité, abîmé de chagrins et peu libre de ses mouvemens, fit une chute qui pensa l'empêcher de continuer sa route ; on

1810. l'aida à se relever et on le transporta à la voiture qui l'attendait.

Louis informa l'empereur des Français du parti qu'il venait de prendre, et ce fut le général Vichery, un de ses aides-de-camp, qui lui en porta la nouvelle et qui n'eut point à se louer de Napoléon, qui l'accueillit assez brusquement, l'accusant d'être sûrement un des personnages qui avaient pu décider le roi de Hollande à abdiquer. L'abdication de Louis n'était pas tout-à-fait ce qui révoltait l'empereur contre son frère, car il est probable qu'il aurait fini par l'y contraindre pour avoir le champ libre en Hollande; mais la fuite et l'éloignement du roi n'entraient point du tout dans la politique de Napoléon.

Aussitôt le départ de Louis, le ministre de l'intérieur fit une proclamation aux habitans de la capitale pour les engager à recevoir comme des alliés, comme des amis, les soldats de l'armée française*. Le corps-législatif s'assembla et reconnut le jeune prince, qui fut complimenté comme *Louis second*, roi de

---

* *Voyez* Pièces justificatives, n° 9.

Hollande. Toutes les cours de l'Europe furent 1810. informées de l'abdication du roi, et la reine, par un courrier extraordinaire, en apprit aussi la nouvelle à Plombières, où elle prenait les eaux.

Louis n'emmena avec lui que le général Travers, capitaine des gardes, et l'amiral Bloys van Treslong, son aide-de-camp. Tous les services de la maison royale restèrent comme ils étaient organisés, pour remplir, ainsi qu'auprès de lui, les mêmes fonctions auprès de son fils. Laforce, son premier valet de chambre, fut le seul de ses gens qui l'accompagna, et *Tiel*, l'inséparable compagnon de son malheureux maître, le seul ami qui peut-être un jour dût lui rester fidèle, le soir de la seconde journée du voyage, fut écrasé par la voiture même du roi, de laquelle il s'échappa malheureusement, tandis que les chevaux couraient à toute bride. Cet accident, qui n'était pas d'un heureux présage, ajouta beaucoup encore à la douleur du roi. Enfin Louis arriva à Tœplitz, en Autriche, sous le titre de comte de Saint-Leu, après huit jours de marche; il y apprit quelque temps après, que l'empereur avait envoyé en Hollande chercher le prince royal pour le faire élever auprès de lui*.

Les dernières volontés du roi ne furent point exécutées, et son fils ne régna pas après lui. L'empereur Napoléon, par un décret du 10 juillet, réunit la Hollande à la France; et la cour de Louis, après quatre ans d'oscillation qui l'agitèrent sans cesse, fut enfin dissoute. Le régime impérial fut substitué au pouvoir du roi; le peuple, dans la plus touchante affliction, après avoir versé des larmes sur le souverain qu'il venait de perdre, courut aux fêtes que donna le nouveau gouvernement, et à la plus profonde douleur succéda tout à coup la joie la plus vive. Amsterdam devint la troisième bonne ville de l'empire français; l'armée entière et la marine furent incorporées dans celles de France, et la dette publique fut réduite au tiers.

L'intendant-général de la maison de l'empereur, M. le comte Daru, aussitôt le départ du roi, vint à Amsterdam, où il organisa,

---

* *Voyez* Pièces justificatives, n° 10.

avec cette vaste étendue de connaissances qui le placent au premier rang des grands administrateurs, tous les services, à l'instar de l'administration française.

Le prince Lebrun, duc de Plaisance, archi-trésorier de l'empire, fut nommé gouverneur-général de la Hollande, et il vint habiter le palais d'Amsterdam. Le caractère, les manières et le genre de vie du prince Lebrun, ayant une grande analogie avec le caractère national, il parut aux yeux des Hollandais comme étant peut-être le seul homme de France qui pouvait le mieux s'identifier avec leurs goûts modestes et leurs habitudes méthodiques.

FIN.

PIÈCES JUSTIFICATIVES.

N° I.

PROCLAMATION DE LOUIS AU PEUPLE HOLLANDAIS LORS DE SON AVÉNEMENT AU TRÔNE.

Louis Napoléon, par la grâce de Dieu et les lois constitutionnelles de l'État, roi de Hollande; à tous ceux qui la présente liront ou entendront lire, salut.

Savoir faisons, par la présente proclamation, à tous en général et à chacun en particulier, que nous avons accepté et acceptons la couronne de Hollande, conformément aux vœux du pays, aux lois constitutionnelles et au traité muni des ratifications réciproques, lequel nous a été présenté aujourd'hui par les députés de la nation hollandaise.

A notre avénement au trône, notre soin le plus cher sera de veiller aux intérêts de notre peuple. Nous prendrons toujours à cœur de lui donner des preuves constantes et multipliées de notre amour et de notre sollicitude; nous maintiendrons la liberté de nos sujets et leurs droits, et nous nous occuperons sans cesse de leur bien-être.

L'indépendance du royaume est garantie par l'empereur notre frère; les lois constitutionnelles garantissent à chacun ses créances sur l'État, sa liberté personnelle et sa liberté de conscience. C'est après cette déclaration que nous avons décreté et décrétons ce qui suit :

1° Les ministres de la marine et des finances, par décret de ce jour, entreront en fonctions : les autres ministres continueront les leurs jusqu'à nouvel ordre.

2° Toutes les autorités constituées quelles qu'elles soient, civiles ou militaires, continueront leurs fonctions jusqu'à ce qu'il en soit autrement ordonné ;

3° Les lois constitutionelles de l'État, le traité conclu à Paris entre la France et la Hollande, seront immédiatement publiés, ainsi que le présent décret, de la manière la plus authentique.

Donné à Paris, ce 5 juin 1806, et de notre règne le premier.

Signé Louis.

N° II.

ACTE CONSTITUTIONNEL POUR LE ROYAUME DE HOLLANDE.

SECTION PREMIÈRE.

Dispositions générales.

Les lois constitutionnelles actuellement en vigueur, en particulier la constitution de 1805, ainsi que les lois civiles, politiques et religieuses présentement en activité dans la république Batave, et dont l'exercice est conforme aux dispositions du traité conclu le 24 mai de la présente année entre S. M. l'empereur des Français, roi d'Italie, et la république Batave, seront conservées intactes, à l'exception seulement de celles qui seront abolies par les présentes lois constitutionnelles.

2° L'administration des colonies hollandaises est réglée par des lois particulières. Les revenus et les dépenses des colonies seront regardés comme faisant partie des revenus et des dépenses de l'État.

3° La dette publique de l'État est garantie par les présentes.

4° La langue hollandaise continue à être employée exclusivement pour les lois, les publications, les ordonnances, les jugemens et tous les actes publics sans distinction.

5° Il ne sera fait aucun changement dans le titre et le poids des espèces monnoyées, à moins que ce ne soit en vertu d'une loi particulière.

6° L'ancien pavillon de l'État sera conservé.

7° Le conseil-d'état sera composé de treize membres. Les ministres auront rang, séance et voix délibérative au conseil-d'état.

SECTION 2.

De la Religion.

1° Le roi et la loi accordent une égale protection à toutes les religions qui sont professées dans l'État. Par leur autorité est déterminé tout ce qui est jugé nécessaire à l'organisation, la protection et l'exercice de tous les cultes. Tout exercice de la religion se borne à l'intérieur des temples de toutes les différentes communions.

2° Le roi jouit dans ses palais, ainsi que dans tous les lieux où il résidera, de l'exercice libre de sa religion.

section 3.

Du Roi.

1° Le roi a exclusivement et sans restriction l'entier exercice du gouvernement et de tout pouvoir nécessaire pour assurer l'exécution des lois et les faire respecter. Il nomme à toutes les charges et à tous les emplois civils et militaires qui, d'après les lois précédentes, étaient à la nomination du grand-pensionnaire. Il a l'entière jouissance des prééminences et prérogatives attachées jusqu'ici à cette dignité. Les monnaies de l'État seront frappées à son effigie; la justice est rendue en son nom; il a le droit d'accorder grâce, abolition ou rémission des peines portées par sentence judiciaire; néanmoins il ne peut exercer ce droit qu'après avoir entendu en conseil privé les membres de la cour nationale.

2° A la mort du roi, la garde du roi mineur sera toujours confiée à la reine mère; et, à son défaut, à telle personne qui sera désignée à cet effet par l'empereur des Français.

3° Le régent sera assisté par un conseil de nationaux, dont la composition et les attributions seront déterminées par une loi particulière. Le régent ne sera pas personnellement responsable des actes de son gouvernement.

4° Le gouvernement des colonies, et tout ce qui est relatif à leur administration intérieure, appartient exclusivement au roi.

5° L'administration générale du royaume est confiée à la direction immédiate de quatre ministres nommés par le roi, savoir : un des relations extérieures, un de la guerre et de la marine, un des finances et un de l'intérieur.

SECTION 4.

De la Loi.

1° La loi est faite en Hollande par le concours du corps-législatif formé de l'assemblée de LL. HH. PP, et du roi. Le corps-législatif sera composé de trente-huit membres nommés pour cinq ans dans les proportions suivantes, savoir : pour le département de Hollande, dix-sept membres; pour la Gueldre, quatre; pour le Brabant, quatre; pour La Frise, trois; pour la Zélande, deux; pour Gronningue, deux; pour Utrecht, deux; pour Drenthen, un; pour l'Over-Yssel, trois. Le nombre des membres de LL. HH. PP. pourra être augmenté par la loi, en cas d'augmentation de territoire.

2° Pour cette fois, afin de procéder à la nomination de dix-neuf membres de LL. HH. PP., par lesquels le nombre déterminé par l'article précédent sera porté au complet, l'assemblée de LL. HH. PP. présentera au roi une liste de deux candidats pour chacune des places à remplir. L'assemblée départementale de chaque département présentera également une liste double de candidats proposés.

3° Le grand-pensionnaire actuel prendra le titre de président de LL. HH. PP., et restera en fonctions, en cette qualité, sa vie durant. Le choix de ses successeurs aura lieu de la manière déterminée par la constitution de 1805.

4° Le corps-législatif élira, hors de son sein, un greffier à la pluralité des suffrages.

5° Le corps-législatif se réunira à l'ordinaire deux fois par an, savoir : depuis le 15 avril jusqu'au 1er juin, et depuis le 15 novembre jusqu'au 15 janvier. Il pourra être convoqué extraordinairement par le roi. Le 15 novembre, le plus ancien cinquième des membres formant le corps-législatif sortira de ce corps. La première sortie aura lieu le 15 novembre 1807; et, pour cette fois, le sort décidera des premières sorties. Les membres sortans seront toujours rééligibles.

SECTION 5.

Pouvoir judiciaire.

1° Les institutions judiciaires seront conservées telles qu'elles ont été établies par la constitution de l'an 1805.

2° Le roi exercera, relativement au pouvoir judiciaire, tous les droits et toute l'autorité qui ont été attribués au grand-pensionnaire par les articles 49, 51, 56, 79, 82 et 87 de la constitution de 1805.

3° Tout ce qui a rapport à l'exercice de la justice criminelle militaire sera réglé séparément par une loi ultérieure.

N° III.

LETTRE DE L'EMPEREUR AU ROI.

Schœnbrunn, 17 juillet.

Mon frère, je reçois votre lettre du 1er juillet. Vous vous plaignez d'un article du journal *le Moniteur* : c'est la France qui a sujet de se plaindre du mauvais esprit qui règne chez vous. Si vous voulez que je vous cite toutes les maisons hollandaises qui sont les trompettes de l'Angleterre, ce sera fort aisé. Vos réglemens de douane sont si mal exécutés que toute la correspondance de l'Angleterre avec le continent se fait par la Hollande. Cela est si vrai, que M. Stahremberg, envoyé d'Autriche, a passé par ce pays pour se rendre à Londres. La Hollande est une province anglaise.

Votre affectionné frère,

Signé, NAPOLÉON.

N° IV.

LETTRE DE L'EMPEREUR AU ROI.

Trianon, le 21 décembre 1809.

Monsieur mon frère, je reçois la lettre de V. M. Elle désire que je lui fasse connaître mes intentions sur la Hollande; je le ferai franchement. Quand V. M. est montée sur le trône de Hollande, une partie de la nation hollandaise désirait la réunion à la France; l'estime que j'avais puisée dans l'histoire pour cette brave nation m'a porté à désirer qu'elle conservât son nom et son indépendance. Je rédigeai moi même sa constitution, qui devait être la base du trône de V. M., et je l'y plaçai. J'espérais qu'élevée près de moi, elle aurait eu pour la France cet attachement que la nation a droit d'attendre de ses enfans, et à plus forte raison de ses princes. J'espérais qu'élevée dans ma politique, elle aurait senti que la Hollande, qui avait été conquise par mes peuples, ne devait son indépendance qu'à leur générosité; que la Hollande, faible, sans alliance, sans armée, pouvait et devait être conquise le jour où elle se mettrait en opposition directe avec la France ; qu'elle ne devait point séparer sa politique de la mienne ; qu'enfin la Hollande était liée par des traités avec la France. J'espérais donc qu'en plaçant sur le trône de Hollande un prince de mon sang, j'avais trouvé le *mezzo termine* qui conciliait les intérêts des deux états, et les réunissait dans un intérêt commun, et dans une haine commune contre l'Angleterre ; et j'étais tout fier d'avoir donné à la Hollande ce qui lui convenait, comme par mon acte de médiation j'avais trouvé ce qui convenait à la Suisse. Mais je n'ai pas tardé à m'apercevoir que je m'étais bercé d'une vaine illusion : mes espérances ont été trompées. V. M., en montant sur le trône de Hollande, a oublié qu'elle était Française, et a même tendu tous les ressorts de sa raison, tourmenté la délicatesse de sa conscience, pour se persuader qu'elle était Hollandaise. Les Hollandais qui inclinaient pour la France ont été négligés et persécutés ; ceux qui ont servi l'Angleterre ont été mis en avant. Les Français, depuis l'officier jusqu'au soldat, ont été chassés, déconsidérés ; et j'ai eu la douleur de voir, en Hollande, sous un prince de mon sang, le nom français exposé à la honte. Cependant je porte dans mon cœur, j'ai su soutenir si haut, sur les baïonnettes de mes soldats, l'estime et l'honneur du nom français, qu'il n'appartient ni à la Hollande ni à qui que ce soit d'y porter atteinte impunément. Les discours émanés de V. M. à sa nation se sont ressentis de ces mauvaises dispositions. On n'y voit que des allusions sur la France; au lieu de donner l'exemple de l'oubli du passé, ils le rappellent sans cesse, et par là flattent les sentimens secrets et les passions des ennemis de la France. Eh! cependant, de quoi se plaignent les Hollandais ? n'ont-ils pas été conquis par nos armes ? ne doivent-ils pas leur indépendance à la générosité de mes peuples ? ne devraient-ils pas plutôt bénir la générosité de la France, qui a constamment laissé ouverts ses canaux et ses douanes à leur commerce, qui ne s'est servi de la conquête que pour les protéger, et qui n'a fait, jusqu'à cette heure, usage de sa puissance que pour consolider leur indépendance ? Qui a donc pu justifier la conduite, insultante pour la nation et offensante pour moi, qu'a tenue V. M. ? Vous devez comprendre que je ne me sépare pas de mes prédécesseurs, et que, depuis Clovis jusqu'au comité de salut public, je me tiens solidaire de tout, et que le mal qu'on dit de gaîté de cœur contre les gouvernemens qui m'ont précédé, je le tiens comme dit dans l'intention de m'offenser. Je sais qu'il est venu de mode, parmi de certaines gens, de faire mon éloge et de décrier la France ; mais ceux qui n'aiment pas la France ne m'aiment pas : ceux qui disent du mal de mes peuples, je les tiens pour mes plus grands ennemis. N'aurais-je eu que cette seule raison de mécontentement, de voir le mépris dans lequel était tombé le nom français en Hollande, que les droits de ma couronne m'autoriseraient à déclarer la guerre à un souverain, mon voisin, dans les états duquel on se permettrait des insultes contre mes peuples : je n'en ai rien fait.

Mais V. M. s'est fait illusion sur mon caractère ; elle s'est fait une fausse idée de ma bonté et de mes sentimens envers elle. Elle a violé tous les traités qu'elle a faits avec moi ; elle a désarmé ses escadres, licencié ses matelots, désorganisé ses armées ; de sorte que la Hollande se trouve sans armée de terre ni de mer, comme si des magasins de marchandises, des négocians et des commis pouvaient consolider une puissance. Cela constitue une association ; mais il n'est pas de roi sans finances, sans moyens de recrutement assurés, et sans flotte.

V. M. a fait plus ; elle a profité du moment où j'avais des embarras sur le continent pour laisser renouer les relations de la Hollande avec l'Angleterre, violer les lois du blocus, seul moyen de nuire efficacement à cette puissance. Je lui ai témoigné mon mécontentement de cette conduite, en lui interdisant la France, et je lui ai fait sentir que sans le secours de mes armées, en fermant le Rhin, le Weser, l'Escaut et la Meuse à la Hollande, je la mettais dans une position plus critique que si je lui eusse déclaré la guerre, et je l'isolais de manière à l'anéantir.

Ce coup a retenti en Hollande. V. M. a imploré ma générosité, et en a appelé à mes sentimens de frère, a promis de changer de conduite : j'ai pensé que cet avertissement serait suffisant ; j'ai levé la prohibition de mes douanes ; mais bientôt V. M. est revenue à son premier système. Il est vrai qu'alors j'étais à Vienne, et j'avais une pesante guerre sur les bras. Tous les bâtimens américains qui se présentaient dans les ports de Hollande, tandis qu'ils étaient repoussés de ceux de France, V. M. les a reçus. J'ai été obligé une seconde fois de fermer mes douanes au commerce hollandais : certes, il était difficile de faire une déclaration de guerre plus authentique. Dans cet état de choses, nous pouvions nous regarder réellement en guerre. Dans mon discours au corps-législatif, j'ai laissé entrevoir mon mécontentement, et je ne vous cacherai pas que mon intention est de réunir la Hollande à la France, comme complément de territoire, comme le coup le plus funeste que je puisse porter à l'Angleterre, et comme me délivrant des perpétuelles insultes que les meneurs de votre cabinet ne cessent de me faire. En effet, l'embouchure du Rhin et celle de la Meuse doivent m'appartenir. Le principe, en France, que le *thalweg* (chemin de hallage) du Rhin est notre limite, est un principe fondamental. V. M. m'écrit, dans sa lettre du 17, qu'elle est sûre de pouvoir empêcher tout commerce de la Hollande avec l'Angleterre ; qu'elle peut avoir des finances, des flottes, des armées ; qu'elle rétablira les principes de la constitution en ne donnant aucun privilége à la noblesse, en réformant les maréchaux, grade qui n'est qu'une caricature et qui est incompatible avec une puissance du second ordre ; enfin qu'elle fera saisir les entrepôts de marchandises coloniales et tout ce qui est arrivé sur des bâtimens américains qui n'auraient pas dû entrer dans ses ports. Mon opinion est que V. M. prend des engagemens qu'elle ne peut pas tenir, et que la réunion de la Hollande à la France n'est que différée. J'avoue que je n'ai pas plus d'intérêt à réunir à la France les pays de la rive droite du Rhin, que je n'en ai à y réunir le grand-duché de Berg et les villes anséatiques. Je puis donc laisser à la Hollande la rive droite du Rhin, et je leverai les prohibitions données à mes douanes, toutes les fois que les traités existans et qui seront renouvelés, seront exécutés. Voici mes intentions.

1° L'interdiction de tout commerce et de toute communication avec l'Angleterre.

2° Une flotte de quatorze vaisseaux de ligne, de sept frégates, et de sept bricks ou corvettes armées et équipées.

3° Une armée de terre de vingt-cinq mille hommes.

4° Suppression des maréchaux.

5° Destruction de tous les priviléges de la noblesse, contraires à la constitution que j'ai donnée et que j'ai garantie.

V. M. peut faire négocier sur ces bases avec le duc de Cadore, par l'entremise de son ministre; mais elle peut être certaine qu'au premier paquebot, qu'au premier bâtiment qui sera introduit en Hollande, je rétablirai la défense des douanes; qu'à la première insulte qui sera faite à mon pavillon, je ferai saisir à main armée, et pendre au grand mât, l'officier hollandais qui se permettra d'insulter mon aigle. V. M. trouvera en moi un frère, si je trouve en elle un Français; mais si elle oublie les sentimens qui l'attachent à la commune patrie, elle ne pourra trouver mauvais que j'oublie ceux que la nature a placés entre nous. En résumé, la réunion de la Hollande à la France est ce ce qu'il y a de plus utile à la France, à la Hollande, au continent; car c'est ce qu'il y a de plus nuisible à l'Angleterre. Cette réunion peut s'opérer de gré ou de force. J'ai assez de griefs contre la Hollande pour lui déclarer la guerre. Toutefois je ne ferai pas de difficulté pour me prêter à un arrangement qui me cédera la limite du Rhin, et par lequel la Hollande s'engagera à remplir les conditions stipulées ci-dessus.

Votre affectionné frère,

Signé, NAPOLÉON.

N° V.

LETTRE DE L'EMPEREUR AU ROI.

Lille, le 23 mai 1810.

Mon frère, au moment où vous me faites les plus belles protestations, j'apprends que les gens de mon ambassadeur ont été maltraités à Amsterdam. Mon intention est que ceux qui se sont rendus aussi coupables envers moi me soient livrés, afin que la vengeance que j'en tirerai serve d'exemple. Le sieur Serrurier m'a rendu compte de la manière dont vous vous êtes conduit à l'audience diplomatique. Je vous déclare donc que je ne veux plus d'ambassadeur de Hollande à Paris. L'amiral Verhuel a ordre d'en partir dans 24 heures. Ce ne sont plus des phrases et des protestations qu'il me faut; il est temps que je sache si vous voulez faire le malheur de la Hollande, et par vos folies causer la ruine de ce pays. Je ne veux pas que vous envoyiez de ministre en Autriche. Je ne veux pas non plus que vous renvoyiez les Français qui sont à votre service. J'ai rappelé mon ambassadeur; je n'aurai plus, en Hollande, qu'un chargé d'affaires. Le sieur Serrurier, qui y reste en cette qualité, vous communiquera mes intentions. Je ne veux plus exposer un ambassadeur à vos insultes. Ne m'écrivez plus de vos phrases ordinaires; voilà trois ans que vous me les répétez, et chaque instant en prouve la fausseté.

C'est la dernière lettre de ma vie que je vous écris.

Signé, Napoléon.

N° VI.

ACTE D'ABDICATION DU ROI.

Considérant que la malheureuse situation du royaume résulte de l'indisposition de l'empereur mon frère contre moi ; considérant que tous mes efforts et sacrifices possibles ont été inutiles pour faire cesser cet état de choses ; considérant enfin qu'il est indubitable que la cause en est dans le malheur que j'ai eu de déplaire et d'avoir perdu l'amitié de mon frère, et qu'en conséquence je suis véritable obstacle à la fin de toutes ces discussions et mésintelligences continuelles ; nous avons résolu comme nous résolvons par le présent acte, patent et solennel, émané de notre volonté, d'abdiquer, comme nous abdiquons en cet instant, le rang et la dignité royale de ce royaume de Hollande, en faveur de notre bien-aimé fils, *Napoléon-Louis*, et à son défaut, en faveur de son frère *Charles-Louis-Napoléon*. Nous voulons en outre

N° VI.

AFSTANDS-AKT DES KONINGS.

Lodewijk Napoleon, door de gratie Gods en de constitutie des Koningrijks, koning van Holland, connetable van Frankrijk,

Overwegende, dat de ongelukkige gesteldheid, waarin het koningrijk zich bevindt, uit het ongenoegen voortspruit, hetwelk de Keizer, Mijn Broeder, tegen Mij heeft opgevat;

Overwegende, dat alle pogingen en opofferingen van Mijne zijde, om dezen staat van zaken te doen ophouden, vruchteloos zijn geweest;

Overwegende, eindelijk, dat het niet twijfelachtig is, dat de oorzaak van dezen tegenwoordigen staat van zaken daar in moet gezocht worden, dat Ik ongelukkig genoeg ben geweest, aan Mijnen Broeder te mishagen, en zijne vriendschap verloren te hebben; en dat ik derhalve de eenige hinderpaal ben, om aan deze onophoudelijke verschillen en misverstanden een einde te maken;

Hebben Wij besloten, zoo als Wij, door deze opene en plegtige brieven, uit Onzen vrijen wille uit gevardigd, besloten, afstand te doen, zoo als Wij afstand doen op dit oogenblik, van den rang en koninklijke

que, conformément à la constitution, sous la garantie de S. M. l'empereur notre frère, la régence demeure à S. M. la reine, assistée d'un conseil de régence, qui sera composé provisoirement de nos ministres, auxquels nous confions la garde du roi mineur jusqu'à l'arrivée de S. M. la reine.

Nous ordonnons en outre que les différens corps de notre garde, sous les ordres supérieurs de notre grand-écuyer et lieutenant-général Bruno, et sous celui du général Sels, fassent et continuent leur service auprès du roi mineur de ce royaume, et que les grands officiers de la couronne, comme les officiers civils et militaires de notre maison, fassent et continuent leur service auprès de sa personne.

Fait et clos de notre main le présent acte, lequel sera porté à la connaissance du corps-législatif, dans le sein duquel il restera déposé, sauf à en donner les copies nécessaires et à le faire publier authentiquement dans les formes convenables.

Au pavillon royal d'Haarlem, le 1 juillet 1810.

Louis Napoléon.

waardigheid van dit koningrijk Holland, ten behoeve van onzen veel geliefden zoon Napoléon Lodewijk, en, bij onstentenis van denzelven, ten behoeve van Hoogstdeszelfs broeder Karel Lodewijk Napoléon.

Wijders begeeren Wij, dat, overeenkomstig de staatsregeling, onder de garantie van Z. M. den Keizer, Onzen broeder, het regentschap zal verblijven aan Hare Maj. de Koningin, geadsisteerd door een' raad van regentschap, welke provisioneel bestaan zal uit onze ministers, aan wie Wij de bewaring van den minderjarigen Koning, tot aan de aankomst van Hare Maj. de Koningin, opdragen.

Wij bevelen verder, dat de onderscheiden korpsen Onzer garde, onder het opperbevel van Onzen opperstalmeester, den luitenant-generaal *Bruno*, en onder denzelven, van den generaal *Sels*, hunnen dienst doen en blijven doen bij den minderjarigen Koning van dit koningrijk, en dat de groot-Officieren van de kroon, zoo wel als de civiele en militaire officieren van Ons huis, bij Hoogstdeszelfs persoon, hunnen dienst blijven waarnemen.

Aldus de tegenwoordige akte, onder Onze handteekening gedaan en gesloten; welke akte, ter kennis van het wetgevendligchaam zal worden gebragt, alwaar dezelve zal worden gedeponeerd; zullende hiervan de noodige afschriften worden gemaakt, en deze brieven op eene wettige wijze en in voegzamen vorm worden gepubliceerd.

Haarlem, den 1 sten van hooimaand van het jaar 1810.

Lodewijk Napoleon.

N° VII.

PROCLAMATION DU ROI AU PEUPLE HOLLANDAIS SUR SON ABDICATION.

Hollandais !

Intimement convaincu que je ne puis plus rien pour votre intérêt comme pour votre bien-être ; me croyant au contraire un obstacle au retour des bons sentimens de mon frère envers le pays, je viens d'abdiquer en faveur de mon fils aîné le prince royal *Napoléon-Louis*, et de son frère le prince *Charles-Louis-Napoléon*. S. M. la reine est régente de droit d'après la constitution ; en attendant son arrivée la régence est confiée au conseil des ministres.

Hollandais ! je n'oublierai jamais un peuple bon et vertueux comme vous ; ma dernière pensée comme mon dernier soupir seront pour votre bonheur. En vous quittant, je ne saurais trop vous recommander de bien

N^e VII.

PROCLAMATIE DES KONINGS AAN DE HOLLANDERS, WEGENS DEN AFSTAND.

LODEWIJK NAPOLEON, door de gratie Gods en de constitutie des koningrijks, koning van Holland, connetable van Frankrijk.

Allen de genen, die deze zullen zien of hooren lezen, salut:

HOLLANDERS!

In gemoede overtuigd, dat door Mij niets meer voor uwe belangen zoo min als voor uwen welvaart gedaan kan worden; integendeel, Mijzelven als eene hinderpaal beschouwende, om de goede gezindheid van Mijnen broeder, ten opzigte van dit land, te hunnen doen herleven, heb Ik van Mijnen rang en Mijne koninklijke waardigheid afstand gedaan ten behoeve van den kroonprins, mijnen oudsten zoon, NAPOLEON LODEWIJK, en van zijnen broeder, den prins KAREL LODEWIJK NAPOLEON.

Hare Maj. de Koningin, van regtswege en achtervolgens de staatsregeling, regentesse van het koningrijk zijnde, zal, tot op Hare aankomst, het regentschap aan den raad der ministers zijn aanvertrouwd.

Hollanders! Nimmer zal Ik een goed en deugdzaam volk vergeten, zoo als gij zijt; Mijne laatste gedachte zoo wel als Mijne laatste zucht zullen voor uw geluk zijn.

recevoir les soldats et les agens français; c'est le meilleur moyen de plaire à S. M. l'empereur, de qui votre sort, celui de vos enfans, de votre pays, dépendent entièrement.

A présent que la malveillance et la calomnie ne pourront plus m'atteindre, du moins pour ce qui vous regarde, j'ai le juste espoir que vous trouverez enfin la récompense de tous vos sacrifices et de votre courageuse persévérance et résignation.

Fait au pavillon royal d'Haarlem, le 1 juillet 1810.

Louis Napoléon.

U verlatende, kan Ik u niet genoeg aanbevelen, om de krijgslieden en ambtenaren van Frankrijk wel te ontvangen: dit is het beste middel, om aan Z. M. den keizer, van wien uw lot, dat van uwe kinderen en van uw land geheel afhangt, te behagen. Thans, daar de kwaadwilligheid en de laster Mij niet meer zullen kuunen bereiken, ten minsten voor zoo veel ulieden belangen betreft, heb ik de regtmatige hoop, dat gij, eindelijk, de belooning voor alle uwe opofferingen en voor uwe grootmoedige standvastigheid en gelatenheid vinden zult.

Gedaan te Haarlem, den 1sten van hooimaand van het jaar 1810.

LODEWIJK NAPOLEON.

N° VIII.

PROCLAMATION DU MINISTRE DE L'INTÉRIEUR AUX HABI-
TANS DE LA CAPITALE, APRÈS L'ABDICATION.

Le ministre de l'intérieur, en vertu d'un ordre spécial de S. M., porte par la présente à la connaissance des habitans de la capitale, que les troupes impériales françaises se rendront en cette ville le 4 de ce mois.

Comme c'est la volonté et l'intention manifestées par S. M. qu'on s'empresse de toutes les manières de bien recevoir les troupes de son auguste frère, elle a le droit d'attendre que chacun y contribuera de son côté, et sentira qu'il est de son devoir d'accueillir et de traiter ces braves troupes avec la distinction et les témoignages d'amitié qu'on doit à des amis et alliés, et surtout aux armées de l'empereur Napoléon. La discipline par laquelle ces troupes se distinguent, autant que par d'autres vertus militaires, garantit aux habitans de la capitale la sûreté de leurs personnes et de leurs possessions; mais elle assure en même temps à ces troupes qu'elles seront reçues, par tous et par chacun, comme amies et alliées. Tous les habitans sentiront combien il importe à toute notre patrie

JUSTIFICATIVES.

N° VIII.

PROCLAMATIE VAN DEN MINISTER VAN BINNENLANDSCHE ZAKEN, AAN DE INWONERS DER HOOFD-STAD, NA DEN AFSTAND.

DE MINISTER VAN BINNENLANDSCHE ZAKEN brengt, hier mede, op spetialen last van Z. M. den Koning, ter kennis van de inwoners der hoofdstad, dat, op woensdag den 4den dezer, de fransch keizerlijke troepen in deze hoofdstad zullen binnentrekken.

Daar het Zr. Ms. uitdrukkelijke wil en begeerte is, dat alle middelen worden aangewend, ten einde de troepen van Hoogstderzelver doorluchtigen broeder op eene allezins gepaste en behoorlijke wijze worden ontvangen en behandeld, heeft Hoogstdezelve het regt, te verwachten, dat een ieder zich toe in allen opzigte zal medewerken en de verpligting gevoelen, ? troepen met die onderscheiding en bewijzen van vriendschap te ontvangen en te behandelen, welke men aan vrienden en bondgenooten, en inzonderheid aan de legerbenden van den Keizer *Napoléon* verschuldigd is.

De te regt geroemde krijgstucht, welke, benevens zoo vele andere militaire deugden deze troepen kenschetst, waarborgt de inwoneren der hoofdstad voor de veiligheid van hunne personen en bezittingen; doch verzekert dezelve troepen tevens, dat zij als vrienden en bondgenooten overal en door allen ontvangen en behan-

en général et à cette bonne capitale en particulier, qu'il soit satisfait scrupuleusement aux intentions salutaires du roi.

S. M. est en conséquence persuadée que les habitans de la capitale, pénétrés de leurs devoirs en cette occurrence, contribueront de leur côté, avec tout le zèle imaginable, à ce que l'intérêt de la capitale et de tout le royaume exige si impérieusement; tandis que chacun aurait à se reprocher à soi-même les suites préjudiciables qui, contre toute attente, résulteraient d'une conduite contraire.

Amsterdam, le 2 juillet 1810.

Van der Capellen.

deld zullen worden ; terwijl een ieder moet gevoelen van hoe veel belang het voor ons geheele vaderland in het algemeen, en voor de goede hoofdstad in het bijzonder is, dat in dezen stiptelijk aan 's Konings heilzame bedoeling voldaan worde.

Z. M. vertrouwt dus, dat de inwoners der hoofdstad, gevoelende hunne verpligting in dezen, ook door eene volijverige medewerking het hunne zullen toebrengen, tot datgeen, hetwelk het belang van deze stad, en van het geheele rijk zoo gebiedend vordert; terwijl een ieder zich zelven zoude te verwijten hebben alle de nadeelige gevolgen, wanneer men zich, tegen alle verwachting, aan een tegenovergesteld gedrag schuldig konde maken.

Amsterdam, den 2den van hooimaand 1812.

De minister voornoemd, Van der Capellen.

N° IX.

MESSAGE DU ROI AU CORPS-LÉGISLATIF SUR LES MOTIFS DE SON ABDICATION.

Messieurs, je charge les ministres réunis en conseil de présenter à votre assemblée la résolution à laquelle je me suis vu forcé par l'occupation militaire de la capitale. Les braves soldats de la France n'ont point d'autres ennemis que ceux de la cause commune à la Hollande et à moi; ils ont dû et doivent être reçus avec tous les égards et toutes les prévenances possibles; mais il n'est pas moins vrai que dans la situation actuelle de la Hollande, quand une armée entière, une foule de douaniers, et l'armée nationale même mise hors du pouvoir du gouvernement; quand tout, pour ainsi dire, à l'exception de la capitale, se trouve sous les ordres d'un officier étranger, j'ai dû déclarer au commandant français et au chargé d'affaires de l'empereur, que, si l'on occupait la capitale et son arrondissement, je considérerais cette opération comme une violation manifeste du droit des gens et des droits les plus sacrés parmi les hommes. C'est ce qui m'a porté à refuser l'entrée de Minden, de

Naarden et de Diemen aux douaniers; j'étais en droit de le faire, parce que le traité n'autorise la présence des douaniers que sur les bords de la mer et à l'embouchure des rivières.

Le 16 juin, je reçus du chargé d'affaires de S. M. l'empereur l'assurance que son intention n'était point d'occuper Amsterdam. Vous en trouverez la copie ci-jointe, et cela me faisait espérer que l'on reviendrait à suivre strictement et à ne point dépasser un traité imposé par S. M. l'empereur même.

Malheureusement, l'erreur n'a pas été longue, et j'ai reçu la communication que vingt mille hommes de troupes françaises se réunissaient à Utrecht et aux environs. J'ai consenti, malgré la pénurie extrême et l'embarras de nos finances, à leur fournir des vivres et autres choses nécessaires, quoique le traité porte qu'il n'y aura précisément que six mille hommes aux dépens de la Hollande; mais je craignais que ce rassemblement n'annonçât d'autres intentions défavorables à notre gouvernement, et je n'ai point tardé à recevoir, avant-hier 29, l'information officielle que S. M. l'empereur insistait sur l'occupation d'Amsterdam, et l'établissement du quartier-général français dans cette capitale.

Dans cette position, vous ne devez pas douter, messieurs, que je ne me fusse résigné à souffrir, pour mon peuple, de nouvelles humiliations, si j'avais pu concevoir l'espérance de pouvoir supporter un tel état de choses, et surtout de prévenir de nouveaux malheurs; mais je ne puis me faire illusion plus long-temps. J'ai ratifié conditionnellement le traité dicté par la France, dans la conviction que les parties les plus désagréables pour la nation et pour moi ne seraient pas suivies, et que satisfaisant de l'abnégation de moi-même, pour ainsi dire, qui résulte de ce traité, tout serait aplani entre la France et la Hollande. Ce traité offre à la vérité un grand nombre de prétextes à de nouveaux griefs et à de nouvelles accusations ; mais peut-on jamais manquer de prétextes ? J'ai donc dû me confier dans les explications et les communications que l'on m'a faites lors de ce traité, et dans les déclarations formelles et précises que je n'ai pu manquer de faire : telles que les douaniers ne se mêleraient que des mesures relatives au blocus ; que les troupes françaises ne resteraient que sur les côtes ; que les domaines des créanciers de l'Etat et ceux de la couronne seraient respectés ; que les dettes des pays cédés viendraient à la charge de la France ; enfin que, dans le nombre des troupes à fournir, on défalquerait celles qui sont en ce moment à la disposition de la

France en Espagne, de même que pour l'armement maritime on donnerait le temps nécessaire.

Je me suis même toujours flatté que le traité aurait été adouci. Je me suis trompé, et si le dévoûment absolu que j'ai montré pour mes devoirs, le 1er avril dernier, n'a servi qu'à prolonger l'existence du pays durant trois mois, j'ai la satisfaction cruelle, douloureuse (mais c'est la seule que je puisse avoir), que j'ai rempli ma tâche jusqu'au bout; que j'ai, s'il m'est permis de m'expliquer ainsi, sacrifié à l'existence et à ce que je croyais le bien-être du pays, plus qu'il n'est permis de le faire.

Mais après la soumission et la résignation du 1er avril, je serais trop blâmable si je pouvais rester avec le titre de roi, n'étant plus qu'un instrument, ne commandant non seulement pas dans le pays, mais même pas dans la capitale, et peut-être bientôt même plus dans mon palais. Je serais cependant témoin de tout ce qui se ferait, sans pouvoir rien pour mon peuple; responsable de tous les événemens, sans pouvoir les prévenir ni les influencer; je serais en butte aux plaintes de deux côtés, et cause apparente de tous les malheurs; je trahirais ma conscience, mon pays et mes devoirs, en le faisant.

Il y a long-temps que je prévois l'extrémité où je suis

réduit ; mais je n'aurais pu l'éviter qu'en trahissant les plus sacrées de mes obligations, qu'en cessant de prendre les intérêts et d'attacher mon sort à celui du pays : je ne pouvais le faire.

Maintenant que la Hollande est réduite à cet état, je n'ai comme roi de Hollande qu'un parti, et c'est celui d'abdiquer en faveur de mes enfans. Tout autre parti aurait encore augmenté les malheurs de mon règne. J'aurais rempli avec affliction ce pénible devoir ; j'aurais bravé le spectacle de la ruine de tant d'habitans trop souvent victimes des querelles des gouvernemens : mais comment soutenir l'idée d'une résistance quelconque ? aurais-je pu endurer le spectacle de voir, pour mes enfans, nés Français comme moi, pour une cause juste, mais qu'on aurait pu croire seulement la mienne, couler le sang français ?

Je n'ai donc qu'un parti. Mon frère, fortement aigri contre moi, ne l'est pas contre mes enfans, et sans doute il ne voudra pas détruire ce qu'il a fait, et leur ôter leur héritage, puisqu'il n'a et n'aura jamais de sujets de plainte contre mon enfant, qui de long-temps encore ne régnera pas par lui-même. Sa mère, à qui la régence appartient par la constitution, fera tout ce qui sera agréable à l'empereur mon frère, et y réussira mieux que moi, qui ai eu le malheur de ne pouvoir jamais y réussir ; et à la paix maritime, avant peut-être, mon frère, connaissant l'état des choses dans ce pays, l'estime que méritent ses habitans, combien leur bien-être est d'accord avec l'intérêt bien entendu de son empire, fera pour ce pays tout ce qu'il a droit d'attendre de ses nombreux sacrifices à la France, de sa loyauté, et de l'intérêt qu'il ne peut manquer d'inspirer à ceux qui le jugent sans préventions.

Et que sait-on? peut-être suis-je seul un obstacle à la réconciliation de ce pays avec la France; et, si cela était, j'aurais pu, je pourrais trouver quelque espèce de consolation à traîner un reste de vie errante et languissante, loin des premiers objets de toutes mes affections.

Ce bon peuple et mon fils, voilà une grande partie de mes motifs ; il en est d'autres d'aussi impérieux que je dois taire et que l'on devinera (l'impossibilité de résister efficacement).

L'empereur mon frère doit sentir que je ne puis faire autrement, quoique fortement prévenu contre moi; il est grand ; il doit être juste étant calme.

Et quant à vous, messieurs, je serais bien plus malheureux, s'il est possible, si je pouvais penser que vous ne rendissiez pas justice à mes intentions.

Puisse la fin de ma carrière prouver à la nation et à vous que je ne vous ai jamais trompés ; que je n'ai eu qu'un but, celui de l'intérêt du pays, et que les fautes que j'ai commises tiennent uniquement à mon zèle, qui me faisait désirer, non le bien, mais le mieux possible, malgré la difficulté des circonstances !

Je ne m'étais jamais préparé à gouverner une nation aussi intéressante, mais aussi difficile que la vôtre. Veuillez, messieurs, être mon avocat auprès d'elle, et prendre confiance et quelque attachement pour le prince royal, qui le méritera, si j'en juge par son heureux naturel. La reine a les mêmes intérêts que moi.

Je ne dois point terminer sans vous recommander avec les plus vives instances, au nom de l'intérêt et de l'existence de tant de familles et de tant d'individus dont la vie et les biens seraient infailliblement compromis, de recevoir et de traiter tous les Français avec les égards et l'accueil de l'amitié dus aux braves de la première nation du monde, vos amis et vos alliés, dont l'obéissance est le premier des devoirs, mais qui ne peuvent qu'aimer et estimer davantage, à mesure qu'ils connaîtront une nation brave, industrieuse et digne d'estime sous tous les rapports.

Quelque part que se termine ma vie, le nom de la *Hollande*, et mes vœux les plus vifs pour son bonheur, seront mes dernières paroles et occuperont mes dernières pensées.

Au pavillon royal d'Haarlem, le 1 juillet 1810.

Signé, Louis.

N° X.

DISCOURS DE NAPOLÉON AU PRINCE ROYAL DE HOLLANDE.

Venez, mon fils, je serai votre père; vous n'y perdrez rien.

La conduite de votre père afflige mon cœur; sa maladie seule peut l'expliquer. Quand vous serez grand, vous paierez sa dette et la vôtre. N'oubliez jamais, dans quelque position que vous placent ma politique et l'intérêt de mon empire, que vos premiers devoirs sont envers moi, vos seconds envers la France; tous vos devoirs, même ceux envers les peuples que je pourrais vous confier, ne viennent qu'après.

Signé, Napoléon.

NOTICES
BIOGRAPHIQUES

SUR LES PRINCIPAUX PERSONNAGES QUI ONT FIGURÉ
A LA COUR DE HOLLANDE.

APPELIUS, né à Middelbourg, en Zélande, où son père était ministre du culte des réformés, exerça la profession de notaire avant d'entrer dans la carrière politique. Il y débuta comme membre de l'assemblée nationale de la république batave, dans laquelle il se distingua par une extrême activité, et une sagacité peu commune. Il se maintint en place pendant tous les changemens qui s'opérèrent successivement dans cette république; et lorsque la Hollande fut érigée en monarchie, sous Louis Napoléon, il fut nommé ministre secrétaire-d'état. Il conserva, dans ces nouvelles fonctions, la réputation qu'il avait justement acquise, d'une clarté d'idées fort remarquable, et d'une grande aptitude aux différentes branches du travail administratif. Quand ce pays perdit son indépendance et fut réuni à l'empire français, M. Appelius fut appelé à Paris, en qualité de conseiller d'état. Il quitta cette capitale, le 12 avril 1814, pour rentrer dans sa patrie, qui venait de secouer le joug français et de redevenir libre. Il fut nommé d'abord conseiller-d'état pour la province de Zélande, sa patrie ; ensuite placé à la tête de l'administration des finances, pour les provinces méridionales du royaume ; et enfin, ces provinces ayant été comprises dans l'organisation générale des finances du royaume, en 1815, et sa place, venant, par là, à être supprimée, le roi l'a nommé directeur-général des impositions indirectes, place qu'il occupe encore aujourd'hui. C'est en cette qualité qu'il organisa le système de l'impôt indirect, tel qu'il existe maintenant dans ce royaume. Dans la session de 1815 des états-généraux, il présenta à la deuxième chambre un projet de loi sur les successions, qui, vivement combattu par MM. Reyphins, Surlez de Chokier, et quelques autres députés des provinces méridionales, fut enfin rejetté à une faible majorité.

ARJUZON (le comte d'), ancien receveur-général des finances, fut nommé premier chambellan de la princesse Hortense, qui avait pour dame du palais la comtesse d'Arjuzon, long-temps avant que le prince Louis ne montât sur le trône de

Hollande. Napoléon confia à M. d'Arjuzon, le 14 mai 1806, la présidence du collége électoral du département de l'Eure. Il signa, en janvier 1814, l'adresse des officiers de la garde-nationale de Paris à l'empereur. Sa conduite, lorsqu'il était chef de bataillon de ce corps, ne mérita jamais que des éloges. M. d'Arjuzon se montra, dans toutes les circonstances, fidèle à ses premiers sermens. Il attacha beaucoup de prix à être nommé membre de la chambre des pairs lors du retour de Napoléon, et fut secondé avec chaleur, dans cette démarche, par le duc d'Otrante, alors ministre de la police générale. La conduite de M. d'Arjuzon lui donnait, à cette faveur, des droits qui ne pouvaient être méconnus. Pendant les discussions tumultueuses qui s'élevèrent si souvent dans cette chambre, M. d'Arjuzon ne prit jamais la parole. Une fois seulement, et ce fut à la séance du 24 juin, il exprima ses regrets sur le départ de M. de Pontécoulant, que la commission du gouvernement avait nommé l'un des plénipotentiaires, chargés de négocier la paix avec les puissances alliées. On sait que cette démarche n'eut d'autre résultat que de faire presser les mouvemens de l'ennemi.

BRUGMANS (Sebald Justinus), professeur de médecine, de chimie, de botanique et d'histoire naturelle à l'université de Leyde, inspecteur général du service de santé de l'armée et de la marine du royaume des Pays-Bas, chevalier de l'ordre du Lion-Belgique, membre de la première classe de l'institut royal des Pays-Bas, et de plusieurs académies et sociétés littéraires. Naquit à Franeker (Frise), le 24 mars 1763. Il fit ses études d'abord à l'université de Groningue, où son père professa les mathématiques et la physique, et ensuite à Leyde. Destiné par ses parens à entrer de bonne heure dans le corps du génie. Il s'appliqua aux sciences, dont la connaissance est particulièrement nécessaire pour faire des progrès dans cette partie; quoiqu'il ait ensuite renoncé à ce projet, il n'en continua pas moins ses études dans les sciences exactes, auxquelles il joignit celles de l'histoire naturelle, de la botanique et de la médecine. Il n'avait que 18 ans lorsqu'il fut reçu docteur en philosophie à Groningue, en 1781. A cette occasion il publia une description géognostique, d'après le système de Wallerius, des pierres qu'on trouve dans les environs de cette ville (*Lithologia Groningana*). Il remporta dans la même année, un prix qui lui fut décerné par l'académie royale de Dijon, pour sa réponse à la question proposée. Savoir : *Quelles sont les plantes inutiles et vénéneuses qui infectent souvent les prairies et diminuent leur fertilité, et les moyens les plus avantageux d'y en substituer de salubres et d'utiles, de manière que le bétail y trouve une nourriture saine et abondante ?* Cette dissertation a été imprimée à Groningue en 1783. L'académie royale de Bordeaux avait proposé au concours, cette question : » Existe-t-il quelque indice »sensible qui puisse faire connaître aux observateurs »les moins exercés, le temps où les arbres, et prin- »cipalement les chênes, cessent de croître, et où ils »vont commencer à dépérir ; et ces indices (en sup- »posant qu'il y en ait) ont-ils généralement lieu, et »affectent-ils nécessairement les arbres venus dans »toutes sortes de terrain ? » M. Brugmans ne fut pas moins heureux à Bordeaux en 1782, qu'il ne l'avait été l'année précédente à Dijon; son mémoire obtint le prix. Il publia, dans le cours de l'année 1783, une dissertation sur un météore sulfureux, accompagné de phénomènes particuliers, surtout par rapport à la végétation des plantes, qui avaient été observé en juin 1783, à Groningue, ainsi que dans une grande partie de l'Europe. L'académie de Berlin lui décerna un prix en 1785, pour son mémoire sur *l'Ivraye*. Voilà donc trois prix académiques remportés par M. Brugmans, encore étudiant, et obtenus en pays étranger pour des mémoires écrits dans une langue qui n'était point celle de son pays. Il est peu d'exemple d'une si prodigieuse étendue de connaissances, dans un âge si peu avancé. M. Brugmans songea alors à embrasser un état, et se décida pour celui de médecin. Il reçut publiquement le bonnet de docteur à Groningue en 1785, et publia à cette occasion une dissertation intitulée : *De Puogeniá.* Vers la fin de cette année, il fut appelé à la chaire de professeur de physique et de philosophie, à l'académie de Franeker, que son père avait occupée autrefois, et qui se trouvait vacante par le départ du célèbre professeur Van Swinden pour Amsterdam. Après un enseignement de quelques mois, il quitta cette place pour occuper celle de professeur de botanique à l'université de Leyde, et prononça à cette occasion, un discours sur l'utilité d'une connaissance plus exacte des plantes indigènes (*De accuratiori plantarum indigenarum notitiá maximè commendandá*). Ce discours fut publié l'année suivante, et extraordinairement bien accueilli des plus savans naturalistes. Depuis cette époque, la direction du jardin botanique de l'université, un des plus riches et des plus célèbres de l'Europe, a été confiée à M. Brugmans, qui fut en outre nommé, en 1787, professeur d'histoire naturelle, nouvelle chaire qui fut jointe à celle de la botanique. L'histoire naturelle étant enseignée par un professeur aussi habile que M. Brugmans, dès lors grand nombre de personnes commencèrent à s'y appliquer avec une ardeur prodigieuse. Le cabinet d'anatomie comparée, que M. Brugmans s'est formé lui-même, et qui est, sans contestation, un des plus complets que possède aucun particulier, ne contribua pas médiocrement à favoriser cette étude de l'histoire naturelle. Ce cabinet lui sert, depuis trente ans, à enseigner les principes de la zoologie, et de la physiologie, tant générale que particulière de l'homme. Cette collection est l'objet de l'admiration de tous les connaisseurs qui visitent les établissemens de l'université, et, M. Cuvier, en a fait particulièrement l'éloge, dans son rapport sur les établissemens d'instructions publiques existant en Hollande. En 1791, M. Brugmans fut nommé membre de la faculté de médecine ; et, cédant aux instances des curateurs de l'université, il se chargea, en 1795, de l'enseignement de la chimie, la chaire de cette partie, étant devenue vacante par la mort du professeur Voltelen, et ce ne fut que par suite des sollicitations les plus flatteuses, qu'il se décida à continuer ses leçons dans cette science. C'est en cette nouvelle qualité, qu'il prononça, en 1800, un discours sur les services rendus par Bœrhave, à la chimie (*de meritis Hermani Bœrhavii in chymiam*). M. Brugmans, ayant fait une étude particuliere de l'hygiène militaire, et de tout ce qui a rapport à l'organisation et à l'administration des hôpitaux, fut consulté, en 1794, par les états députés de la Hollande, sur les mesures à prendre pour l'établissement des hôpitaux, à ouvrir aux malades et blessés des armées alliées, qui, à cette époque se retiraient vers l'intérieur de cette province. Les Hanovriens ayant été placés dans le grand hôpital de Leyde, M. Brugmans, qui habitait cette ville, fut à même de leur rendre des services signalés. Après la révolution de 1795, il fut appelé à rédiger un plan d'organisation du service de santé, pour l'armée hollandaise, et à disposer en même temps, avec les commissaires français, tout ce qui concernait le service des hôpitaux, pour leurs malades et blessés. Le plan qu'il présenta fut adopté en totalité; et sur l'invitation du gouvernement, il se chargea de son exécution, en acceptant la direction du service de santé de l'armée, qui, en conséquence, fut réorganisé et mis sur un pied respectable, de sorte qu'il obtint souvent les éloges des étrangers, qui l'avaient jugé digne d'une attention particulière. L'armée hollandaise doit à cette institution, une pharmacie centrale, et un laboratoire chimique, établi à la Haye, où l'on prépare, avec une très-grande économie, les médicamens dont le gouvernement a besoin pour ses troupes. Lorsque, sous le roi Louis Napoléon, presque toutes les institutions subirent des modifications ou des changemens, le service sanitaire, n'en reçut point; au contraire, son chef obtint les titres de directeur-général du service de santé, et de conseiller d'état; il fut en outre, nommé médecin consultant du roi, qui savait apprécier ses talens extraordinaires. Lors de la réunion de la Hollande à l'empire français, la place de directeur-général ayant été supprimée, par suite de l'introduction de l'organisation française, dans cette partie du service, M. Brugmans fut nommé inspecteur-général du service de santé des armées. La réputation de ce savant était, pour ainsi dire, devenue européenne, et les soins qu'il prodigua aux militaires de toute arme, l'avaient fait connaître plus particulièrement à Napoléon, qui, en organisant les universités des provinces hollandaises, qu'il venait d'attacher au grand empire, le nomma recteur de l'Académie de Leyde; place non seulement très-honorable, mais dont il profita pour rendre d'éminens services à cet établissement. Il obtint pour l'académie la faveur, bien rare alors, de pouvoir conserver toutes ses anciennes propriétés et possessions; le gouvernement se chargeant, en outre, de payer les dettes contractées par cet établissement, sous l'administration précédente, et le dotant encore d'une somme de cent mille francs par an. M. Brugmans, en servant tous les gouvernemens qui avaient successivement régné sur la Hollande, n'avait fait que servir son pays, et ses concitoyens ayant recouvré leur indépendance en 1813, il fut encore appelé, par le nouveau roi, à donner ses soins au service de santé militaire. Il fut chargé d'abord de l'organisation de cette partie, dans les provinces méridionales du royaume; et ensuite, mis à la tête de toute cette administration, avec le titre d'inspecteur-général. S. M. y ajouta quelque temps après, le service de santé militaire, pour la marine et les colonies. Le grand laboratoire de chimie et de pharmacie à la Haye, fut rétabli, et les médicamens qui s'y préparent, sont maintenant distribués, tant pour le service de la marine et des colonies, que pour celui de l'armée de terre. Les services importans rendus par M. Brugmans, à l'armée, en 1799, lors de l'invasion anglaise dans la Nord-Hollande, et en 1809, dans la Zélande et le Brabant lorsque les Anglais avaient fait une expédition contre ces provinces, furent encore surpassés en 1815, à l'époque mémorable de la bataille de Waterloo. Le zèle et l'activité que déploya M. Brugmans, dans ces momens critiques, sont au-dessus de tout éloge; seul, il dirigea tout le personnel du service important de santé; il fut toujours là où sa présence était nécessaire; rien ne manqua aux blessés. Ses soins ne furent pas prodigués seulement aux blessés des Pays-Bas, et de celles des alliés, les Français prisonniers furent soignés avec ce zèle que l'humanité, supérieure aux déplorables distinctions de l'esprit de parti, inspire toujours aux âmes généreuses. La sagesse de ses conseils prévint, les suites ordinaires, de l'accumulation ordinaire des cadavres, sur le champ de bataille, au milieu de l'été. Lors de son arrivée à Bruxelles, cette ville entière n'était qu'un vaste hôpital, dans lequel se trouvaient confondus 20,000 blessés des diverses armées. En très-peu de temps, cette masse énorme de malheureux, eut tout ce qui était nécessaire pour leur traitement, tant sous le rapport du personnel, que du matériel. Les cures y ont été aussi promptes que nombreuses. Il est digne de remarque, que, depuis vingt ans, on n'a observé dans les hôpitaux qui se sont trouvés sous la direction de M. Brugmans, ni fièvre contagieuse, ni gangrène d'hôpital. Les grandes occupations attachées aux places qui lui étaient successivement confiées, empêchèrent le savant professeur de se livrer pendant long-temps, aux travaux du cabinet. Cependant, il remporta encore un prix en 1814, pour un mémoire adressé à la société des sciences, à Harlem, sur la nature du miasme de cette terrible maladie, dont il avait su défendre l'entrée dans les hôpitaux confiés à ses soins. M. Brugmans a trouvé la récompense de ses utiles travaux dans la reconnaissance publique, et les marques d'estime, que lui ont données son souverain, et les plus grands monarques de l'Europe. S. M. Guillaume Ier, lui conféra d'abord le rang et le titre de général-major; et le nomma chevalier de l'ordre du Lion-Belgique. L'empereur de Russie, le nomma chevalier de l'ordre de Ste.-Anne, 2e classe; le roi de Prusse, lui donna la décoration de l'ordre de l'Aigle Rouge, 3e classe; et le roi de France, lui a conservé celle de la Légion-d'Honneur. M. Brugmans a été chargé successivement de diverses missions importantes, qu'il a toujours remplies à l'entière satisfaction de ses commettans. Placé à la tête de la commission nommée pour la rédaction d'un code pharmaceutique pour toute la Hollande, il fut un des principaux auteurs, de la *Pharmacopæa Batava*, publiée en 1805 par ordre du gouvernement; ouvrage regardé comme un des meilleurs dans ce genre. Ses collaborateurs étaient les professeurs P. Driessen et G. Vrolik, et les médecins J. R. Deimans et G. G. Ten-Hauf. M. Brugmans est encore aujourd'hui président perpétuel d'une réunion d'hommes instruits, instituée pour travailler à l'amélioration de l'art vétérinaire dans sa patrie; c'est par ses soins que l'état des vétérinaires attachés aux régimens de l'armée, a été beaucoup amélioré. En 1815, il fut envoyé par S. M. le roi des Pays-Bas, à Paris, afin de réclamer, de la part de son souverain, le cabinet d'histoire naturelle, qui avait été enlevé en 1795, de la Haye, par les commissaires français. M. Brugmans, après avoir réussi parfaitement dans cette mission, a eu la satisfaction de voir, que S. M. a fait présent, de cette riche collection à l'université de Leyde, où elle se trouve maintenant exposée et arrangée systématiquement, par le savant professeur, qui l'a rapportée dans sa patrie, ou elle sert actuellement à l'instruction publique, et excite l'admiration de tous ceux qui viennent la visiter. Indépendamment des ouvrages dont il a été fait mention plus haut, on lit encore, dans le premier volume des *Mémoires de l'institut de Hollande*, des observations de M. Brugmans sur la natation des poissons, dans lesquelles il fait connaître une force, jusqu'ici ignorée, qui donne aux poissons une impulsion indépendante de celle que produisent la queue et les nageoires.

CAPELLEN, (G. A. G. P. baron de), gouverneur-général des Indes-Orientales pour la Belgique. Il est fils du colonel Alexandre-Philippe, le même qui, en 1787, à la tête du parti patriotique, s'enferma dans Gorcum, et soutint si vigoureusement le siége de cette place contre un corps de Prussiens, entré en Hollande pour soutenir le parti de Guillaume V. Capellen fils reçut une éducation soignée, fit de bonnes études, à la suite desquelles ayant été nommé secrétaire de la préfecture d'Utrecht, il y débuta par donner des preuves d'une grande perspicacité dans les affaires publiques. Ses talens ne restèrent pas long-temps enfouis dans ce premier emploi. Le roi Louis Bonaparte le nomma préfet de la Frise, en 1808. Le baron Capellen se fit tellement remarquer par l'habileté et la justice qu'il mit dans son administration, qu'il fut bientôt appelé à une place plus importante. Le roi avait conçu pour lui beaucoup d'estime et d'amitié; il desirait l'avoir auprès de sa personne, l'admit dans son conseil d'état, et lui confia le ministère de l'intérieur de son royaume. Pendant que Capellen fut ministre, il se conduisit avec une grande sagesse et la plus rare intégrité. Il conserva son ministère jusqu'à l'abdication du roi, et il emporta les regrets de tous ceux qui l'avaient connu, soit comme homme public, soit comme simple particulier. Le baron Capellen n'était point partisan du gouvernement que Napoléon venait de donner à la Hollande, il ne voulut accepter aucun emploi. Pendant que Louis Bonaparte régnait, il avait donné à Capellen le titre d'ami, et ce fut en cette qualité que ce dernier alla lui rendre visite dans sa retraite en Allemagne. Ils y passèrent ensemble plusieurs mois dans la plus grande intimité. Les évènemens de 1813 ayant donné un nouveau prince à la Hollande, ce souverain qui apprit tout le mérite du baron Capellen, le nomma ministre des colonies. Lorsque par le traité de Vienne, les Belges furent destinés à former avec les Hollandais, le royaume des Pays-Bas, le prince jugeant que Capellen pourrait, par son influence et ses hautes qualités, lui concilier l'attachement de ses nouveaux sujets, lui donna le titre de secrétaire-d'état extraordinaire, et l'envoya à Bruxelles, pour remplir cette honorable mission Le baron Capellen s'en acquitta dignement et avec succès. Ce fut à cette époque, et dans le temps où il était encore à Bruxelles, que le roi le nomma gouverneur-général des Indes-Orientales, et commandeur de l'ordre du Lion-Belgique. Il partit du Texel pour sa nouvelle destination, en octobre 1815.

CAULAINCOURT (Auguste-Armand-Gabriel comte de), commandant de la Légion-d'Honneur, grand-croix de l'ordre de la Réunion. Né à Caulaincourt le 16 septembre 1777, entré au service en l'an 3. (1795); tué à la bataille de la Moskowa le 7 septembre 1812; était fils cadet de feu le marquis de Caulaincourt, lieutenant-général des armées du roi, mort sénateur. Il avait été nommé sous-lieutenant dans le régiment des cuirassiers du roi, le 14 janvier 1792; aide-de-camp du général Aubert-du-Bayet, le 8 germinal an 3; lieutenant au 1er régiment de carabiniers, le 1er pluviose an 4; capitaine au 1er régiment de dragons, le 9 pluviose an 5; chef d'escadron au même régiment, le 12 pluviose an 8; colonel du 19e régiment de dragons, le 6 fructidor an 9; aide-de-camp du connétable de l'empire, le 20 prairial an 12; général de brigade le 10 juin 1806; général de division, le 7 septembre 1809.

Comme capitaine au 1er régiment de dragons, il combattit à Stockoch et à Muthen-Thal, sous les ordres des généraux Klein et Mortier, lorsque les Russes débouchèrent par le Saint-Gothard. Il y reçut un coup de lance. Comme chef d'escadron au même régiment, il ne se fit pas moins remarquer à Vede-Lago, à l'avant-garde de l'armée d'Italie, où il enleva, le 24 pluviose an 9, à la tête d'un escadron, 400 hommes d'infanterie autrichienne. A Marengo, il fut blessé d'un coup de

feu à la tête, ce qui lui valut le commandement du 19ᵉ régiment de dragons. Entré en Espagne en 1808, comme général de brigade, il est cité dans le rapport général de la première campagne, comme ayant commandé en chef, et avec succès, un corps de 5000 hommes de différentes armes; et pour l'avoir ramené intact à Madrid, à l'époque de la déplorable capitulation de Baylen, quoique ses communications fussent coupées. Il servit ensuite en Portugal et en Espagne de manière à être choisi par les maréchaux ducs de Dalmatie, de Trévise et d'Elchingen, dont les trois armées venaient de se réunir, pour exécuter le passage du Tage, au-dessous du pont de *l'Arzo-Bispo*, le 8 août 1809. « Le général Caulaincourt, dit ce
» rapport, à la tête des 18ᵉ et 19ᵉ régimens de dra-
» gons, traversa le Tage malgré la mousqueterie,
» la mitraille et les boulets que l'ennemi, six fois
» plus nombreux que cette brigade, faisait pleuvoir
» de la rive droite. Le choc fut terrible; mais ce
» général manœuvra avec tant d'habileté que
» l'ennemi fut culbuté. Le général Caulaincourt
» a montré, dans cette affaire, autant de sang-
» froid que de valeur, et prouvé qu'il était officier
» consommé dans son arme. » Commandant du grand quartier-général, pendant une partie de la campagne de Russie, ami courageux de l'ordre et

de la discipline, il allégea autant qu'il put les maux inséparables de la guerre. Commandant le 2ᵉ corps de cavalerie composé de trois divisions à la bataille de la Moskowa, dont il décida le succès, c'est là qu'il termina, par la mort la plus glorieuse, la plus honorable carrière. Le 18ᵉ bulletin de la grande armée daté de Mojaïsk le 10 septembre 1812, rend compte, ainsi qu'il suit, de cet évènement : « Le général de division, comte de Caulaincourt, commandant le 2ᵉ corps de cavalerie, se porta à la tête du 5ᵉ régiment de cuirassiers, culbuta tout, entra dans la redoute de gauche par la gorge; dès ce moment la bataille est gagnée !... Le comte de Caulaincourt qui vient de se distinguer par cette belle charge, avait terminé ses destinées : il tombe mort, frappé par un boulet ; mort glorieuse et digne d'envie !!! »

DAENDELS (Herman-Guillaume), gouverneur général des possessions des Pays-Bas à la côte de Guinée (Afrique), est né le 21 octobre 1762 à Hattem (province de Gueldre), où son père était bourguemestre. Les changemens survenus en 1787, dans le nouveau gouvernement de la Hollande, le forcèrent de se réfugier en France, où il trouva, ainsi que plusieurs de ses concitoyens, un accueil hospitalier. Il s'établit successivement à Bergues-Saint-Winox et à Dunkerque, où il se livra à des spéculations commerciales; mais naturellement porté pour la carrière des armes, il obtint en 1793 de l'emploi dans la légion *Franc-étranger*, où beaucoup d'émigrés hollandais s'enrolèrent. Il servait dans l'armée de Dumouriez, avec le grade de colonel, dans son expédition contre la Hollande. Il y rendit des services importans, et se distingua à l'affaire de Menin, ou il fut sur le point d'être fait prisonnier. Elevé au grade de général de brigade, il fit la campagne de 1794 sous Pichegru; contribua, le 26 avril, à la prise de Courtrai, et, les 10, 11, et 12 mai, aux victoires de Tournay, Courtrai et Ingelmunster. Après plusieurs tentatives inutiles, il s'empara, le 28 décembre, de l'île de Bommel et du fort de Saint-André; poursuivit l'ennemi jusqu'au de-là du Waal, lui enleva soixante pièces de canon et lui fit beaucoup de prisonniers. Le 20 juin 1795, il rentra, comme lieutenant-général, au service de la république batave, et fut nommé général en chef de son armée. Il se montra favorable aux changemens qui amenèrent la formation du directoire exécutif le 22 janvier 1798. Le parti qui venait de triompher, outrant les mesures de réformes et destituant des fonctionnaires recommandables. Daendels, ami de la liberté, mais d'une liberté sage et bien ordonnée, improuva hautement la conduite des nouveaux gouvernans. Ils ordonnèrent son arrestation. Prévenu à temps, il eut le bonheur de s'y soustraire, et se rendit auprès du directoire-exécùtif de France. Il lui peignit l'état de la république batave et des malheurs dont elle était menacée, si on n'y apportait un prompt remède. Il parvint à faire adopter ses vûes par le gouvernement français, et à se faire autoriser à opérer une nouvelle révolution. Dans ce dessein, il se rendit secrètement à La Haye, et après s'être concerté avec les chefs du parti des modérés, il investit, suivi de quelques compagnies de grenadiers bataves, le directoire hollandais, le 12 juin en plein jour, fit garder ses membres à vue, et contribua de cette manière à l'établissement d'un nouvel ordre de choses. Lorsqu'en 1799, les Anglais firent une descente sur les côtes de la Nord-Hollande, à peu de distance du Helder, Daendels commandait les troupes hollandaises. Dans toute cette campagne il a montré beaucoup de courage, mais l'on n'est pas tout-à-fait d'accord sur son talent; on lui reproche d'avoir évacué trop-tôt le point important du Helder, mesure par laquelle il rendit les Anglais maîtres de la flotte batave, couverte par les batteries de cette place.

Il est cependant juste de dire, que le nombre des troupes sous ses ordres était beaucoup inférieur à celui que lui opposait les Anglais, et qu'en se maintenant au Helder, il risquait d'être cerné et de perdre le peu de forces qu'il avait dans ce moment avec lui. En 1802, des écrits furent distribués dans l'armée batave; le gouvernement en conçut des craintes, et redouta quelques coups de main militaire. Il appela le général Daendels auprès de lui pour avoir des explications à cet égard. Le général chercha à rassurer les directeurs, et protesta de son attachement à leurs intérêts. Cependant il ne put écarter les soupçons dirigés contre lui, et il donna sa démission en 1803. Il s'appliqua alors au défrichement et à la culture des bruyères dans les environs de sa ville natale, mais avec peu de succès; la vie des champs étant trop tranquille et trop uniforme pour qu'un homme d'un caractère aussi vif et aussi actif que le général Daendels pût s'y accoutumer. La guerre ayant éclaté en 1806, il offrit ses services au roi de Hollande, qui le mit en activité, avec le rang de général de division. Il fit la campagne contre les Prussiens, s'empara de l'Oost-Frise, au mois d'octobre, établit son quartier général à Embden, et fut ensuite nommé gouverneur général de Munster. Le 21 décembre de la même année, le roi le nomma colonel général de la cavalerie hollandaise, et dans le mois de février 1807, maréchal de Hollande, gouverneur-général des possessions hollandaises dans les Indes-Orientales, et grand'croix de l'ordre royal de l'Union de Hollande. Il gouverna ces possessions pendant les années 1808-1811. On ne peut contester qu'il n'y fit beaucoup d'améliorations sous plusieurs rapports ; mais il y eut des gens qui l'accusèrent d'avoir commis beaucoup d'actes arbitraires dans son administration, et employé des moyens trop rigoureux pour arriver à son but. Quoiqu'il en soit, M. Daendels a publié à son retour dans sa patrie, *quatre volumes in-folio*, imprimés à La Haye, en 1814, contenant les pièces de son administration et sa justification ; et personne ne s'est élevé publiquement contre ces documens, aussi long-temps qu'il a été dans sa patrie. Mais à peine fut-il parti, dans le mois d'octobre 1815, pour sa nouvelle destination sur la Côte-d'Or de Guinée, dont il avait été nommé gouverneur-général, que plusieurs brochures furent publiées pour censurer son administration dans les Indes. Des auteurs anglais recommandables, ont cependant parlé avantageusement de sa gestion dans cette partie du monde, surtout M. Guillaume Torn, aide-de-camp du gouverneur anglais, dans son ouvrage intitulé: *Memor of the conquest of Java*, publié à Londres en 1815; et M. Raffels, commandant en chef, après lord Minto, aux Indes, dans son *History of Java*, publié à Londres en 1817. M. Daendels fut remplacé dans le gouvernement des Indes-Orientales par le général Janssens. Il revint en Europe en 1811. Napoléon, après avoir favorablement accueilli son rapport, l'employa à l'armée qui devait agir contre la Russie. En 1812, après les désastres de cette campagne, il fut nommé gouverneur de Modlin, qu'il défendit vaillamment, et qu'il ne rendit à l'ennemi qu'après un long siége, et à la dernière extrémité. Il revint en Hollande au mois de mars 1814, et offrit ses services au roi des Pays-Bas; mais ils ne furent point acceptés, pas même en 1815, lors de la guerre contre Napoléon. Désirant cependant servir sa patrie, il s'adressa au duc de Wellington pour être employé dans son armée comme volontaire; mais cette offre resta sans réponse. Enfin, le roi lui confia le gouvernement des possessions des Pays-Bas sur la côte de Guinée, où il se rendit en octobre même année. Il y a pacifié deux peuples voisins de son gouvernement, qui se faisaient la guerre pour fournir des esclaves à la traite, et l'a entièrement abolie dans la colonie. Il y a fait des préparatifs pour la culture du café, de l'indigo, du sucre, du cacao, du riz, etc. D'après les dernières nouvelles, sa plantation de coton était déjà fort avancée, et si sa santé lui permet de suivre sa carrière administrative, on peut espérer qu'il rendra cette colonie plus heureuse qu'elle ne l'était autrefois et plus productive pour sa patrie.

DARU (Pierre-Antoine-Bruno, comte), grand cordon de la Légion-d'Honneur, ancien ministre, pair de France, etc., né à Montpellier, en 1767. La passion de l'étude, le goût des lettres et le service de l'administration de la guerre, occupèrent utilement sa jeunesse. Plus tard, appelé par la juste confiance du souverain aux travaux de la haute administration, il a pris une place distinguée parmi les premiers hommes d'état dont s'honore la France, et il continua, à la chambre des pairs, en 1822, la mission qu'il avait acceptée en 1779, en qualité de membre du tribunat, celle de défendre courageusement les prérogatives nationales et toutes les libertés qui sont le résultat de la constitution jurée. A l'âge de 16 ans, M. Daru entra au service; fut successivement lieutenant et commissaire des guerres, depuis 1783 jusqu'à la révolution. La révolution était alors la patrie toute entière; le jeune Daru s'y dévoua. La guerre éclata en 1792, et il servit en qualité d'ordonnateur.

Sous la terreur, il fut arrêté à l'armée par suite d'une dénonciation du comité révolutionnaire, et il subit une prison de dix mois, pendant laquelle il composa une épître gaie et philosophique à son *sans-culotte*. Il ne recouvra sa liberté qu'après le 9 thermidor. Appelé, en l'an 4, comme chef de division au ministère de la guerre, il donna sa démission de cet emploi au 18 fructidor an 5, et fut quelque temps après, envoyé à l'armée comme commissaire ordonnateur en chef. Toujours fidèle aux muses, au milieu de sa carrière administrative et de la vie des camps, il donna, l'année suivante, cette excellente *Traduction des poésies d'Horace,* qui fixa sa place littéraire. En l'an 8, M. Daru publia la *Cléopide* ou la *Théorie des réputations en littérature,* poëme d'une touche élégante et facile. La même année, il fut appelé aux fonctions, alors si importantes, de secrétaire-général du ministère de la guerre, et prit rang parmi les inspecteurs aux revues. C'est de cette glorieuse époque que date la confiance dont Napoléon n'a cessé d'honorer M. Daru, pendant les quinze années où il a gouverné les destinées de la France. Les talens d'un tel administrateur ne pouvaient échapper à celui qui savait si bien créer et deviner les capacités. Aussi M. Daru fut-il nommé commissaire du gouvernement pour l'exécution de la fameuse convention de Marengo, qui donna subitement au vainqueur et à sa patrie, une si puissante prépondérance dans les affaires du monde. Associé, depuis sa première jeunesse, aux intérêts de la liberté et de la gloire française, M. Daru trouva dans sa nomination au tribunat, le repos et la récompense de tant d'honorables services aux armées de l'Ouest et de Sambre-et-Meuse, à celles d'Helvétie, du Danube, et enfin à celle d'Italie, où la dernière victoire de Napoléon avait ordonné le repos à l'Europe, et la paix intérieure à la France. Depuis cette époque, la fortune politique de M. Daru devint inséparable de celle de son souverain. En l'an 12, il fut nommé conseiller d'état et intendant-général de la liste civile. Les travaux de M. Daru au conseil d'état ne peuvent être appréciés que de ceux qui en faisaient partie. Tout le monde sait que les séances commençaient à sept heures du matin, et duraient jusqu'à sept heures du soir ; que Napoléon était le plus laborieux de l'empire, et M. Daru du conseil d'état. De-là cette grande habitude des grandes affaires, qui distinguera toujours M. Daru, et qui en fait un des hommes les plus utiles aux intérêts de la France. En 1805, il fut nommé intendant-général de la grande armée et des pays conquis ; fut commissaire pour l'exécution des traités de Presbourg, de Tilsitt, de Vienne, et ministre plénipotentiaire à Berlin. Ministre secrétaire d'état en 1811, et de l'administration de l'armée en 1813, le comte Daru termina sa vie politique, sous l'empereur, par le porte-feuille de l'administration de la guerre. C'était en qualité de ministre secrétaire d'état qu'il se trouvait à Moscow, lorsqu'il fut obligé de se charger encore des fonctions de l'intendant-général de l'armée, le lieutenant-général Mathieu Dumas se trouvant frappé d'une grave maladie, le jour même ou commença la retraite : et ici se représente encore l'occasion de faire remarquer au lecteur une des mille erreurs répandues dans un ouvrage *biographique* publié depuis la restauration. Il y est dit (pag. 306, tom. II), en parlant de la retraite de Moscow : *Les vivres étant venues à manquer, on s'en prit à l'intendant-général, toute l'armée l'accabla de malédictions et lui imputa une partie des désastres qui signalèrent cette fatale époque. Ces reproches n'empêchèrent point qu'il ne fût encore l'objet des faveurs de Bonaparte qui lui confia, en 1813, l'intendance des biens de la couronne dans les départemens de Rome et du Thrasimène.* Ceci est inexact : M. Daru n'a jamais eu de mission à Rome, c'est son frère qui y a été intendant de la couronne : mais ce qui est évidemment faux, ce sont ces prétendues imprécations. Dans cette retraite, les privations comme les périls étaient pour tout le monde; tout le monde y fit d'incroyables efforts, et les reproches ne s'adressèrent qu'aux élémens. Ce qui est tout-à-fait injuste, c'est cette protection éclatante qu'on suppose accordée par Napoléon a un homme qui eût mérité les murmures de cette malheureuse armée!!! On ajoute un peu plus bas : *M. Daru se vit l'objet des ressentimens du général Blucher, qui fit séquestrer pendant plusieurs jours, la terre qu'il possède près de Meulan, voulant punir ainsi l'ex-intendant de Bonaparte, des exactions qu'il a exercées en Prusse.* Le rédacteur de cet article aurait dû savoir que le général Blucher ne se serait pas contenté d'un séquestre de huit jours, si l'Allemagne, comme la France n'eût rendu témoignage de cette administration. M. Daru ne réclama pas contre une mesure que, d'eux-mêmes, les souverains alliés désapprouvèrent et firent révoquer. Les titres du comte Daru à l'estime de ses concitoyens sont quarante années de services irréprochables et distingués; ses travaux législatifs au tribunat, parmi lesquels on remarque un rapport sur la rupture du traité d'Amiens; différentes opinions sur l'instruction publique, le système monétaire, la conscription et les finances; ses travaux administratifs aux armées, au conseil et au ministère,

Il est impossible d'en donner une idée, en raison de la prodigieuse activité qui animait ces époques de la vie politique de M. Daru ; ses travaux académiques, qui, couronnés en 1805 par la palme de l'institut, appelèrent M. Daru à succéder à Collin-d'Harleville ; le discours de réception qu'il prononça à cette occasion, son rapport si célèbre sur le *Génie du Christianisme*, et celui sur le *Système métrique appliqué à la poésie* ; ses ouvrages publiés antérieurement à sa réception à l'institut, et enfin, sa *Vie de Sully*, et son *Histoire de Venise*, en 7 vol. in-8º, 1819, ouvrage si remarquable par sa profonde érudition, par une laborieuse investigation des documens historiques les plus précieux, ainsi que par la noblesse et l'énergie du style. Une citation qui n'est pas sans à-propos, fera connaître la manière de l'auteur. *On eût dit que, pour la première fois, il y avait à Venise liberté de penser et d'écrire ; et l'on éprouva dans cette occasion que les princes n'ont rien à craindre de cette liberté, quand le gouvernement ne se met pas en opposition avec l'esprit public.* Cette histoire manquait aux bibliothèques de l'Europe. Parmi les titres aussi récens que M. Daru a su mériter de la reconnaissance de ses concitoyens, se placent naturellement ses opinions à la chambre des pairs, où le roi l'a appelé en 1818. Les plus remarquables sont celles sur les comptes des ministres en 1819, en 1820, sur le droit de pétition, sur la liberté individuelle, sur la censure, sur les élections; et, la même année, le bel éloge dont il honora à la chambre la mémoire de l'illustre Volney; en 1821 son opinion sur le budget des administrations financières, et en 1822, celle sur la loi de la presse et sur la liberté des journaux.

DEDEM VAN GELDER (F. G. comte), ancien ambassadeur à Constantinople, est d'une famille du pays de Bentheym. Député de l'ordre Équestre aux états-généraux des Provinces-Unies, il les présidait à l'époque où l'Angleterre et la France se disputaient l'alliance de la république. M. Dedem se déclara pour la France, malgré les vœux du Stathouder, et contribua avec ceux de ses collègues qui partageaient son opinion, à la conclusion du traité signé à La Haye en 1780. Il fut appelé, en 1785, à l'ambassade de Constantinople, qu'il a occupée avec distinction pendant vingt-sept ans. Il refusa de livrer au ministre anglais, lors de l'invasion de l'Égypte par les Français, les archives de l'ambassade de France, dont le dépôt lui avait été confié. La Porte cédant aux instances de Sidney Smith, le relégua pendant deux ans à Bucharest. En 1806, le roi Louis le nomma commandeur de son ordre, et lors de la réunion de la Hollande à la France, il fut fait sénateur, comte de l'empire et officier de la Légion-d'Honneur. Rentré dans sa patrie, depuis le retour des Bourbons, avec une pension du gouvernement français, il n'y a obtenu, jusqu'ici, du roi des Pays-Bas, aucune marque de faveur.

DEDEM VAN GELDER, lieutenant-général au service de France, et fils du précédent, suivit son père à Constantinople. De retour en Hollande, après avoir voyagé dans le Levant, il s'attacha au prince Frédéric-d'Orange, et se prononça néanmoins pour la révolution de 1794. Il fut député de la province d'Overyssel aux états-généraux. Le nouveau gouvernement l'envoya comme ministre plénipotentiaire à Stockolm et à Paris. Rappelé de cette dernière mission en 1798, il vécut dans la retraite jusqu'à l'invasion anglo-russe en 1799. Le général Daendels l'employa dans son état-major, et il fut fait prisonnier à la bataille de Bergem. La capitulation du duc d'Yorck, à Alkmaër, ayant mis fin aux hostilités, M. Dedem fut envoyé en Angleterre pour en surveiller l'exécution. A son retour de Londres, il fut nommé successivement ministre à Stutgard, à Florence et à Paris, où il résida jusqu'à la déclaration de guerre de 1806.

Le grand pensionnaire lui donna le grade de général major, et bientôt après le roi Louis, dont il était le premier chambellan, le nomma son ministre à Cassel et ensuite ambassadeur à Naples. Il reçut du roi Joachim, le cordon de son ordre, en échange de la même faveur que le roi Louis avait accordée au duc de Noja. La réunion de la Hollande à la France, termina la carrière diplomatique de M. Dedem. Napoléon lui donna le grade de général de brigade, et l'employa à Hambourg, sous les ordres du maréchal prince d'Eckmulh; delà à l'avant-garde de l'armée de Russie commandée par le roi de Naples, où il se distingua. En 1813, il combattit à Lutzen et à Bautzen, sous les ordres du maréchal prince de la Moskowa, et commanda une division de la jeune-garde à la bataille de Leipzig. En 1814, il fut employé en Italie à l'armée du vice-roi. A son retour, Louis XVIII le nomma lieutenant-général. Ses services n'ayant pas été acceptés dans les Pays-Bas, il revint en France, et reçut du roi, en 1816, le commandement du département du Jura. Il en fut rappelé pour faire partie du conseil de guerre formé pour juger les généraux Marchand et Radet. Il a été créé ensuite chevalier de Saint-Louis, et a cessé d'être en activité.

DUMONCEAU (Jean - Baptiste), comte de Bergendal, grand officier de la Légion-d'Honneur, grand'croix de l'ordre de la Fidélité-de-Bade, chevalier de Saint-Louis, naquit à Bruxelles vers la fin de 1760, de parens qui appartenaient à la bourgeoisie. Il fit ses études au collége des jésuites à Bruxelles, et y remporta plusieurs prix. Parvenu à sa seizième année, il suivit avec succès un cours d'architecture, et partit pour Rome afin de se perfectionner dans cet art. A son retour d'Italie, il se mit à le pratiquer, et quelques bâtimens construits d'après ses plans, sont encore l'ornement de sa ville natale. Malgré les avantages que cette carrière semblait lui promettre, un penchant insurmontable l'entraînait vers la profession des armes, et il trouva bientôt l'occasion de s'y livrer, par les troubles qui, en 1787, commencèrent à se manifester dans la Belgique. Les États de Brabant pour contre balancer par le développement de la force nationale, l'autorité arbitraire dont quelques agents du gouvernement autrichien paraissaient disposés à faire usage, avaient organisés des compagnies de volontaires : le jeune Dumonceau fut l'un des premiers à s'y présenter et s'y fit distinguer par son zèle et son intelligence. Toutefois, une convention conclue entre les États et la régence autrichienne, ordonna le désarmement de cette milice citoyenne.

Mais bientôt de nouveaux motifs de mécontentement portèrent grand nombre de Belges à émigrer. Ils se réunirent sur le territoire hollandais, où la cour de La Haye toléra leur rassemblement, et ils y jettèrent les bases d'une organisation militaire. Leur correspondance avec les mécontens de l'intérieur, leur ayant fait connaître qu'ils pouvaient commencer à agir, ils rentrèrent sur le sol de la patrie, et commandés par le général Van der Mersch, ils occupèrent Diest, et Dumonceau alla les joindre vers la fin de 1788. Il franchit rapidement les grades subalternes et parvint au commandement d'un corps d'infanterie légère, auquel la couleur de son uniforme fit donner par les soldats le nom de *canaries*, et qui se signala, pendant toute la durée de cette guerre, par son audacieuse valeur. Dumonceau qui avait lui-même formé ce corps, se distingua à sa tête dans un grand nombre d'affaires de postes, entre autres dans celles de la montagne d'Ausermens au-dessus de Dinant, où il protégea la retraite de la division dont il faisait partie, et de Falmagne, où par des dispositions faites avec autant d'intelligence qu'exécutées avec valeur, il surprit un fort détachement autrichien, qui fut tué tout entier ou fait prisonnier. Plus heureux dans une seconde attaque contre la montagne d'Ausermens qu'il ne l'avait été dans la première, il assaillit l'ennemi à la tête de ses *canaries*, soutenus d'un bataillon d'infanterie et de deux escadrons de dragons, le chassa de ses retranchemens et s'y établit. Quelque temps après, un personnage de distinction envoyé par le cabinet de Saint-James pour prendre connaissance de l'état des choses, se rendit à l'armée belgique, commandée par le général Kochler, Prussien d'origine, et dont le corps sous les ordres de Dumonceau faisait partie. L'Anglais ayant témoigné le désir de voir les troupes belges aux prises avec l'ennemi, Dumonceau passa la Meuse avec son corps appuyé du régiment de West-Flandre, culbuta les avant-postes ennemis et les poussa, de position en position, jusqu'au pied de leurs retranchemens. Dumonceau fut blessé à cette affaire. Le 22 septembre, il se distingua encore dans l'affaire générale qui eut lieu devant Falmagne, et qui, sur le point de se décider en faveur des Belges, déjà maîtres des redoutes ennemies, leur devint fatale par l'explosion de plusieurs caissons, laquelle porta le trouble dans leurs rangs. Cette défaite eut les suites les plus funestes. Dès ce moment, les troupes autrichiennes prirent un ascendant qui, favorisé par les agitations intestines de la Belgique, et la perfidie ou l'incapacité des chefs du gouvernement insurrectionnel, rendit bientôt désespérée la cause pour laquelle la nation avait pris les armes. Dumonceau persista cependant à la défendre jusqu'au dernier instant, et ce ne fut qu'après l'entrée des vainqueurs à Bruxelles, qu'il se retira dans ses foyers; mais bientôt il apprit que l'on cherchait à le rendre suspect au gouvernement autrichien, qui n'avait jusque-là exercé aucun acte de rigueur : il crut devoir s'éloigner, et forma le dessein de se retirer en France, où le prince de Béthune l'invitait depuis long-temps à se rendre. Arrivé à Douai, il y fut accueilli avec empressement par un grand nombre de militaires belges réfugiés comme lui. En 1792, la France ayant déclaré la guerre à l'Autriche, Dumonceau se rendit à Paris pour offrir, au ministre de la guerre, ses services et ceux de ses compagnons d'armes. Cette offre ayant été acceptée, les réfugiés eurent l'ordre de se réunir à Lille, ou ils furent organisés en bataillons, sous la dénomination de *troupes légères belges*. Dumonceau fut nommé lieutenant-colonel, et envoyé avec son bataillon au camp de Maulde, ou il occupa les avant-postes. Il s'y signala dans diverses affaires; entre autres à la bataille de Jemmapes, ou les Belges enlevèrent à l'arme blanche la formidable redoute de Carrignant, puis dans une vive escarmouche qui eut lieu aux portes même de Bruxelles, ou l'armée française entra le lendemain. La conduite du lieutenant-colonel Dumonceau dans ces divers combats et dans ceux qui eurent lieu sur les bords de la Roër, le fit élever au grade de colonel. Après la perte de la bataille de Nerwinde et la défection de Dumouriez, il reçut l'ordre de se porter sur la route de Lille à Courtrai, qu'il défendit avec succès contre un corps hollandais qui fut défait après un combat sanglant. Quelque temps après, il tendit, avec le plus grand succès, une embuscade aux corps émigrés des hulans britanniques, commandés par Charles de Bouillé, fils du célèbre général de ce nom. Cet officier, distingué par sa valeur fougueuse et la haine qui l'animait contre les républicains, fut mortellement blessé dans cette affaire, et les vainqueurs firent grand nombre de prisonniers, que le colonel Dumonceau laissa évader pour les soustraire à l'exécution de la loi, qui prononçait la peine de mort contre les émigrés pris les armes à la main. Ils rentrèrent tous en France par divers chemins, en s'annonçant comme déserteurs. A la suite de cette affaire, le colonel Dumonceau fut élevé au grade de général de brigade. Vers le milieu d'octobre, il reçut l'ordre d'attaquer Menin, défendu par des Hanovriens et un corps d'émigrés. Il commença cette attaque à midi, s'empara en moins d'une heure, du village fortifié d'Hallouin qui couvrait cette place, se rendit maître de toute l'artillerie de cette position et entra le même soir dans Menin. Au commencement de la campagne de 1797, il forma avec l'adjudant-général Régnier, un plan pour la conquête de la Belgique; plan si bien combiné, d'après la connaissance qu'il avait des localités, que le général Pichegru le fit exécuter au mois de mai suivant. Après la bataille de Fleurus, le général Dumonceau assista successivement aux siéges de Bois-le-Duc et de Nimègue. Profitant adroitement de l'habitude qu'avaient les fonctionnaires hollandais de laisser approcher les soldats français pour causer avec eux, il s'empara, par surprise, des forts de Munikhof et de Stuivezande. Peu de jours après, il enleva, par une attaque brusque et imprévue, trois autres forts et quarante bouches à feu et d'immenses magasins. Le lendemain, il entra dans Rotterdam; et au mois d'avril suivant, le général Pichegru le nomma commandant supérieur de La Haye. La manière dont il remplit ses nouvelles fonctions, lui concilia à tel point l'estime du gouvernement batave, que, peu après, une députation de ce gouvernement vint lui offrir d'entrer au service de la Hollande avec le grade de lieutenant-général; offre qu'il accepta avec l'agrément du gouvernement français. Au commencement de 1797, il eut à réprimer un mouvement révolutionnaire qui avait éclaté dans la province de Frise : il eut le talent et le bonheur d'y réussir sans effusion de sang. Cet heureux succès irrita quelques factieux, qui l'accusèrent d'être le protecteur de l'aristocratie; imputation à laquelle il ne répondit que par de nouveaux services. En mai 1797, il s'embarqua dans la rade du Texel avec sa division destinée à faire partie de l'expédition d'Irlande, que devaient exécuter les forces combinées de la France et de la Hollande : mais cette entreprise échoua par l'impossibilité de débarquer sur les côtes de ce royaume. En 1799, l'armée anglo-russe ayant effectué sa descente en Hollande, le lieutenant-général Dumonceau attaqua, le 19 novembre, près de Bergen, un corps ennemi de 15,000 hommes qu'il défit complètement ; mais, vers la fin de l'action, il fut grièvement blessé d'un coup de mitraille qui le mit hors de combat. Néanmoins les dispositions qu'il avait prises, décidèrent le résultat de cette affaire, ou le général Hermann, commandant en chef les troupes russes, tomba entre les mains des vainqueurs, avec trois mille prisonniers, ses drapeaux et toute son artillerie. Le général en chef, Brune, fit hommage du succès de cette journée au général Dumonceau, en venant le féliciter en personne, et faisant déposer au pied de son lit les étendarts conquis. Le 5 octobre, quoiqu'encore souffrant de sa blessure, le général Dumonceau reprit le commandement de sa division pour s'opposer à la marche de l'armée anglaise qui venait de recevoir des renforts; et peu après fut conclue la capitulation d'Alkmaër, par laquelle le duc d'Yorck, commandant en chef l'expédition, s'engageait à évacuer le territoire hollandais et à se rembarquer. En juillet 1800, le général Dumonceau fut appelé au commandement du corps d'armée auxiliaire qui devait agir en Franconie, de concert avec les troupes françaises. Il assista aux diverses opérations de cette campagne, et fut chargé de la direction du siége de la citadelle de Marienburg que la résistance obstinée de l'ennemi força de convertir en blocus. Par la convention qui fut la suite de la bataille d'Hohenlinden, cette citadelle fut remise à l'armée gallo-batave ; et après la conclusion de la paix de Lunéville, le général Dumonceau se retira dans ses foyers, où il resta jusqu'à ce que la rupture du traité d'Amiens, au commencement de 1803, le rappela sous les drapeaux. En 1805, il fut chargé de la réorganisation de toute l'armée hollandaise, ainsi que de celle de la garde du grand-pensionnaire, laquelle forma plus tard le noyau de la garde royale, qui devint bientôt, par le choix des hommes et la superbe tenue des divers corps qui la composaient, une des plus belles maisons militaires de l'Europe. Au mois de juillet l'armée gallo-batave s'embarqua dans la rade du Texel pour coopérer à la descente projetée en Angleterre; mais les démonstrations hostiles de l'Autriche ayant forcé Napoléon de changer son plan, cette armée fut remise à terre, et se dirigea aussitôt sur le Danube. Le général Dumonceau fut chargé, d'abord, de garder Augsbourg et Donawerth; puis de couper la retraite à l'archiduc Ferdinand, qui, après l'affaire d'Ulm, voulait se retirer sur Nordlingen, mission dont le général Dumonceau s'acquitta avec succès. La bataille d'Austerlitz termina cette guerre, et le général rentra de nouveau dans ses foyers jusqu'au moment où la république batave fut érigée en royaume. Il fut péniblement affecté de ce changement politique, et ne dissimula point ce qu'il en pensait: néanmoins, le nouveau roi, Louis Napoléon, ne lui témoigna pas moins de bienveillance que d'estime, et bientôt il le nomma son ministre plénipotentiaire près la cour de France. La guerre ayant éclaté entre cette puissance et la Prusse, le général Dumonceau fut rappelé pour prendre le commandement des troupes chargées de la défense du royaume, tandis que le roi lui-même se mit à la tête du corps auxiliaire qui devait seconder les opérations de l'armée française. Cependant, au commencement de novembre, le roi voulant rentrer dans ses états, appela ce général pour le remplacer en Allemagne, où il fut chargé du siége de Hameln qui capitula bientôt après. Delà, il se dirigea sur Bremen et Hambourg. En février 1807, il fut nommé maréchal de Hollande, et décoré de la grande croix de l'ordre de l'Union. Au mois d'août, il marcha avec son armée, forte de vingt-cinq mille hommes, vers la Poméranie suédoise ; mais les opérations qu'il commençait furent interrompues par l'armistice conclu entre le roi de Suède et le maréchal Mortier. Après la paix de Tilsitt, il rentra en Hollande, et suivant le vœu du roi, il s'établit à Amsterdam. En 1808, il fut nommé conseiller-d'état. En 1809, il dirigea les opérations de l'armée hollandaise pour la défense des points menacés par l'expédition anglaise qui venait de débarquer dans l'île de Walcheren. L'année suivante, il fut nommé comte de Bergen, en récompense des services qu'il avait rendus à la bataille de ce nom. Quelque temps après, le roi se voyant dans l'impossibilité de concilier les intérêts de son peuple avec les volontés despotiques de Napoléon, prit la résolution d'abdiquer. Les troupes françaises entrèrent dans Amsterdam avec une pompe triomphale, à laquelle le général Dumonceau refusa formellement d'assister. Au bout de quelques jours, la Hollande fut réunie à l'empire, et ses troupes incorporées dans l'armée française. Le général Dumonceau fut appelé à Paris et créé comte de l'empire, puis successivement commandant de la Légion-d'Honneur et de la deuxième division militaire, l'une des plus importantes de la France, par la grande quantité de places fortes qu'elle renferme. Au commencement de 1813, il fut chargé d'un commandement dans la grande-armée. Il manœuvra vis-à-vis du général russe Czernitscheff, de manier à l'empêcher de lier ses opérations à celles du corps d'armée qui assiégeait Hambourg. Il reçut ensuite l'ordre de se porter sur Dresde. Le 26 août, il livra aux Russes, retranchés sur la hauteur de Pirna, un combat sanglant où ces derniers furent défaits. Le lendemain, il réussit également dans une nouvelle attaque ; et quatre jours après, il se couvrit de gloire à la bataille de Culm, où les Français furent battus, en effectuant sa retraite dans le meilleur ordre et sans être entamé, quoiqu'attaqué en front par les Autrichiens, tandis qu'un corps prussien travaillait à lui couper la retraite. L'empereur lui donna, le 7 septembre suivant, en passant la revue des troupes échappées à cette terrible affaire, des témoignages éclatans de satisfaction. Par l'effet des évènemens que nous venons de rapporter, le général Dumonceau se retira devant Dresde, puis dans cette ville même, et eut divers engagemens avec l'ennemi. Enfin, le 12 novembre, la garnison française évacua la place, en vertu d'une capitulation qui ne fut point respectée. Le général conduisit sa colonne sur les frontières de la Hongrie, et il se retira lui-même à Oldenbourg. Il ne rentra en France que le 1er juin 1814, époque à laquelle sa patrie étant devenue indépendante, il éprouva un vif désir de lui offrir ses services ; mais ayant appris que plusieurs officiers-généraux belges et hollandais avaient reçu l'invitation de rentrer, et remarquant, avec un sentiment pénible, qu'il n'était point de ce nombre, il se décida à rester en France, où les premiers fonctionnaires de l'État lui manifestaient le désir de l'attacher au service du roi. Il fut présenté a ce monarque, à la famille royale, et reçut sa nomination au commandement de la 2e division militaire, commandement dont il avait été revêtu à une époque antérieure. Au commencement de juillet, il fut nommé chevalier de Saint-Louis. En mars 1815, Napoléon ayant débarqué au golfe Juan, le général Dumonceau offrit ses services au roi dans une adresse, et lui fit renouveller par un de ses fils et son premier aide-de-camp, qu'il envoya à

Paris ; mais il ne reçut aucune réponse. Peu après, Napoléon arriva dans la capitale ; partout on arborait la cocarde tricolore, et ce mouvement général commençait à gagner Mézières, chef-lieu de la division. Le général Dumonceau, dans cette position critique, avait fait demander des instructions au maréchal duc de Bellune ; mais, tout-à-coup, il apprit que ce maréchal avait traversé Mézières sans s'y arrêter. Alors il assembla tout le corps d'officiers stationnés dans la place, et le résultat de cette assemblée ayant été l'avis unanime de se soumettre au nouveau gouvernement, le général Dumonceau publia un ordre du jour qui autorisait les troupes à arborer la cocarde tricolore. Peu de temps après, il reçut la nouvelle qu'il était remplacé dans son commandement, et l'ordre de se rendre à Paris, où il fut accueilli de l'empereur, qui, après une courte explication, lui offrit même un commandement dans l'armée, qu'il crut devoir refuser dans de semblables circonstances. Quelques jours après, Napoléon lui donna une preuve éclatante de sa confiance, en lui rendant le commandement de la 2ᵉ division militaire ; fonctions auxquelles la journée de Waterloo, et l'invasion subséquente du territoire français, ne tardèrent pas à mettre un terme. Immédiatement après la reddition de

Mézière, le général Dumonceau partit pour Paris, où il demanda sa démission qui lui fut accordée. Il se rendit ensuite dans sa patrie, où il offrit ses services et ceux de ses fils au roi des Pays-Bas, qui lui répondit que les grades auxquels il pouvait prétendre était occupés; mais il lui donna l'espoir que ses fils seraient avantageusement placés. Le général Dumonceau habite aujourd'hui Bruxelles, où il jouit de la considération due à une vie sans tache. Aussi distingué par son désintéressement et son humanité, que par sa valeur et ses talens militaires, il a constamment tâché d'adoucir le sort des victimes de la guerre, et fait régner la plus stricte discipline parmi les troupes qu'il commandait. En 1795, il protégea efficacement, auprès des autorités supérieures, plusieurs émigrés français et belges, réfugiés à Delft et à La Haye, et donna même, chez lui, l'hospitalité à quelques-uns de ces infortunés, du nombre desquels était l'évêque de Clermont.

DUPONT-CHAUMONT (le comte Antoine), né à Chabanais, en Périgord, le 27 décembre 1759; entra, à l'âge de dix-huit ans, dans le régiment de la Fère, infanterie; devint, au commencement de la révolution, aide-de-camp de M. de Lafayette;

et fut, en 1790, nommé président de la députation de Strasbourg à la fédération du Champ-de-Mars. Employé ensuite à l'armée du Nord, comme aide-de-camp du général d'Aumont, il se distingua dans la malheureuse affaire de Tournay, où il fut blessé. Décoré, ainsi que son frère, de la croix de Saint-Louis, qui lui fut décernée par un décret de l'assemblée législative, il combattit avec valeur a Jemmapes, en qualité d'adjudant-général, sous les ordres du général Dumouriez, et obtint ensuite le grade de général de brigade et le commandement de Douai. Laissé sans activité pendant la terreur, il reçut, à la fin de l'an 2 (1794), le commandement du camp de Paris; fut promu au grade de général de division le 1er septembre 1795, et envoyé, par la convention nationale, dans les départemens de l'Ouest, pour s'y opposer au débarquement des Anglais. Nommé inspecteur-général à la suite de cette mission, le premier consul lui confia, après le 18 brumaire, le commandement de la 14me division militaire, et le chargea, en décembre 1799, de l'inspection des troupes de l'armée du Rhin. Devenu, en 1805, commandant de la 27me division militaire (Turin), quelques démêlés élevés entre lui et le général Menou, gouverneur-général, le firent passer à l'armée de Hollande. Louis Bonaparte ayant été proclamé souverain de ce royaume, le général Dupont fut nommé ministre plénipotentiaire de France près la cour de la Haye. En 1806 il accompagna Louis en Prusse, et continua à servir militairement et diplomatiquement. Après les évènemens du 31 mars 1814, le roi lui confia l'inspection générale de l'infanterie de la première division militaire. Le 29 juillet, il fut fait grand-officier de la Légion-d'Honneur; commandant de Saint-Louis le 23 août ; comte le 24 septembre 1814; et enfin gouverneur de l'école militaire de la Flèche. Destitué, en mars 1815, par Bonaparte, une ordonnance du roi l'a réintégré en août suivant. Il est encore au nombre des lieutenans-généraux en activité.

ELOUT (Corneille-Théodore), conseiller-d'état, commandeur de l'ordre du Lion-Belgique reçut en 1790, le grade de docteur en droit à l'université de Leyde. Il s'établit ensuite, comme avocat, à Amsterdam, et fut nommé, quelques temps après, bailli de Texel. Attaché au parti des patriotes, jouissant d'ailleurs de la réputation d'un excellent jurisconsulte et d'un homme de bien, il fut appelé, en 1795, pour siéger dans la cour d'appel de la province de Hollande, place qu'il occupa jusqu'en 1802, où il fut nommé procureur-général près la haute cour de justice. Sous le gouvernement du grand-pensionnaire, Schimmelpenninck, en 1805, M. Élout partit en qualité de commissaire-général pour les Indes-Orientales, avec M. Grasveld, qui en avait été nommé gouverneur. Arrivés à New-Yorck, ils y reçurent l'ordre de leur rappel, et ils retournèrent dans leur patrie en 1806. Cet ordre émanait du cabinet du roi Louis Napoléon, mais il était plutôt dirigé contre le gouverneur que contre M. Élout, qui, peu de temps après son retour en Hollande, fut appelé au conseil d'état du nouveau roi. Lors de la réunion de la Hollande à l'empire français, M. Élout montra peu de désir d'être employé, et préféra une pension qui lui fut accordée. Après la révolution de 1813, M. Élout fut nommé membre du conseil d'état de Guillaume Ier, et, en 1815, il fit partie de la commission chargée de former un projet de loi fondamentale pour le royaume des Pays-Bas ; c'est là, comme dans toutes les fonctions qu'il a remplies, que M. Élout s'est montré grand partisan des idées libérales. On assure qu'il a, surtout, fortement insisté pour que l'article 227, qui garantit la liberté de la presse, (et que quelques membres étaient d'avis de ne pas placer dans la loi fondamentale, alléguant qu'il y était inutile, puisque cette liberté avait de tout temps, existé dans la république batave); y fut inséré avec l'article 108, qui établit la publicité des délibérations de la seconde chambre des états-généraux, contre laquelle s'étaient aussi élevés quelques membres de la commission. En 1815, il a été nommé commissaire-général des Indes-Orientales.

FELTZ (Guillaume-Antoine-François baron de), né à Luxembourg le 5 février 1744, entra, dès sa jeunesse, dans la carrière administrative ; fut chargé en 1766, de la direction du cadastre de sa province, et nommé en 1770, commissaire-général pour la publication et l'exécution de cet ouvrage. Il fut ensuite membre de la chambre des comptes. Lors des changemens ordonnés aux Pays-Bas, par l'empereur Joseph II, il fut nommé trésorier et membre du comité de la caisse de religion, ensuite conseiller au conseil du gouvernement. Mais les institutions projetées par l'empereur ayant rencontré de vives oppositions dans ce pays, il fut obligé de s'expatrier, et alla demeurer en Hollande. Les troubles étant appaisés, il fut chargé d'une commission diplomatique en 1790 : il revint ensuite à Bruxelles, et fut nommé secrétaire-d'état, puis conseiller-d'état au gouvernement général. L'académie des sciences et belles-lettres, fondée à

Bruxelles par l'impératrice Marie-Thérèse, le choisit alors pour un de ses membres ordinaires; et peu après, les Français étant entrés dans la Belgique sous les ordres du général Dumouriez, il se retira à Vienne, ou il fut bien accueilli, admis dans l'ordre Équestre des états de la Basse-Autriche, employé successivement aux affaires étrangères, puis au conseil aulique des finances et du crédit public, enfin nommé envoyé et ministre plénipotentiaire de la cour d'Autriche près les Provinces-Unies. Il a résidé en cette qualité à La Haye, jusqu'à la réunion de ces provinces à la France ; a été appelé par intervalles à Vienne, et chargé d'ouvrages importans sur les finances. Après une si longue carrière consacrée, avec une fidélité à toute épreuve, au service de la maison d'Autriche, et n'étant plus employé, il s'est retiré dans sa patrie en 1814. Le roi l'a nommé successivement conseiller-ordinaire au conseil-d'état, commandeur de l'ordre du Lion-Belgique, membre de la première chambre des états-généraux, président de l'académie des sciences et belles-lettres de Bruxelles, et membre du collége des curateurs de l'université de Louvain. Investi de tant de marques honorables de la confiance de son souverain, le baron de Feltz termine sa carrière au sein de sa famille, des lettres et des affaires publiques.

GOGEL (Isaac-Jean-Alexandre), né à Vuchí, village près de Bois-le-Duc (Brabant-Septentrional), vers l'an 1770, dans un petit château ou maison de campagne, où son père, ancien militaire, vivait retiré du service. Il fut d'abord destiné pour la marine, carrière dans laquelle il devait entrer sous les auspices de son oncle maternel, le contre-amiral Guillaume Krul; mais la mort de ce brave officier, tué dans un combat naval contre les Anglais, détruisit ce projet, et lui fit embrasser une autre profession. Il s'établit à Amsterdam pour apprendre le commerce; mais à peine fut-il lancé dans cette carrière, que la révolution de 1795, qu'il avait embrassée avec chaleur, la lui fit abandonner pour suivre celle des affaires publiques. Après avoir été successivement membre des administrations communales et provinciales, il fut, par suite des évènemens du 22 janvier 1798, lors du triomphe du parti révolutionnaire, auquel il appartenait, appelé à la place d'agent des finances. Avec des notions générales sur cette branche importante de l'administration publique, et une application soutenue au nouveau travail dont il se vit chargé, il se mit bientôt à la hauteur de sa place. La lutte de son parti avec celui des modérés avait particulièrement pour objet, l'unité dans l'administration, les dettes de l'état, les finances et les impositions. L'amalgame des dettes provinciales ayant été décrété, une des conséquences nécessaires de cette mesure, commandée par les circonstances, était l'uniformité des charges. M. Gogel s'occupa donc, dès lors, de l'établissement d'un système conçu dans ce sens : mais il n'eut pas la satisfaction de pouvoir y mettre la dernière main, à cause des changemens survenus dans le gouvernement en 1801, lorsque le département des finances fut confié à un conseil nommé à cet effet. Il se retira alors des affaires publiques pour ne s'occuper que de celles de son commerce, qui avait toujours continué à Amsterdam, sous son nom, mais dont la direction, pendant son ministère, avait été confiée à un associé. M. Schimmelpenninck ayant été, en 1804, appelé à la tête du gouvernement de la république, sous le titre de grand-pensionnaire, un de ses premiers soins fut d'offrir à M. Gogel le département des finances, que celui-ci accepta. C'est à cette époque que M. Gogel déploya les plus grands talens avec la plus rare activité, administrant a lui seul les finances, le trésor, la partie des impositions directes et indirectes, celle des domaines, des convois et des licences, et de la monnaie ; il fit face à tout, et trouva encore le temps d'achever son projet d'uniformité d'impositions pour toutes les provinces de la république. Ce nouveau système trouva d'abord de chauds partisans, ainsi que des adversaires qui le combattirent avec la plus grande opiniâtreté. Quelque opinion qu'on puisse avoir à cet égard, on ne pourrait guère contester au système dont il s'agit, l'avantage de présenter un ensemble parfait; étant conçu sans avoir égard aux localités, pour une société nouvelle, toutes les classes de cette société s'y trouvaient atteintes, et partout il existait compensations. Si, d'un côté, il y avait unité de charges, il offrait de l'autre unité d'avantages, et liberté entière de circulations des produits de l'industrie nationale, quelque fut le lieu de leur origine. Malheureusement ce système adopté en 1805 et introduit en 1806, fait pour un besoin limité et à concurrence fixe de produit, fut, dans la suite, entre les mains d'un gouvernement dépensier, un instrument facile et propre à la levée des contributions qui n'était nullement en rapport avec les moyens de la nation. Les centimes additionnels de cinq, huit, dix, et à l'égard de quelques impositions, de cinquante pour cent, réveillèrent la haine contre le ministre novateur. Celui-ci avait d'ailleurs à soutenir une lutte continuelle contre les grands propriétaires de biens-fonds et de moulins à blé, pour l'impôt foncier et celui de la mouture. Les habitans des villes murmuraient aussi : tout en profitant des contributions que les habitans de la campagne étaient obligés de payer dans la même proportion, ils insistaient sur le rétablissement des corps de métiers, tâchaient d'entraver la libre circulation, garantie par le nouveau système, et d'éloigner de leurs murs les productions de l'industrie rurale. Ces contrariétés furent encore augmentées par un arrêté royal qui séparait du département des finances, l'administration des domaines. On ne sait pas positivement si ce furent les plaintes qu'on élevait de toutes parts contre l'inconvenance qu'il y avait de voir à la tête du département des finances, un ministre exerçant lui même le commerce, ou bien si c'était le désir du roi de restreindre l'autorité trop étendue de ce fonctionnaire, doué, d'ailleurs, d'une extrême roideur de caractère, qui ont donné lieu à cette mesure inattendue; mais toujours est-il certain que voyant s'accroître progressivement les besoins d'un état, dont les sources de prospérité tarissaient de jour en jour, et s'apercevant que ses vues d'économie s'alliaient peu avec celles du roi, M. Gogel se dégoûta enfin de sa place et demanda sa démission, qui fut acceptée en 1808. Dès lors il se livra aux soins de son commerce, qu'il n'avait jamais voulu quitter pour un sort incertain dans la politique; mais deux ans après il en fut de nouveau distrait par Napoléon, qui savait apprécier et voulait utiliser ses grands talens en finances. La Hollande étant réunie à la France, Napoléon, désirant connaître le véritable esprit d'un pays, jadis florissant, mais appauvri sous la tutelle française, fit nommer une commission des notables pour conférer avec ses ministres, à Paris, principalement sur le parti qu'il conviendrait de prendre relativement aux finances de ses nouvelles possessions. M. Gogel était à la tête de cette commission; mais il ne put empêcher, que les dettes de la Hollande, qui s'étaient élevées à une hauteur effrayante ne fussent tiercées. Napoléon le nomma ensuite, conseiller-d'état et intendant-général des finances dans les départemens Hollandais. M. Gogel retourna, en cette nouvelle qualité, à Amsterdam, et reprit alors, des mains de M. Appelius, le portefeuille du département des finances, qu'il lui avait remis en 1808. Une des premières mesures de M. Gogel, fut l'organisation du syndicat. Pendant tout le temps qu'a duré la domination étrangère, M. Gogel s'est trouvé constamment à la tête des finances de son pays, et a rendu à ses concitoyens autant de services que les circonstances le lui permettaient. Resté ferme à son poste lorsque la révolution de 1813 éclata, il contribua par sa contenance a sauver du pillage, l'Intendance-générale des finances, qui était menacée par le peuple. Ayant prêté, volontairement, serment de fidélité à Napoléon, il se crut lié par ce serment, et refusa en conséquence, de faire cause commune avec ceux de ses compatriotes qui, dégagés des liens qui le retenaient, s'était mis en opposition ouverte avec le gouvernement qu'il servait, et faisaient tous leurs efforts pour reconquérir l'indépendance de la patrie : efforts auxquels, sans doute, M. Gogel, comme citoyen, applaudissait au fond de son cœur, mais auxquels il ne pouvait coopérer par la raison que nous venons d'alléguer. Il quitta Amsterdam le jour même où les cosaques investirent la ville du côté de Muyden. Il fut porté à cette démarche, indépendamment du serment de fidélité qu'il avait prêté à Napoléon, par la considération qu'en sa qualité de conseiller-d'état, il était censé avoir son domicile à Paris, et n'être en Hollande que pour remplir une mission extraordinaire, celle d'intendant-général des finances. Ayant traversé, non sans avoir rencontré beaucoup d'obstacles, plusieurs villes et villages de la Hollande, où l'insurrection s'était manifestée, M. Gogel, arriva à Paris au mois de décembre. Il prit séance au conseil-d'état, et y resta jusqu'au moment de l'approche des alliés vers la capitale. Il fut alors du nombre des conseillers-d'état, qui sur l'invitation qu'ils en avaient reçue, suivirent le gouvernement à Blois; et ce n'est qu'après avoir été présent de la remise de l'impératrice Marie Louise, aux militaires autrichiens délégués à cet effet, qu'il profita du rétablissement des communications avec la Belgique, pour rejoindre sa famille; ce qui eut lieu au mois de mai 1814. De retour dans sa patrie, M. Gogel ne pouvait d'abord se résoudre d'aller offrir ses hommages au nouveau souverain, jugeant que cette démarche paraîtrait dictée par le désir de rentrer en place; cependant, la crainte de voir attribuer ce manque d'égards à d'autres motifs moins honorables, fit cesser ses scrupules, et il demanda au prince souverain une audience qu'il obtint. Le prince le reçut avec bonté, s'entretint long-temps avec lui, et lui offrit peu de jours après à ce qu'on assure, une place que, toutefois, M. Gogel ne crut pas devoir accepter, préférant retourner dans le sein de sa famille, pour s'occuper de l'éducation de ses enfans. Il vit actuellement à Overven, village près de Haarlem, où il a acheté une fabrique modeste de bleu ou tournesol, et réfute assez par une vie laborieuse et bien éloignée de l'opulence tout ce que la calomnie a répandu sur ses prétendues richesses. Doué par la nature d'un jugement profond, de la mémoire la plus heureuse et de la plus rare assiduité au travail,

M. Gogel réunit en sa personne tout ce qui forme l'excellent administrateur.

GOLDBERG. (G.), conseiller-d'état du roi des Pays-Bas, était assureur à Amsterdam avant la révolution de 1795, dont il fut un des plus chauds partisans. Nommé membre des représentans provisoires du peuple de la province de Hollande, il s'occupa principalement des finances de cette province. Après le triomphe du parti des modérés, en juin 1798, il fut nommé ministre de l'industrie nationale, place qui fut supprimée ensuite par la constitution de 1801. Le roi Louis Napoléon, qui faisait grand cas de lui, le nomma d'abord conseiller-d'état, commandeur de l'ordre de l'Union, l'envoya ensuite comme son ambassadeur à la cour de Berlin, où M. Goldberg sut trouver à ce que l'on prétend, le moyen de s'insinuer dans les bonnes grâces de la princesse douairière d'Orange par des services qu'il rendit à la maison de Nassau. Le roi des Pays-Bas pour lui en témoigner sa reconnaissance, le nomma en 1814, en remplacement de M. le baron Van de Capellen, ministre du commerce et des colonies. Lorsqu'au mois de mars 1818, par suite du système d'économie que le roi avait adopté, ce département fut réuni a celui de l'industrie nationale, de l'instruction publique, et de la marine, et que M. Falck, fut placé à la tête de ce triple ministère, M. Goldberg fut appelé au conseil-d'état, et anobli par le roi, en témoignage de la satisfaction que causait à ce monarque la manière dont il s'était acquitté de ses fonctions administratives.

HOGENDORP (Thierry, comte de), né à Rotterdam, au mois d'octobre 1761, fut d'abord ambassadeur à Pétersbourg, puis gouverneur de la pointe orientale de l'île de Java, d'où quelques plaintes sur son administration provoquèrent son rappel. En 1806, le roi de Hollande, Louis Bonaparte, lui confia le portefeuille de la guerre, qu'il quitta en 1807, pour aller remplir les fonctions de ministre extraordinaire de Hollande près l'empereur d'Autriche. Il fut rappelé lors de la reprise des hostilités, en 1809, et arriva à La Haye, le 20 mai de cette année. Le mois suivant, il fut envoyé à Berlin, en la même qualité. En 1810, il se rendit à Madrid comme ministre plénipotentiaire. En janvier 1811, il fut nommé général de division par Napoléon, auquel il fut toujours très-dévoué, et dont il devint aide-de-camp, au mois de mars suivant. Il fut ensuite gouverneur de la Poméranie orientale. Le 1er juin 1812, il fut nommé gouverneur de Breslau; et le 16 août, il donna une fête superbe à l'occasion de l'anniversaire de la naissance de l'empereur. Chargé du commandement des troupes qui occupèrent Hambourg, il s'y conduisit avec une sévérité qui parut excessive. Après la chute de Napoléon, il se retira en Hollande, ou il obtint une pension de trois milles florins, qui lui fut retirée aussitôt qu'il fut allé rejoindre les drapeaux français à Waterloo. Les suites de cette journée le laissant sans emploi, il se décida à quitter l'Europe, et s'embarqua, en 1816, pour l'Amérique. Il a paru, dans le mois de juin 1817, sous son nom, un ouvrage qui contient des vues nouvelles sur le système de colonisation, et présente, dans certaines parties, des ressemblances assez intéressantes avec l'ouvrage de M. de Praldt sur la même matière : il est intitulé : *Du système colonial de la France sous les rapports de la politique et du commerce*, accompagné d'un *tableau echnologique de tous les établissemens coloniaux et du commerce des Européens, dans les autres parties du monde.* On lui doit encore : *Renseignemens sur l'état actuel des possessions hollandaises, aux Indes-Orientales, et du commerce qui s'y fait*, 1799, in-8°; — Un drame hollandais, intitulé *Krasppaucol, ou tableaux des mœurs de l'Inde* ; une tragédie française, qui a pour sujet l'action héroïque d'Antoine Hambrouck, si célèbre dans l'histoire des Pays-Bas.

HULTMAN (Charles-Gérard), de la province de Gueldre, fut substitut-greffier de la cour de justice à Arnheim, avant la révolution de 1787, laquelle lui fit perdre cet emploi, attendu qu'il avait pris part aux efforts que firent un grand nombre de ses concitoyens, pour opérer un nouvel ordre de choses dans le gouvernement de la république des Provinces-Unies. L'aspect des affaires politiques y ayant changé en 1795, M. Hultman rentra en activité en 1802. Au mois de septembre, il fut chargé de négocier la renonciation de la cour de Prusse à des territoires enclavés dans les limites de la république batave. Après avoir réussi dans sa mission, il revint à La Haye en 1803, et fut nommé greffier au secrétariat-général du directoire de cette république. Au mois de janvier 1807, il fut nommé directeur-général des arts et sciences dans le royaume de Hollande, puis préfet à La Haye. Lors de la réunion de ce royaume à l'empire français, il fut remplacé dans la préfecture du département des Bouches-de-la-Meuse, par le baron de Staffort, et envoyé dans la même qualité à Avignon, où il se fit aimer par une administration sage et juste. Quelque tems après il demanda et obtint de retourner dans sa patrie, et fut nommé préfet des Bouches-de-l'Yssel. Napoléon le créa aussi baron de l'empire. Après la restauration de novembre 1813, M. Hultman quoique compris en 1787, parmi ceux qui, à cause de leurs opinions politiques, n'avaient pu conserver leurs places, n'en fut pas moins continué dans celle qu'il occupait à cette époque. Le prince d'Orange rentré en Hollande avec l'oubli du passé, sut trop bien apprécier les talents de M. Hultman pour vouloir perdre un si bon administrateur, il est maintenant préfet ou gouverneur-civil de la province du Brabant septentrional, conseiller-d'état en service extraordinaire, et chevalier de l'ordre du Lion-Belgique.

JANSSENS (Jean-Guillaume), lieutenant-général, grand'croix et chancelier de l'ordre militaire de Guillaume, naquit le 12 octobre 1762, à Nimègue, où son père, officier au régiment d'Ailva, était alors en garnison. Entré, très-jeune encore, comme cadet, au régiment dans lequel servait son père, il fut nommé officier à 15 ans. En 1787, se trouvant à Harlingue, et s'étant rendu utile au parti stadhoudérien, il obtint en récompense, le grade de capitaine au régiment de Wartensleben, et fit, en cette qualité, les campagnes de 1793 et 1794 : il fut grièvement blessé dans l'affaire du 13 septembre 1793, devant Menin. Il continua de servir, après la révolution de 1795, mais ses blessures n'étant pas guéries, il demanda et obtint sa retraite avec pension. Peu de temps après, il fut employé dans l'administration des troupes françaises à la solde de la Hollande, et nommé, au mois de mars 1797, commissaire-général de cette administration. Pendant les cinq années que dura cette direction, le gouvernement batave l'envoya, à différentes reprises, à Paris, afin de prévenir des changemens vexatoires et onéreux que le gouvernement français avait l'intention d'apporter aux stipulations convenues entre les deux états, pour l'entretien de ces troupes. Il s'acquitta de ces missions avec autant d'intelligence que de probité. Le gouvernement de la république batave avait mis à sa disposition des sommes considérables, avec la faculté de les employer où et comme il le jugerait à propos, sans qu'il eût besoin d'en rendre compte. Ce corps constitué ne fut pas peu étonné, lorsqu'à son retour, M. Janssens ne porta en compte que ses frais de voyage et de séjour, qui se montaient, d'ailleurs, à une somme très-modique, et assura n'avoir pas eu besoin de faire d'autres dépenses. Cette scrupuleuse probité, ainsi que le bon ordre et l'économie qui régnaient dans toutes les parties de son administration, continuèrent de lui mériter la confiance de son gouvernement et l'estime de ses concitoyens. On eut la satisfaction de s'apercevoir par le compte rendu de la première année de sa gestion, que les dépenses de cette administration, depuis qu'elle avait passé dans ses mains, étaient diminuées de six mille florins par jour, montant de son traitement par an. En 1802, le gouvernement batave ayant l'espoir de se voir déchargé de l'entretien d'une armée française, et la place de commissaire-général devenant par-là inutile, M. Janssens fut nommé gouverneur et général en chef de la colonie du cap de Bonne-Espérance. Arrivé à sa destination, il profita du premier moment favorable pour faire un voyage dans l'intérieur du pays; il poussa jusques dans la Caffrerie, et y fit une paix avantageuse avec le roi Gaïka. Il aurait pénétré plus loin, et recueilli une plus ample moisson de connaissances sur l'intérieur de cette partie de l'Afrique, si la nouvelle de la rupture de la paix avec l'Angleterre ne l'avait obligé de retourner sur ses pas, et de songer aux moyens de défense de cette possession importante pour la république. Les colons, oubliant leurs anciennes divisions, se rangèrent avec empressement sous les drapeaux de la mère-patrie; et même ceux qui étaient établis à une grande distance du chef-lieu de la colonie, vinrent offrir leurs services. Tout prenait l'aspect le plus favorable, et le meilleur esprit animait les troupes et les habitans, lorsque le général Janssens eut la douleur de recevoir un ordre de son gouvernement, qui lui enjoignait de diriger la plus grande partie de ses troupes européennes sur Batavia. Cet ordre qui avait été nécessité par la plus grande importance de l'île de Java, comparativement au cap de Bonne-Espérance, ne pouvait manquer d'avoir pour résultat la reddition de cette dernière colonie, en cas d'attaque de la part des Anglais. Aussi dut-elle céder aux forces supérieures que le général Baird avait débarquées dans les premiers jours du mois de janvier 1806, malgré l'opiniâtre résistance des troupes sous les ordres du général Janssens, qui ne s'élevaient en tout, y compris les Hottentots et les habitans armés, qu'à 1900 hommes, tandis que l'ennemi en avait 10,000, tous soldats européens. Le général Janssens donna, en cette occasion, des preuves de bravoure et d'intelligence; mais, trahi par le bataillon étranger qui faisait partie de son corps, et qui s'enfuit au commencement de l'attaque que fit le général anglais, le 8 janvier, il ne lui resta d'autre parti à prendre que de songer à se tirer de cette pénible position, le mieux qu'il le pourrait. Sa conduite ferme et courageuse, que le général ennemi sut apprécier, lui valut une capitulation honorable, par laquelle il fut accordé que les braves restés fidèles au gouverneur hollandais, ne seraient pas considérés comme prisonniers, mais devaient être transportés, avec leur chef, dans leur pays. Le général Janssens resté encore quelques semaines au cap avant de s'embarquer pour sa patrie, eut la satisfaction de trouver, dans les témoignages de respect que lui donnèrent de toutes parts, les habitans du chef-lieu sur lesquels il n'exerçait plus aucune autorité, l'approbation de sa conduite. De retour en Hollande, il obtint également ce témoignage flatteur de la part de son nouveau souverain, le roi Louis Napoléon, qui le nomma dès le mois de juillet de la même année (1806), conseiller-d'état en service extraordinaire et secrétaire-général du département de la guerre; et ensuite successivement conseiller-d'état en service ordinaire, président des sections de la guerre et de la marine, intendant-général de l'armée du Rhin, directeur-général de l'administration de la guerre, et enfin, en 1807, ministre de ce département. Des motifs qui ne nous sont pas connus, ou peut-être le mécontentement que donna au roi Louis, la faveur dont le général Janssens paraissait jouir auprès de la reine Hortense et de sa mère, l'impératrice Joséphine, firent, au mois de mai 1809, donner à celui-ci, un successeur au département de la guerre: il conserva, néanmoins, le grade de lieutenant-général, et le titre de conseiller-d'état, avec une pension de huit mille florins par an. Retiré des affaires, le général Janssens fit un voyage en Suisse et en Italie. Après son retour dans sa patrie, le roi voulut de nouveau l'employer, et lui destina le gouvernement des possessions hollandaises dans les Indes-Orientales ; mais il ne put mettre ce projet à exécution, à cause de la nécessité où il fut réduit par son frère, de renoncer au trône de Hollande. Le roi ayant abdiqué, M. Janssens fut chargé par le gouvernement provisoire d'en porter la nouvelle à l'empereur, et d'apprendre ses intentions à l'égard de ce pays. Napoléon s'entretint plusieurs heures, seul avec le général Janssens, dans son cabinet, à Rambouillet. Cet entretien, remarquable par ses résultats, ne le fut pas moins par la manière dont il finit. L'empereur, après avoir fait une foule de questions au chargé de pouvoirs de la Hollande, les unes plus intéressantes que les autres, et qui prouvaient la parfaite connaissance qu'il avait de la situation des affaires de ce pays, et après avoir obtenu, sur chacune d'elles, la réponse convenable, finit, après un long silence qui laissait le général Janssens dans une pénible incertitude, par rédiger lui-même le décret qui réunit la Hollande à l'empire français (il est daté du 9 juillet 1810). Dès cette époque, M. Janssens jouit constamment de l'estime de l'empereur, qui le fit d'abord porter sur le tableau des généraux de division en activité, et l'envoya ensuite, vers la fin de 1810, à Batavia, en qualité de gouverneur-général des possessions hollandaises dans les Indes, à des conditions très-avantageuses pour lui et sa famille. Il y remplaça le général Daendels. Arrivé, après une traversée de trois mois et vingt jours, au lieu de sa destination, son premier soin fut de s'occuper des moyens de défense de ces riches possessions. L'armée qu'il y trouva, avait une force nominale assez considérable, mais ne comptait que très-peu d'Européens, pour la plupart, encore, invalides : la majeure partie des troupes consistait en nouvelles levées de Javanais, forcés au service, qui avaient l'état militaire en horreur, et commandés, d'ailleurs, à quelques honorables exceptions près, par des officiers au-dessous de la médiocrité. La désertion et les maladies (on comptait quatre mille malades à Batavia), achevaient de rendre les moyens de défense absolument insuffisans, en cas d'attaque de la part des Anglais ; d'autant plus que, des trois mille soldats aguerris que l'empereur avait l'intention de diriger vers cette colonie, 300 seulement avaient pu réussir à parvenir à cette destination.

Ce fut cependant avec ces faibles moyens, que le général-gouverneur dut se défendre contre les forces considérables avec lesquelles les Anglais vinrent l'attaquer au mois de septembre 1811. Il était aisé de prévoir qu'il succomberait, mais la justice nous fait un devoir d'observer que sa défense fut aussi brillante que malheureuse. Des traits du plus grand dévouement l'ont encore ennoblie. Lorsque, dans la journée du 26 septembre, les Anglais attaquèrent les retranchemens dans lesquels le général Janssens s'était retiré, et où il se défendait avec la plus grande intrépidité, on entendit tout-à-coup une forte explosion. C'était une redoute que le major Muller avait juré la veille, en quittant le général, de faire plutôt sauter en l'air avec lui et toute sa troupe, que de la rendre à l'ennemi : il tint parole, et trouva une mort glorieuse avec ses braves compagnons d'armes, sous les décombres de cette redoute, qui ensevelit en même temps les assaillans. Tant d'héroïsme fut inutile. Les Javanais frappés d'une terreur panique à la vue des soldats blancs, prirent la fuite de toutes parts, et le général Janssens fut, par-là, obligé d'ordonner la retraite, dans laquelle il faillit être tué par un détachement de la cavalerie anglaise qui le poursuivit à sa sortie des retranchemens : il ne dut la vie qu'à la générosité de l'officier qui le commandait, et qui, n'aspirant qu'à le faire prisonnier, le protégea contre ses troupes, irritées par la résistance des Hollandais. Le général Janssens, après avoir perdu la presque totalité de son armée, et avoir mis le feu aux magasins considérables d'épiceries qui se trouvaient sur sa route, arriva enfin à Buitenzorg. C'est là qu'il rassembla encore ce qu'il pouvait réunir de troupes, et avec la résolution de se défendre et d'arrêter l'ennemi autant qu'il lui serait possible. Il y refusa la capitulation qui lui fut offerte par lord Mints, gouverneur-général des possessions anglaises dans les Indes, qui accompagnait en personne cette expédition, dont le gouvernement anglais appréciait l'extrême importance. Mais voyant que cette position ne pouvait être défendue avec le peu de troupes qui s'étaient jointes à lui, il se porta sur Samarang, où il reçut des princes indiens quelques nouveaux renforts, qui l'abandonnèrent à la première attaque. Alors ne se trouvant entouré que de quelques officiers, il fut obligé d'entrer en négociation avec un ennemi qui, irrité de l'opiniâtre résistance que lui avait opposé le général hollandais, aussi long-temps qu'il lui restait quelques ressources, lui imposa de dures conditions. Le général Janssens, au nom duquel se rattachent ainsi deux évènemens malheureux, fut mieux

traité à son retour en Europe, par Napoléon, qui approuva complètement sa conduite, l'indemnisa des pertes qu'il avait essuyées, et le créa baron de l'empire. En attendant, le général Janssens avec son état-major avait été transporté comme prisonnier de guerre en Angleterre, tandis que les autres officiers de son armée furent envoyés au Bengale. Quelques personnes ont fait au général Janssens, le reproche d'avoir défendu avec trop d'opiniâtreté l'ancienne colonie hollandaise de Java, et de ne l'avoir pas rendue aux Anglais, plutôt que de tâcher de la conserver au gouvernement français; mais elles ont oublié sans doute que le général Janssens avait prêté serment de fidélité à l'empereur des français, et que tout serment est sacré, quelque soit celui qui l'ait reçu. Ce général est donc, au contraire, digne d'éloges pour avoir su sauver à la fois l'honneur national et son honneur personnel. Au mois de novembre 1812, il obtint la permission du gouvernement anglais, de se rendre sur le continent, en donnant sa parole de ne pas servir contre l'Angleterre jusqu'à ce qu'il fut échangé. Arrivé à Paris, il demanda que sa conduite fut examinée par un conseil de guerre. « J'ai examiné moi-même votre af-
» faire, lui répondit Napoléon ; j'ai été votre juge,
» vous en faut-il un autre ? Je vous ai justifié com-

» plètement. Je vais vous employer à l'intérieur. »
Et il lui donna le commandement de la trente-unième division militaire, chef-lieu, Groningue. Le général Janssens se signala, dans cette nouvelle place, par les mesures sages qu'il prit pour dompter une insurrection qui avait éclaté en Ost-Frise, et qui fut réprimée sans effusion de sang : il fut encore utile au comte de Bentinck-Roon, dans les terres duquel une insurrection s'était manifestée, et dont la vie était menacée par les Français, entre les mains desquels il se trouvait. Des frégates anglaises s'étant présentées devant Hambourg, le général Janssens prévoyant la possibilité d'un ordre qui lui enjoignit d'agir contre ces forces, fit observer au gouvernement français qu'il n'était pas encore échangé, et que, par conséquent, il ne pouvait être employé de ce côté. On reconnut la justesse de cette observation, ainsi que l'honorable sentiment qui l'avait dictée ; le général Janssens fut remplacé, et obtint le commandement de la deuxième division militaire, chef-lieu, Mézières. C'est là qu'il reçut enfin l'acte de son échange au mois de février 1813. L'empereur lui fit expédier l'ordre, au mois de mars 1814, de venir le joindre avec ce qu'il pourrait réunir de troupes, n'en laissant qu'un tiers dans la forteresse. Avec un corps de cinq à six mille hommes,

il rejoignit en effet l'empereur à Reims, le lendemain de son entrée dans cette ville, après l'affaire qui lui en avait ouvert les portes, malgré la vive résistance des Russes sous les ordres du général Saint-Priest. L'empereur voulut alors donner au général Janssens le commandement d'une division d'infanterie sous le prince de la Moskowa (Ney): mais sur la déclaration franche et modeste du général, qu'il ne se croyait pas le genre de connaissances nécessaire pour faire mouvoir de grandes masses, Napoléon, pour lui donner une autre marque de sa confiance, voulut le renvoyer, avec des pouvoirs très-étendus, dans la division militaire qu'il venait de quitter. Alors le général, aussi bon patriote que fidèle serviteur, déclara à l'empereur qu'il ne pourrait jamais se décider à porter les armes contre sa patrie, et que les évènemens de la guerre pouvant amener des troupes hollandaises de ce côté, il préfèrerait une autre destination. L'empereur approuvant le motif qui avait dicté cette résolution, permit au général Janssens de se rendre à Paris, et d'y attendre l'issue des évènemens. Il y resta jusqu'à l'entrée des alliés, en conservant toujours ses appointemens, et donna ensuite sa démission du service de France. Rentré dans sa patrie vers le milieu du mois d'avril 1814, il offrit ses services au prince souverain, qui, oubliant que le général Janssens avait servi le parti opposé au sien, pour ne se rappeler que les blessures qu'il avait reçues en 1793, en combattant sous ses ordres en Flandre, lui conserva le grade de lieutenant-général, et le chargea de l'organisation de l'infanterie et de la cavalerie. Après la réunion de la Belgique et de la Hollande, il fut chargé de l'administration de la guerre, et, peu après, nommé commissaire-général de ce département, avec le rang de secrétaire-d'état. Sur sa demande réitérée, le roi lui accorda enfin, au mois de mai 1815, sa démission de cette place; il le nomma grand'croix et chancelier de l'ordre militaire de Guillaume, et lui conféra le titre d'écuyer (*Jonkher*), pour lui et ses descendans. Le général Janssens fut, à des époques antérieures, successivement commandeur et grand'croix des ordres de l'Union et de la Réunion; officier, commandant et grand-officier de la Légion-d'Honneur, grade dans lequel il a été confirmé par Louis XVIII.

KIKKERT (A.), vice-amiral des Pays-Bas, né le 27 novembre 1762, à Vlieland (Hollande), est entré au service de la marine, comme cadet, en 1776. Il fut nommé lieutenant en 1779, et assista en cette qualité, en 1781, a la célèbre bataille de Dogger s'bank, dans laquelle il se signala par son sang-froid et son intrépidité. Il montait alors le vaisseau de ligne *le Batave*, capitaine Bentink, et fut décoré de la médaille d'argent qui fut distribuée à ceux qui s'étaient distingués dans cette journée si glorieuse pour les armes de la république. En 1782, nommé premier lieutenant, et en 1786, capitaine. Il fit différentes croisières dans la Méditerranée, puis devant les îles Açores, et débarqua, au mois de décembre, à l'île de Curaçao, où il resta jusqu'au mois de février 1795. Les nègres de cette colonie s'étant révoltés en 1790, le capitaine Kikkert se mit à la tête de la force armée destinée à les soumettre; et après avoir livré plusieurs combats, il parvint à rétablir la tranquillité. De retour dans sa patrie, il reçut, en 1802, le grade de contre-amiral, fut, en 1803, nommé commandant des navires de guerre stationnés au nord de la rivière de l'Y, et conserva ce poste jusqu'au mois d'avril 1807, époque à laquelle le commandement de cette station fut transmis au vice-amiral de Winter, sous les ordres duquel il continua de servir pendant un an. Nommé vice-amiral en 1808, il obtint le commandement des forces maritimes stationnées depuis le Zuyderzée jusqu'à Hambourg. Il se trouvait en Hollande au moment de la révolution de novembre 1813. Le 26 de ce mois, dans une proclamation datée de Rotterdam, il abjura le service de l'empereur des français, et embrassa avec chaleur la cause de l'indépendance nationale. Le pavillon hollandais, qu'on n'espérait plus voir se relever, flotta de nouveau sur la Meuse, où le vice-amiral Kikkert avait réuni plusieurs bâtimens armés pour seconder les nobles efforts qui se faisaient de toutes parts pour recouvrer la liberté, et établir un nouvel ordre de choses. Par sa ferme contenance, il força les Français d'évacuer la ville de Dordrecht, et contribua puissamment à la délivrance de sa patrie, particulièrement par les sages mesures qu'il prit pour favoriser les efforts tendant à l'occupation des forts de Brielle et de Hellevoetsluis, afin que les transports des munitions de guerre venant d'Angleterre, n'eussent plus d'obstacles à rencontrer pour entrer en Hollande. Il en reçut la récompense, par sa nomination de commandeur de l'ordre militaire de Guillaume, et de celle de gouverneur de l'île de Curaçao, place qu'il occupe depuis le commencement de 1815. Il est officier de la Légion-d'Honneur depuis 1811.

KRAYENHOFF (Corneille-Rodolphe-Théodore), lieutenant-général, inspecteur-général du génie, au service des Pays-Bas, est né à Nimègue, en 1759 : son père ayant éprouvé quelques désagrémens dans le même service, ne voulut pas que son fils embrassât l'état militaire; il l'envoya à l'université de Haderwyk pour y apprendre la médecine. Après avoir suivi, avec beaucoup de succès, les leçons de ses professeurs, et reçu le grade de docteur en médecine, M. Krayenhoff s'établit comme médecin à Amsterdam, et y exerça cet état jusqu'à la révolution de 1795, époque à laquelle il fut nommé lieutenant-colonel-ingénieur et controleur-général des fortifications hollandaises. En 1798, il fut chargé, par son gouvernement, de faire une nouvelle carte de la république batave ; c'est une des plus belles qui aient été faites en Hollande, et elle est très-estimée à cause de sa grande exactitude. Nommé, au mois d'août 1799, chef d'une brigade d'ingénieurs, il rendit des services essentiels pendant la campagne de cette année dans la Nord-Hollande contre l'armée anglo-russe. Le 17 décembre 1805, il fut nommé commissaire-général du gouvernement batave, auprès du quartier-géral du prince Louis Napoléon. Il servit avec distinction dans les campagnes, de 1805, 1806 et 1809 en Zélande. Le roi Louis le nomma, peu de temps après son avénement au trône de Hollande, son aide-de-camp, ensuite directeur-général de la guerre, général-major, et enfin, en 1809, ministre de la guerre. Après la réunion de la Hollande à l'empire, il resta pendant quelque temps sans fonctions, à cause du dévouement qu'il avait montré au roi Louis, et du patriotisme qui le porta à engager celui-ci à tenir une contenance ferme, et même à défendre Amsterdam, s'il le fallait. Cependant Napoléon, qui sut apprécier l'énergie et les rares talens de cet officier, le nomma, par son décret du 21 septembre 1810, inspecteur-général du génie, place qu'il a occupée jusqu'à ce que les évènemens de la guerre aient fait, en 1813, recouvrer à la Hollande son ancienne indépendance. M. Krayenhoff embrassa le parti patriotique avec chaleur, et fut nommé, le 24 novembre, gouverneur d'Amsterdam. Il commanda, à cette époque, le siége de Naarden, ville dans laquelle les français s'étaient renfermés, et qui ne se rendit qu'après la prise de Paris par les armées alliées. Il obtint, le 17 janvier 1814, le commandement de la première division militaire des Provinces-Unies des Pays-Bas; et quelque temps après la place d'inspecteur-général du génie, qu'il occupe dans ce moment. M. Krayenhoff joint au courage militaire des talens distingués dans la partie à la tête de laquelle il se trouve, ainsi que dans celle du *Waterstaat* (administration des Ponts-et-Chaussées). Sous la république batave, il fut de même commissaire-inspecteur du *Waterstaat* et membre du comité-central de cette administration. On lui doit quelques ouvrages recommandables. Il a traduit en hollandais et publié avec des remarques savantes, l'ouvrage de Jaquet sur l'*électricité*. Il remporta le prix au concours ouvert par une société savante à Toulon, *Sur l'électricité physique et médicale*; son mémoire, écrit en latin, a été traduit en français, par M. le professeur Van Swinden. M. Krayenhoff est encore auteur d'une description étendue de la composition de sa belle carte du royaume de Hollande; il l'a adressée à l'institut des Pays-Bas, mais, jusqu'ici, elle n'a pas encore été publiée : il en est de même d'un projet adressé par lui à cette société savante, concernant la clôture de la rivière du Lek. Monsieur Krayenhoff est commandeur de l'ordre militaire de Guillaume, et chevalier de la Légion-d'Honneur.

LEBRUN (Charles-François), duc de Plaisance; né d'une famille honorable, reçut une éducation très-soignée, et manifesta de bonne heure une intelligence peu commune. Devenu secrétaire du chancelier Maupeou sous Louis XV, il passa pour avoir composé, en 1775, les discours prononcés par le chef de la justice, dans sa querelle avec les parlemens. Il s'attacha ensuite à M. Turgot, et devint administrateur des domaines. Il vivait, depuis quelque temps, dans la retraite, uniquement occupé de l'éducation de sa famille, lorsqu'il fut nommé, en 1789, député du tiers-état de la sénéchaussée de Dourdan aux États-Généraux, où il se fit remarquer par sa modération. Uniquement occupé d'objets de police, de finances et d'administration, il fit rendre plusieurs décrets sur ces matières, et vota l'aliénation des biens du clergé. Échappé heureusement au régime révolutionnaire, pendant lequel il fut presque toujours incarcéré, il entra, vers la fin de 1795, au conseil des anciens, et s'y livra de nouveau à des travaux sur les finances: il appuya aussi l'admission de Job Aymé; fut nommé, le 22 janvier 1796, secrétaire, et le 20 février, président; applaudit à la journée du 18 brumaire; présida à cette époque la commission intermédiaire du conseil des anciens, et devint troisième consul en décembre 1799, élévation à laquelle contribua beaucoup, sans doute, la part qu'il avait prise au changement politique qui venait de s'opérer, mais qu'il justifia complettement par sa conduite. Élu, en 1803, membre de la troisième classe de l'Institut, qu'il présida ensuite, il fut élevé, en 1804, à la dignité d'architrésorier de l'empire, décoré, peu de temps après, du grand cordon, et alla en 1805 et 1806, organiser les états de Gênes réunis à l'empire, dont il eut quelque temps le gouvernement général. En 1810, il remplit les mêmes fonctions en Hollande, et y resta comme gouverneur-général, jusqu'à l'instant où le pays se souleva et proclama son indépendance. Il est juste de dire que la manière dont il sut concilier, avec les ménagemens dûs aux habitans, ce qu'exigeaient les fonctions dont il était revêtu, lui mérita l'estime de tous les hommes capables d'apprécier les difficultés de sa situation. Le 6 avril 1814, il signa l'acte qui rappelait au trône la maison de Bourbon, fut créé, le 4 juin, pair de France; reprit les fonctions d'archi-trésorier après l'invasion de Napoléon en 1815; fut nommé par lui grand-maître de l'Université, le 7 mai, et enfin, le 2 juin, membre de sa chambre des pairs. Compris ensuite dans l'ordonnance du roi, du 24 juillet 1815, il cessa de faire partie de la chambre haute, et se retira des affaires, pour vivre au sein de sa famille, emportant au moins la satisfaction de ne point avoir abusé de l'autorité dont il s'était vu investi à différentes époques, et par conséquent de ne point laisser après lui la haine qui trop souvent s'attache et survit à l'existence du pouvoir. Si la carrière politique du prince Lebrun est honorable, ses travaux littéraires lui assurent un rang distingué parmi les écrivains de l'époque actuelle. Son principal titre à ce genre de gloire, est sa traduction de la *Jérusalem délivrée*, ouvrage du premier ordre, où, par la noblesse, l'élégance et l'harmonie du style, le prosateur s'est montré plus réellement poëte que ne le sont beaucoup de versificateurs. La singularité de la préface fit, dans le temps, attribuer à J.-J. Rousseau cette traduction remarquable, à laquelle l'auteur n'avait point attaché son nom. Quoique moins complettement heureux à l'égard d'Homère qu'à l'égard du Tasse, le prince Lebrun a reproduit l'*Illiade* en prose, avec un talent qui nous porte à regarder sa traduction comme la meilleure qui existe de ce chef-d'œuvre du génie antique; elle est surtout remarquable par la chaleur et la rapidité. Quelques critiques ont reproché à sa phrase une concision qu'ils ont taxée de sécheresse : ce reproche ne paraît fondé qu'en partie à ceux qui se font une juste idée de la différence des deux idiômes, et qui sentent que, réduit à l'impossibilité de transporter dans sa langue, sans la plus fatigante diffusion, l'abondance de la diction homérique, le traducteur a dû s'assurer, au moins, des effets par lesquels il pouvait espérer d'atteindre quelquefois à la pittoresque énergie de l'original.

MAANEN (Corneille-Félix Van), ministre de

la justice du roi des Pays-Bas, naquit à La Haye en 1770, de parens honnêtes. Il s'établit comme avocat dans sa ville natale, et y pratiqua avec succès. Attaché au parti anti-stadhoudérien, il fut, après la révolution de 1795, nommé substitut-avocat-fiscal du procureur-général près la cour d'appel pour la province de Hollande. Celui-ci étant mort peu de temps après, M. Van Maanen lui succéda, et remplit avec honneur les fonctions de cette place importante jusqu'en 1806, époque à laquelle le roi de Hollande le nomma son ministre de la justice. Vers la fin du règne de ce prince, et lorsqu'il existait déjà de la mésintelligence entre celui-ci et son frère Napoléon, M. Van Maanen perdit en même temps sa place et la confiance de son souverain. Il y a des gens qui prétendent que le roi le soupçonna de favoriser les vues de Napoléon, opposées à celles qu'il formait pour le bonheur de l'état sur lequel il était appelé à régner. Le patriotisme de M. Van Maanen, à l'abri de toute atteinte, et la loyauté de son caractère, répondent à ce reproche qu'un auteur anonyme reproduit dans un ouvrage écrit en allemand, qui a fait, en 1819, quelque bruit dans les Pays-Bas, dont il dépeint les hommes marquans sous des couleurs souvent aussi odieuses que fausses. Après la réunion de la Hollande à l'empire français, en 1810, Napoléon nomma d'abord M. Van Maanen conseiller-d'état, et ensuite premier président de la cour d'appel. Excellent jurisconsulte, M. Van Maanen prouva, par la manière dont il remplit les fonctions de cette place, qu'un homme de talent qui a fait des études approfondies, peut, avec de l'application, se mettre bientôt à la hauteur de l'emploi qui lui est confié, quoique difficile et nouveau pour lui. Cette place réunissait trop d'avantages pour M. Van Maanen, pour qu'il voulût risquer de la perdre en prenant une part active à la révolution de novembre 1813; il resta fidèle au souverain auquel il avait prêté serment, et dont il avait, en qualité de grand'croix de l'ordre de la Réunion, juré de soutenir le trône, et ne s'en détacha que lorsque le prince d'Orange, fils aîné du dernier stadhouder de la république des Provinces-Unies, qui se trouvait alors en Angleterre, appelé par les vœux unanimes de la nation, fut revenu dans sa patrie et eut pris les rênes du gouvernement. Délié de son serment, M. Van Maanen continua de servir le nouveau souverain dans la même place qu'il occupait sous le précédent, et exerça, en même temps, les fonctions de ministre de la justice. C'est en cette qualité qu'il porta, au nom du prince souverain, la parole dans l'assemblée des notables, convoquée à Amsterdam en 1814, pour voter sur la loi fondamentale de l'état, et qu'il y prononça un discours très-éloquent, dont M. Stuart a consigné le texte dans ses *Annales*. Après la création du royaume des Pays-Bas, par l'acte du congrès de Vienne, M. Van Maanen fut appelé au ministère de la justice ; sa nomination date du 16 septembre 1816. Dans cette nouvelle qualité, il porta et soutint, au nom du roi, dans la seconde chambre des États-Généraux, deux projets de lois, dont il paraît assez difficile de concilier les principes avec ceux de la révolution de 1795, que M. Van Maanen avait professés dans le temps : le premier avait pour objet de limiter encore davantage la liberté de la presse, déjà gênée par la loi dite des 500 florins, et l'autre de faire considérer le droit de chasse comme un droit régalien, ou faisant partie de la prérogative royale. Ces deux projets présentés dans la session de 1817 — 1818, n'obtinrent pas l'assentiment de la chambre et n'ont pas été reproduits jusqu'ici. M. Van Maanen refusa, au ministre de Napoléon, de poursuivre M. Kemper, professeur de Leyde, pour une brochure qu'il avait publiée, et dans laquelle il élevait des doutes sur l'intention sérieuse de l'empereur de transformer la république batave en royaume, et de lui donner un de ses frères pour roi. Il est membre de l'institut des Pays-Bas, et commandeur de l'ordre du Lion-Belgique.

MICHAUD (Claude-Ignace-François), lieutenant-général des armées françaises, né à Pontarlier, en 1751; fit, avec distinction, les campagnes de 1792 et 1793, et fut promu au grade de général de division le 4 vendémiaire an 2. Lorsque Pichegru eut quitté le commandement de l'armée du Rhin, au commencement de l'année 1794, Michaud en fut nommé provisoirement général en chef. Il ouvrit cette campagne par la reprise du fort Vauban, dans la nuit du 18 janvier. De nouveaux succès l'attendaient dans le Palatinat, où, le 24 mai, l'ennemi l'ayant attaqué sur tous les points, fut complèttement battu malgré la supériorité de ses forces. Cependant la gauche de l'armée de la Moselle éprouvait quelques revers; le général Ambert avait été repoussé de Kaïserslautern. Le général Michaud ordonna alors la retraite sur les lignes, et l'effectua dans le plus grand ordre. Au mois de juillet, l'armée du Rhin prit l'offensive, et fut victorieuse le 3 à Offenbach. Le 12, elle s'empara de Freibach et de Friesmersheim, et successivement des montagnes de Platzberg, de Saukopf, Tripstadt et Kerweiller.

Le 28, elle entra à Spire, à Neustadt, et reprit encore une fois le fort de Kaïserslautern. Après le 9 thermidor (27 juillet 1794), le général Michaud transmit à la convention les félicitations de l'armée, sur les résultats de cette journée. Dans la campagne d'hiver de 1795, il s'empara du fort du Rhin, près Manheim, après quatorze heures de bombardement, et se démit, quelque temps après, du commandement en chef qu'il considérait comme supérieur à ses forces. En acceptant cette démission, la convention applaudit à la modestie du général; cependant il avait conservé le commandement d'une division avec laquelle il pénétra en Hollande, au mois de janvier 1795, et, le 29, il occupa Flessingue et Middelbourg dans l'île de Zélande. Ayant été obligé de quitter l'armée au mois d'avril, par la fracture d'une jambe, il fut remplacé par Kléber, reçut aussitôt le commandement de la Flandre orientale et de la Flandre hollandaise, et envoya à la convention, dans la journée des 1er et 4 prairial (20 et 23 mai 1795), une adresse énergique dans laquelle il la félicitait de la victoire qu'elle venait de remporter sur les continuateurs et les partisans de la tyrannie abattue au 9 thermidor. Nommé, en 1799, commandant de la 13e division militaire, il mit en état de siége et fit occuper militairement les communications de Rieux, Lapoterie et Allaire en Bretagne, comme ayant donné asile à des assassins. Au mois de juillet 1799, il fut désigné par *intérim* comme général de l'armée d'Angleterre. Le général Michaud fit la campagne de l'an 9 en Italie ; il y commandait l'arrière-garde de l'armée aux ordres du général Brune, et il se distingua aux passages de l'Adige et du Mincio. Plus tard, il soutint, à la tête de l'avant-garde, un combat opiniâtre entre Citadella et Castel-Franco ; poursuivit l'ennemi jusqu'à Salva-Rosa, et lui fit huit cents prisonniers. A la paix il fut nommé inspecteur-général d'infanterie, commandant de la Légion-d'Honneur en 1804 ; et obtint en septembre 1805, le commandement des troupes françaises en Hollande, en remplacement du général Marmont. Appelé, en 1806, aux fonctions de gouverneur des villes anséatiques, il marcha, le 7 mai 1809, contre le major Schill, et le mit en fuite. Le général Michaud conserva ce poste jusqu'en 1813 ; et, en 1814, il fut nommé grand officier de la Légion-d'Honneur, et inspecteur d'infanterie de la 15e division. C'est avec peine que, depuis le licenciement de l'armée, en 1815, on ne retrouve plus le nom de ce brave officier sur la liste des officiers-généraux en activité. Il est vrai qu'il est maintenant âgé de soixante-onze ans ;

mais le commandement des divisions de l'intérieur ne devrait-il pas être la retraite et la récompense des braves que leur âge, leurs services ou leurs blessures ont forcé d'abandonner les rangs de l'armée, dont ils ont été long-temps l'exemple et la gloire ?

MOLLERUS (Jean-Henri,) est né vers 1753, à La Haye, où son pere était président de la haute cour de justice. En 1784, il fut nommé greffier du conseil-d'état, corps chargé particulièrement de la direction des affaires de la guerre. Après la révolution de 1787, il fut membre de la commission envoyée à Bois-le-Duc, pour y prendre des informations sur les désordres et le pillage commis dans cette ville par des militaires. M. Mollerus de retour à La Haye, continua d'exercer les fonctions de greffier du conseil-d'état, jusqu'en 1795, époque à laquelle ce corps fut remplacé à la suite de la révolution qui venait d'avoir lieu, par un comité composé de personnes dévouées au nouvel ordre de choses. Le nouveau gouvernement, appréciant les talens de M. Mollerus, ainsi que son expérience des affaires, lui offrit, malgré ses opinions politiques opposées à celles du moment, le poste de secrétaire du comité qui remplaça le conseil-d'état; mais M. Mollerus le refusa, et resta sans place tant que l'agitation produite par la révolution de 1795, ne permit pas que les personnes attachées à la maison d'Orange, pussent prendre part au gouvernement. En 1799, il se trouva, avec M. Van Stralen, au Helder, où était alors établi le quartier-général de l'armée anglo-russe; ce fait est certain, mais nous n'oserions affirmer s'il concourut avec lui à favoriser les efforts faits pour changer l'ordre de choses établi dans la république batave: quoiqu'il en soit, le mauvais succès de l'expédition rendit ses efforts inutiles. Lorsqu'après la paix d'Amiens, l'esprit du gouvernement eut pris une autre direction, et qu'un ordre de choses plus stable parut devoir succéder aux différentes convulsions qui avaient ébranlé la république, M. Mollerus ne balança plus à accepter la place de secrétaire des États-Provinciaux de la Hollande. Nommé, en 1804, membre du conseil des possessions de la république en Asie, il fut continué dans cet emploi sous le grand-pensionnaire Schimmelpenninck. Le roi Louis l'appela au conseil-d'état, le nomma peu après ministre de l'intérieur, et ensuite ministre du culte. M. Mollerus fut membre de la commission hollandaise que Napoléon avait mandée à Paris, pour délibérer sur le projet qu'il avait formé d'incorporer la Hollande à l'empire français. On assure que M. Mollerus fut assez mal accueilli par ce monarque, instruit de son attachement à l'ancien gouvernement; cependant il fut nommé membre du corps-législatif en 1811, pour le département des Bouches-de-la-Meuse; il fut chargé d'y présenter le budget de cette année, et prononça, à cette occasion, un discours fort étendu où il présente le tableau le plus séduisant de l'état des finances de l'empire. Le rapport de M. Mollerus, qui fut aussitôt converti en loi, essuya de vives critiques en Angleterre. Un journal (*The Day*) se fit surtout remarquer par une sortie violente contre ce budget et celui qui l'avait présenté. M. Mollerus fut ensuite chargé du service des ponts et chaussées dans les départemens hollandais. Quoique cette partie lui fut étrangère, il se mit bientôt à la hauteur de sa place, et rendit en cette qualité des services essentiels à son pays. Par l'arrêté du souverain, en date du 6 avril 1814, qui nomma les chefs des nouveaux départemens ministériels, M. Mollerus fut chargé de celui de la guerre sous le titre de commissaire-général, la direction suprême étant confiée au prince héréditaire d'Orange. Sur ses demandes réitérées, il obtint, le 2 décembre de cette année, sa démission dans les termes les plus honorables, et eut pour successeur le lieutenant-général Janssens. L'arrêté qui contenait sa démission le nommait, en même temps, membre du conseil-d'état. M. Mollerus faisait partie de la commission nommée pour la rédaction d'un projet de loi fondamentale pour le royaume des Pays-Bas. Lorsqu'en 1816, M. Van Hogendorp, eut obtenu sa démission comme vice-président du conseil-d'état, M. Mollerus fut nommé pour le remplacer, et c'est cette place qu'il occupe encore aujourd'hui. Officier de la Légion-d'Honneur et commandeur de l'ordre de la Réunion, sous l'empereur, il est actuellement commandeur de l'ordre du Lion-Belgique. M. Mollerus a la réputation de joindre à des talens distingués, une grande aptitude aux affaires et beaucoup d'activité.

RAU (Sébald-Fulco-Jean), est né en 1765, à Utrecht. Destiné par son père à suivre la carrière des sciences, il manifesta de très-bonne heure les dispositions les plus heureuses, tant pour l'étude des langues anciennes et modernes, que pour la poésie. A peine âgé de dix-neuf ans, il soutint publiquement, sous les auspices de son père, un *Specimen arabicum continens descriptionem et excerpta libri Achmedis Teifaschii de gemmis et lapidibus prætiosis.* Cet essai obtint l'approbation des savans, qui ont vivement déploré la perte du manuscrit arabe, que M. Rau avait entièrement préparé pour la presse, mais qui a été détruit dans le désastre de Leyde en 1807. Quant à ses compositions en vers, il excella également dans la poésie latine et dans la poésie nationale. A l'âge de 17 ans, il publia un beau poëme latin sur sa ville natale : *Trajectum ad Rhenum*, et il donna des preuves de son talent dans la poésie hollandaise par les pièces qu'il inséra dans les *Essais pour l'esprit, le goût et le cœur*, publiés en 1784. Il était alors étudiant à l'université d'Utrecht. Après avoir fait d'excellentes études, il prit, en 1785, ses degrés en théologie, fut d'abord ministre de l'église wallone à Harderwyck, et ensuite, en 1786, à Leyde. La renommée de son érudition et de son éloquence se répandit bientôt, et la ville d'Utrecht, jalouse de posséder l'homme supérieur qu'elle avait vu naître dans ses murs, lui offrit la place de professeur de théologie (en 1787), mais l'accueil que le pasteur Rau reçut à Leyde, était trop flatteur pour qu'il pût se résoudre à quitter cette ville, siége des lettres et des sciences. Pour l'y attacher davantage, les curateurs de cette université lui offrirent, au mois de novembre de la même année (1787), la chaire de professeur de théologie. Il entra en fonction, le 12 avril 1788, par un discours ayant pour titre : *Oratio de eo quod jucundum est in studio theologico*. Ce discours a été publié peu de temps après. M. Rau cumula cette place avec celle de prédicateur. Ses sermons en langue française, attirèrent, par l'éloquence de leur auteur et leur saine morale, tout ce que Leyde possédait de plus instruit et de plus distingué. En 1794, il fut chargé de l'enseignement des langues orientales à cette même université, en remplacement du professeur Scheidius, décédé. Mais après la révolution de 1795, il fut privé de cette chaire, qui fut confiée à M. Vander Palm. Nommé ensuite, au mois de février 1799, professeur de poésie sacrée, M. Rau se vit confier encore, trois mois après, l'enseignement des langues orientales, dont il avait été momentanément dépouillé, M. le professeur Vander Palm, ayant été nommé agent de l'éducation nationale. Il mourut, le premier décembre 1807, à l'âge de 42 ans. On a de lui plusieurs discours latins, savoir : *Prééminence de la poésie hébraïque sur la poésie arabe.* — *De l'excellence du caractère de Jésus-Christ, comparé à celui de l'apôtre Paul.* Ce discours a été traduit en hollandais ; par M. J. de Krayff, 1798. *De l'excellence et de la perfection du génie poétique, dans l'auteur du livre de Job, dans Homère et dans Ossian.* — Une dissertation tendant à prouver que les principales beautés de la poésie sacrée, ont été inspirées par la nature elle-même. (*Oratio de natura optima éloquen-*

tiæ sacræ magistra.) Enfin *Sermons sur divers textes*, Leyde, 1809, in-8. M. Rau était chevalier de l'ordre de l'Union et membre de plusieurs sociétés savantes. M. Teyssèdre l'Ange a publié son éloge avec des annotations et M. Bilderdyk y a joint une pièce de vers sur la mort de ce respectacle savant, Harlem, 1808, 1 vol. in-8.

REUVENS (Jean-Éverard), un des premiers jurisconsultes des Pays-Bas; naquit en 1763 à Harlem. Après avoir fait d'excellentes études à l'université de Leyde, il donna une preuve distinguée de ses progrès, en soutenant, en 1784, publiquement, pour être gradué en droit, une dissertation qui a pour titre : *De cautione muciana.* Il s'établit ensuite comme avocat à La Haye, profession qu'il exerça avec succès pendant plusieurs années, jusqu'à ce qu'il fut nommé, en 1795, conseiller à la cour de justice de la province de Hollande. En 1799, il fut placé à la tête de l'ordre judiciaire, sous le titre d'agent de justice. Son zèle et son activité ne tardèrent pas à prouver combien il était propre à remplir ce poste important. Lors du changement opéré dans la forme du gouvernement, qui entraîna la suppression de cette place, en 1801, il fut appelé à occuper la charge la plus élevée de la hiérarchie judiciaire, celle de président de la haute cour de justice, place qu'il conserva aussi long-temps que les Provinces-Unies subsistèrent comme république; et lorsqu'en 1806, il fut créé un royaume de Hollande, M. Reuvens fut aussitôt nommé conseiller-d'état en service extraordinaire, puis président de la première section, et enfin vice-président du même corps. Après la réunion de la Hollande à la France, en 1810, il fut un des présidens de la cour d'appel à La Haye; mais la réputation de son mérite ne tarda pas à parvenir aux oreilles des nouveaux gouvernans, et il fut élevé, en 1811, à l'emploi très-distingué de conseiller de la cour de cassation, emploi qu'il conserva jusqu'à l'époque où sa patrie recouvra son indépendance. On peut citer comme une preuve de la haute opinion que l'on avait conçue de ses connaissances en matière de droit, les expressions de M. Merlin de Douay, procureur-général près cette cour, lorsqu'il présenta M. Reuvens à ses collègues. « Messieurs, dit-il, j'ai » l'honneur de vous présenter M. Reuvens, l'un » des plus grands jurisconsultes d'un pays qui a » fourni tant d'hommes distingués dans cette par- » tie. » En effet, cet hommage rendu aux talens, n'était point une de ces exagérations polies qu'autorisent les convenances sociales, mais l'expression de la vérité dans la bouche d'un homme qui, lui-même, étant l'ornement de la jurisprudence française, pouvait mieux que personne apprécier la profondeur des connaissances du légiste batave. Celui-ci ne tarda pas à justifier, par un grand nombre de rapports et d'avis extrêmement lumineux, l'attente que l'on avait conçue de lui. Un trait qui fait infiniment d'honneur à M. Reuvens, mérite d'être rapporté. Napoléon avait, au commencement de l'année 1813, ordonné la levée d'une garde nationale de 30,000 hommes, à Paris. Le 7 février, il fut porté au domicile de M. Reuvens un billet par lequel il était sommé de venir monter la garde pour le lendemain : comme le billet n'indiquait pas de prénoms, et que par conséquent le père pouvait se l'appliquer tout aussi bien que son fils, pour lequel il était réellement destiné, le conseiller Reuvens ne balança pas un instant; pour sauver son fils, le père s'annonça, malgré son âge et son rang, comme disposé à servir personnellement, s'il ne pouvait se faire remplacer, et fit partir en secret de Paris son fils, qui était d'une constitution trop délicate pour supporter les fatigues attachées au maniement des armes. En 1814, après la prise de Paris, étant retourné dans sa patrie, M. Reuvens fut d'abord nommé président d'une des sections de la cour d'appel, à La Haye. Dans les différens emplois que ce fonctionnaire a exercés dans sa patrie, il a coopéré à la rédaction de presque tous les codes. Le code criminel pour le royaume de Hollande, qui est presqu'entièrement son ouvrage, réunit les suffrages de tous les juges compétens, et fit obtenir à son auteur la croix de commandeur de l'ordre de l'Union. Le savant professeur Van de Kussel, quoique d'un âge très-avancé, prit la peine de composer un nouveau travail sur cette production, et d'en faire l'objet de ses leçons de droit criminel. Membre de la commission chargée de rédiger les projets de codes pour le royaume des Pays-Bas, M. Reuvens y soutint sa réputation de grand jurisconsulte. Il était en cette qualité à Bruxelles, lorsqu'au mois de juillet 1816, il périt victime d'un évènement funeste. A des talens distingués, M. Reuvens joignait une probité sans tache et une piété éclairée, qui le faisaient généralement estimer et chérir.

ROELL (le baron Guillaume-Frédéric), issu d'une famille noble d'Allemagne, dont une branche vint s'établir en Hollande, entre 1670 et 1680, est né à Amsterdam, vers 1768. Après avoir fait d'excellentes études à l'université de Leyde, où il fut gradué en philosophie et en droit, il se fixa dans sa ville natale, et commença, en 1793, sa carrière administrative par les fonctions d'échevin. Au commencement de l'année suivante, il fut nommé conseiller-pensionnaire de cette ville, et, il occupa cette place jusqu'au moment de la révolution de 1795, dont M. Roëll n'embrassa nullement les principes. Fidèle à la cause de la maison de Nassau, il resta toutefois tranquille spectateur de tout ce qui se passait dans le gouvernement de son pays, sans vouloir y prendre aucune part active, jusqu'à l'an 1802, époque à laquelle les membres de l'ancien gouvernement stadhoudérien n'avaient plus de motifs de refuser de participer au nouveau gouvernement, la paix d'Amiens ayant oté à la maison de Nassau tout espoir de reprendre, dans la république des Provinces-Unies, l'autorité qu'y avaient exercée ses ancêtres. M. Roëll fut alors nommé membre du conseil, député de la province de Hollande, et il remplit ensuite successivement les places de secrétaire-général des États-Provinciaux de la Hollande (1804), et de membre du conseil de surintendance des digues. Le roi Louis, ayant peu de jours après son avènement au trône, nommé M. Roëll ministre secrétaire-d'état, celui-ci accompagna le nouveau souverain dans le voyage qu'il fit en France, en 1807. Ce prince avait pour M. Roëll une estime particulière ; voulant supprimer la dignité de ministre-secrétaire-d'état, il lui offrit successivement la place de vice-président du conseil-d'état, celle de ministre de la marine et des colonies ; mais M. Roëll crut ne pas devoir les accepter, et préférer le poste de ministre des affaires étrangères, qui lui fut confié en 1808. C'est en cette qualité qu'il fit, avec le roi Louis, un second voyage en France, vers la fin de 1809. L'objet de ce voyage politique était de tâcher de terminer à l'amiable les différens qui s'étaient élevés entre le roi et son frère l'empereur Napoléon. M. Roëll conduisit, dans le commencement, les négociations entamées à cet effet avec le duc de Cadore, ministre des affaires étrangères de France, espérant pouvoir les amener à un arrangement convenable aux deux pays ; mais lorsqu'il vit que cet espoir ne pouvait se réaliser, et que le vrai but de Napoléon ne tendait qu'à une réunion de la Hollande à la France, M. Roëll, en vrai patriote, s'expliqua avec la plus grande énergie contre ce projet, et voyant que les conditions dictées par l'empereur comme base de la négociation, étaient de nature à devoir, tôt ou tard, conduire à ce résultat, il ne voulut plus prendre aucune part aux conférences, pour ne pas concourir à des arrangemens qui lui paraissaient, non seulement inexécutables, mais encore contraires au bien-être et à l'honneur de son pays. Cette conduite franche et loyale lui valut, comme on le pense bien, la disgrâce de Napoléon, peu accoutumé à rencontrer de l'opposition dans ses projets : mais il ne faut pas attribuer à cette disgrâce le refroidissement que le roi témoigna dans la suite à M. Roëll ; ce prince avait trop de sens et d'équité pour éprouver le moindre ressentiment contre un ministre qu'il estimait, et qui avait plaidé avec énergie la cause de l'indépendance de son pays, et jamais il ne partagea le courroux despotique, qu'une conduite, honorable dans tous les temps et chez toutes les nations, avait fait naître chez Napoléon. Il ne faut donc attribuer la conduite du roi, dans cette circonstance, qu'à un caractère peu accoutumé à lutter, et à des habitudes de déférence qui ne lui permirent pas, peut-être, malgré les sentimens de son cœur, de témoigner toute sa bienveillance à un ministre qui avait eu la hardiesse de s'opposer aux vues pernicieuses du plus absolu des monarques : quoiqu'il en soit, M. Roëll, qui crut s'apercevoir de ce refroidissement, demanda itérativement sa démission, mais en vain, et se rendit aux eaux pour rétablir sa santé. Cette dernière circonstance fut cause qu'il n'était pas présent à l'abdication du roi Louis. Le gouvernement provisoire ayant invité M. Roëll, comme étant le plus ancien des ministres, et conformément aux vœux du roi lui-même, de venir en prendre la présidence; il refusa de se rendre à cette invitation, convaincu que l'abdication du roi serait bientôt suivie de la réunion de la Hollande à l'empire français, et de tous les maux que cette mesure entraînerait après elle. Les évènemens n'ont que trop justifié l'opinion de M. Roëll, qui vécut désormais en simple particulier, jusqu'au moment où sa patrie eut repris sa place parmi les nations indépendantes. M. Roëll, fut alors, vers la fin de 1813, nommé par le prince souverain des Provinces-Unies, membre de la commission chargée de rédiger un projet de loi fondamentale. Après l'acceptation de ce projet par les notables réunis à Amsterdam, au mois d'avril 1814, le prince l'appela au ministère de l'intérieur, et le confirma dans cette place, lors de la réunion de la Belgique et de la Hollande. Cette dernière nomination date du 16 septembre 1815. L'impartialité et l'intégrité qui distinguèrent son administration firent beaucoup regretter que la faiblesse de sa santé l'obligeât, au commencement de 1817, de demander sa démission. Le roi, en la lui accordant, lui conserva le titre et le rang de ministre d'état ainsi que sa place au conseil des ministres; il le nomma en outre grand'croix-chancelier de l'ordre du Lion-

Belgique, et membre de la première chambre des États-Généraux, dont il fut président pour la session de 1818, 1819. M. Roëll est aussi membre de l'ordre de Saint-André de Russie, de l'Aigle-Noir de Prusse, et de l'Aigle-d'Or de Wurtemberg.

SCHIMMELPENNINCK (Rutger-Jean), (1) naquit le 31 octobre 1661, à Deventer, d'une famille ancienne de la province d'Overyssel. Ses parens, favorisés par la fortune, lui donnèrent une éducation soignée et le destinèrent au bareau. Il fit d'abord ses études d'humanités dans sa ville natale, et partit, en 1780, pour l'université de Leyde, où il s'appliqua principalement à la jurisprudence, sous les célèbres professeurs Pestel et Van Der Reessel. La supériorité de ses talens et les progrès qu'il fit dans ses études, lui méritèrent l'estime et la bienveillance de ses maîtres, en même temps que la douceur de ses mœurs et l'amabilité de son caractère lui concilièrent l'amitié et la confiance de ses camarades. Ceux-ci lui en donnèrent une marque bien frappante en le nommant, en 1784,

---

(1) A la page 46 de cet ouvrage, nous avons déjà donné une notice sur M. Schimmelpenninck ; mais comme elle est excessivement concise, nous croyons devoir la compéltter par celle-ci.

leur chef, à l'occasion d'un tumulte qui avait éclaté dans la ville, et pour la repression duquel le corps des étudians avait pris les armes. Le jeune Schimmelpenninck se conduisit dans ces momens critiques avec un courage et une prudence, qui déterminèrent la régence de Leyde à lui offrir une médaille d'honneur comme récompense de sa belle conduite. Au mois de décembre de la même année, Schimmelpenninck prit ses degrés en droit, en soutenant publiquement, et avec le succès le plus complet, une dissertation sur la forme convenable d'un gouvernement démocratique. (*De imperio populari caute temperato*). Cet essai, aussi sagement pensé que bien écrit, préluda d'une manière brillante à la haute réputation que M. Schimmelpenninck s'est dans la suite acquise au barreau et dans la politique ; peu de temps après sa publication, il en parut une traduction hollandaise faite par M. l'avocat Swart, de Leyde, honneur qu'obtiennent très-rarement les productions académiques de cette espèce. Dans cette dissertation, le jeune Schimmelpenninck manifestait déjà sa profonde haine pour le despotisme, sous quelque forme qu'il puisse se présenter, et exprimait, avec la plus énergique franchise, son amour ou plutôt son enthousiasme pour une sage liberté circonscrite par de bonnes lois. M. Schimmelpenninck choisit la ville d'Amsterdam pour le théâtre de ses travaux juridiques: Il y exerça la pratique du droit avec un succès prodigieux, de sorte qu'il n'y eut presque pas de cause célèbre dans cette ville, dans laquelle il ne portât la parole comme avocat. Dans les troubles qui eurent lieu pendant les années 1785, 1786 et 1787, s'étant rangé du parti de ceux qui désiraient un changement dans la forme du gouvernement, il se prononça, sans détour, pour l'introduction d'un système représentatif, dans lequel les droits assurés des citoyens étaient reconnus. Mais, en même temps, il s'opposa de tous ses moyens aux efforts des démagogues qui exagéraient les principes dont M. Schimmelpenninck s'était montré le défenseur. Les armes prussiennes ayant mis un terme, en 1787, aux troubles qui désolaient la république des Provinces-Unies, M. Schimmelpenninck resta tranquillement à Amsterdam, et s'y fit remarquer par le talent avec lequel il plaida un grand nombre de procès importans, parmi lesquels on distingue ceux qu'il soutint pour les citoyens dits *constitués* de cette ville, ainsi que pour les *régens* du parti anti-stadhoudérien qui avaient fait partie du comité de défense de la république. La grande révolution de 1795, vint changer tout-à-fait la carrière de M. Schimmelpenninck. L'effervescence des esprits ne lui permit pas de refuser la place de président de la municipalité d'Amsterdam, à laquelle il venait d'être nommé. Quelque répugnance que lui inspirât sa nouvelle destination, il n'en développa pas moins, dans ce poste important, une activité, un courage et une fermeté de caractère qui firent changer en admiration l'estime dont il avait jusqu'ici joui auprès de ses concitoyens. Le discours qu'il prononça en entrant en fonctions, remarquable par la sagesse de ses vues, autant que par l'énergie avec laquelle il énonça sa ferme résolution de veiller à la sûreté des personnes et des propriétés, ainsi qu'au maintien de l'ordre et de la tranquillité publique, fit, dans ces momens d'exaltation, l'impression la plus salutaire, et rassura les gens de bien des deux partis. Ce discours et un arrêté de la municipalité d'Amsterdam, prit sur une proposition de son président, au mois de février 1795, dans lequel M. Schimmelpenninck donna de nouveaux développemens aux principes qu'il croyait devoir servir de basés au nouvel ordre de choses qui venait de s'établir, ces deux actes mémorables ont, peut-être, le plus contribué à donner à la révolution de 1795 la direction modérée qu'on l'a vue prendre dans la suite : le sang batave ne fut point répandu dans des dissensions civiles, et, sous ce rapport, les services que M. Schimmelpenninck rendit alors à l'état, sont d'une importance qu'on ne saurait trop apprécier; aussi le célèbre Luzac, en insérant cet arrêté dans la *Gazette de Leyde*, n'a-t-il pas balancé à dire : « *que cette pièce irait à la postérité.* » Toujours sage et modéré, M. Schimmelpenninck apporta les même sentimens dans la première convention nationale, à laquelle il fut député encore malgré lui, et où il brilla par son patriotisme éclairé, manifesté dans des discours d'un sens droit, et d'une éloquence entraînante; discours qui mériteraient, comme ceux de Mirabeau et autres orateurs distingués de la convention nationale de France, d'être recueillis pour l'instruction des hommes d'état, et pour la jouissance des amis des belles-lettres. Réélu pour la seconde convention nationale, M. Schimmelpenninck, convaincu de l'impossibilité d'y être utile à son pays, dans la disposition des esprits à cette époque, refusa de faire la déclaration exigée des membres pour pouvoir prendre séance, et par ce moyen il eut la faculté de pouvoir se retirer. De retour à Amsterdam, il s'adonna de nouveau à la pratique, espérant qu'il ne serait plus distrait; mais cet espoir fut déçu par le triomphe des *modérés*, au 12 juin 1798. Il fallait alors à Paris, un ambassadeur hollandais, professant les principes du parti triomphant, afin de faire connaître au directoire exécutif de la France, la véritable situation des choses dans la république batave, et de lui prouver la nécessité absolue de la révolution qui venait de s'opérer. M. Schimmelpenninck, sollicité vivement de la part de ceux qui s'étaient chargés du gouvernement, d'accepter cette mission importante, ne balança plus, dès le moment qu'il crut effectivement pouvoir servir sa patrie, à rentrer dans la carrière politique, qui jusqu'alors n'avait eu aucun attrait pour lui, et à laquelle il préférait infiniment la tranquille et honorable profession d'avocat. Il eut la satisfaction de réussir complètement dans la mission qui lui avait été confiée. Mais cet heureux résultat eut, pour lui, des conséquences d'une nature fâcheuse, du moins d'après sa manière de voir et ses habitudes. Le gouvernement batave lui avait promis que, sa mission remplie, il pourrait retourner à Amsterdam pour y vivre à son gré, sans crainte d'être de nouveau appelé à un emploi politique. Au lieu de se tenir ponctuellement à cette promesse, la prudence et l'intelligence que l'ambassadeur Schimmelpenninck venait de déployer à Paris, avaient persuadés au directoire batave que les intérêts de l'État ne pouvaient être confiés à des mains plus habiles et plus sûres; en conséquence, il insista fortement pour que M. Schimmelpenninck continuât d'être l'interprète des sentimens de son gouvernement près le directoire français, et il le nomma son ambassadeur effectif à Paris. M. Schimmelpenninck, ayant également su mériter la confiance des personnes qui, à cette époque, étaient à la tête des affaires de France, remplit parfaitement l'attente de son gouvernement et rendit des services essentiels à son pays, en faisant maintenir l'indépendance de la république batave, qui, malgré les énormes sacrifices faits pour assurer sa conservation, se trouva bientôt dans une situation assez alarmante. Bonaparte, ayant été nommé premier consul, l'ambassadeur Schimmelpenninck reçut de lui des marques réitérées de son estime et de sa considération, auxquelles le caractère, énergiquement républicain de l'envoyé batave, ne lui permit de répondre que fort imparfaitement. Le nouveau gouvernement de la France, désirant que M. Schimmelpenninck assistât au congrès d'Amiens, en qualité de ministre plénipotentiaire de la république batave; le gouvernement de son pays n'hésita pas à se rendre à des vœux, d'ailleurs, entièrement conformes aux siens propres. Ce fut à ce congrès que les talens et l'habilité de M. Schimmelpenninck brillèrent de tout leur éclat. C'est à son intelligence et à son esprit conciliant, ainsi qu'à la confiance qu'il sut inspirer à la fois, au marquis de Cornwallis, plénipotentiaire anglais, et au frère du premier consul, Joseph Bonaparte, plénipotentiaire français, qu'il faut attribuer le rétablissement des négociations qui étaient sur le point d'être rompues, et qui eurent enfin pour résultat, la conclusion d'une paix tant désirée. Non seulement le gouvernement batave, mais aussi ceux de la France et de l'Angleterre donnèrent au plénipotentiaire hollandais qui avait exercé une influence si salutaire sur le congrès, les marques les plus flatteuses de leur reconnaissance. Parmi celles qu'il reçut du gouvernement batave, on peut compter l'acquiescement à sa sollicitation, de l'échange de l'ambassade de Paris contre celle de Londres. On s'imagine aisément l'accueil flatteur que dut recevoir, dans cette dernière capitale, l'homme qui, à juste titre, pouvait être considéré comme ayant eu la plus grande part à la pacification récente de l'Europe. Indépendamment des témoignages qu'il reçut de l'estime de lord Cornwallis, des ministres, et en général des personnes les plus distinguées de Londres, il s'y concilia aussi celle de l'ambassadeur français, le général Andréossy, qu'il avait déjà connu à Paris. M. Schimmelpenninck, jouissant à la fois de la confiance des ministres anglais et de celle de l'envoyé de France, ne tarda pas à s'apercevoir que les dispositions des deux gouvernemens ne permettaient pas d'espérer une longue durée de paix. Sa rupture subite ne justifia que trop ses craintes. Les efforts faits par lui, à l'occasion de cette rupture, pour faire jouir la république batave de la neutralité, tant désirée par elle, n'auraient pas été infructueux, si le premier consul ne s'y était constamment opposé. Le ministre des affaires étrangères, lord Hawkesbury, maintenant comte de Liverpool, avait déjà, dans une note officielle, déclaré, au nom de son gouvernement, que l'Angleterre consentait à laisser jouir la république batave de la neutralité la plus absolue, à condition que le premier consul s'y déterminât également. Le ministre anglais ajouta que, dans ce cas, il était disposé à rendre aux Hollandais les riches bâtimens capturés sur leur commerce, et qui se trouvaient dans les ports de l'Angleterre. L'opiniâtre refus du premier consul, entraîna la république batave dans la nouvelle guerre qui fut si funeste à sa marine et à son commerce, et eut, pour suite, le rappel de M. Schimmelpenninck, qui partit de Londres avec le regret qu'inspire l'espoir trompé, d'autant plus que cet espoir avait pour base la perspective la plus solide de rendre des services réels à sa patrie. Ce malheur mit le comble au dégoût que M. Schimmelpenninck avait toujours manifesté pour la carrière politique, et avec la ferme résolution de n'y jamais rentrer, il partit pour ses terres en Overyssel, afin d'y partager son temps entre des travaux littéraires et les jouissances d'une vie tranquille passée au sein de sa famille. Mais à peine fut-il établi à la campagne, qu'une lettre du premier consul, datée de Bruxelles, vint encore déranger ses projets. Par cette lettre, Bonaparte l'engageait, dans les termes les plus pressans, à se rendre en cette ville, afin d'avoir avec lui un entretien sur des affaires du plus haut intérêt pour les deux gouvernemens. A cette invitation du premier consul, se joignirent les instances du gouvernement batave auprès de M. Schimmelpenninck, pour le déterminer à obtempérer au désir du chef du gouvernement français. L'amour de la patrie triompha encore une fois de la répugnance qu'éprouvait M. Schimmelpenninck, à s'engager de nouveau dans une carrière qu'il venait de quitter pour ne plus s'y montrer. Arrivé à Bruxelles, il y eut, avec le premier consul, plusieurs conférences qui avaient principalement pour objet l'état politique de la république batave. M. Schimmelpenninck ne négligea rien pour disposer Bonaparte en faveur de son pays, et pour l'engager à le traiter avec générosité. Le premier consul donna les espérances les plus positives de sa bienveillance envers la république batave, et de son estime personnelle pour celui qui, dans ce moment, lui parlait en son nom. Il témoigna en même temps à la commission hollandaise qui se trouvait alors à Bruxelles, le désir de voir dans la suite M. Schimmelpenninck résider à Paris, comme ambassadeur de la république. Celui-ci, sollicité vivement par son gouvernement, se rendit enfin à ses vœux, et partit pour Paris vers la fin de 1803. Là, jouissant de l'estime du chef de l'État, il usa constamment de son influence pour être utile à son pays, et surtout pour lui assurer son indépendance, qui devenait de jour en jour plus précaire. Les véritables projets du premier consul à l'égard de la république batave ne tardèrent pas à devenir évidens aux yeux de l'ambassadeur. A plusieurs reprises, et sous divers prétextes, Bonaparte lui manifesta son mécontentement de la marche suivie par le directoire batave, et lui dit enfin, en termes exprès, que sa position, en rapport avec l'état politique de l'Europe, ne permettait plus que la constitution de la république de Hollande restât telle qu'elle était; il ajouta que le directoire exécutif devait nécessairement être remplacé par un gouvernement plus concentré entre les mains d'une seule personne. Toutes les représentations faites pour détourner Bonaparte de cette résolution furent vaines. Peu de temps après s'être fait proclamer empereur, il insista fortement pour que ce projet fût mis à exécution. S'étant rendu vers l'automne de cette année, à Cologne, il invita l'ambassadeur batave à venir l'y joindre. C'est là que M. Schimmelpenninck apprit de lui son intention toute entière. Napoléon lui déclara qu'il n'y avait pas d'autre parti à prendre pour le gouvernement batave que de voir la république incorporée à l'empire français, ou de changer sa constitution, et de placer à la tête du gouvernement une seule personne. Il témoigna en même temps à M. Schimmelpenninck, son désir de voir tomber sur lui le choix du chef de l'État. L'ambassadeur hollandais fit en vain des observations, la résolution de l'empereur était invariable; de sorte que M. Schimmelpenninck se vit obligé de faire part à son gouvernement des ouvertures qui lui avaient été faites. Quelques fâcheuses qu'elles fussent, le gouvernement de la république batave ne balança pas un instant sur le parti à prendre dans ces circonstances. Il préféra à l'anéantissement de l'indépendance, au moins nominale de la nation dont les intérêts lui étaient confiés, le changement de la constitution, d'autant plus que le chef futur du nouveau gouvernement était aimé de ses concitoyens, et donnait les garanties les plus sûres d'une administration sage et juste. Il chargea donc M. Schimmelpenninck lui-même de poursuivre les négociations, et de conférer avec Napoléon sur la nature et la forme du nouveau gouvernement. Ces négociations eurent lieu à Paris, et M. Schimmelpenninck offrit alors à Napoléon un projet de constitution pour la république batave, semblable, quant aux principales dispositions, à celui des États-Unis d'Amérique. Napoléon se déclara, avec véhémence, contre les articles qui plaçaient le gouvernement entre les mains d'un président électif, tel qu'il existe en Amérique, et ce ne fut qu'avec beaucoup de peine que M. Schimmelpenninck réussit à faire consentir Napoléon à une constitution qui conservait au moins les formes républicaines, et qui établissait, entre autres dispositions, que le chef du gouvernement prendrait le titre de *grand-pensionnaire*, et le corps législatif celui de *hauts et puissans seigneurs*. Cette constitution, qui nommait en même temps M. Schimmelpenninck grand-pensionnaire, ayant été proposée à la nation hollandaise, fut adoptée presqu'à l'unanimité des votans. M. Schimmelpenninck fut installé dans ses fonctions, au mois de mars 1805. En saisissant les rênes du nouveau gouvernement, il prononça un discours dans lequel il développa les principes d'après lesquels il se proposait de gouverner, principes qui furent applaudis de tous les partis encore existans dans la république. Pendant les quinze mois qu'il fut à la tête du gouvernement, il resta fidèle aux principes qu'il avait énoncés; il rétablit par l'introduction d'un nouveau système général de finances (*Voyez* Gogel), le crédit public, et garantit l'État d'une banqueroute qu'on croyait presque inévitable. La confiance qu'inspirait M. Schimmelpenninck fut telle que, pendant tout le temps qu'il fut investi du pouvoir suprême, la tranquillité publique ne fut troublée sur aucun point de la république, et qu'aucune arrestation n'y eut lieu pour délit politique. Tel était l'état des choses en Hollande, lorsque Napoléon, enivré du succès de la guerre contre l'Autriche, qui venait d'être terminée, médita le grand projet de changer plusieurs dynasties de l'Europe, et de placer ses frères sur les trônes dont il dépouillait les anciens possesseurs. La république batave était destinée à subir un changement aussi imprévu qu'arbitraire; elle fut forcée d'accepter pour roi Louis Bonaparte: mais le grand-pensionnaire s'honora dans toutes les conférences et délibérations qui eurent lieu à cet égard, par son refus constant de concourir à une mesure qui avait pour objet l'anéantissement de la république dont il avait juré de maintenir l'indépendance. Il refusa également d'accepter la place de président à vie de Leurs Hautes Puissances, place qui lui avait été déférée par la nouvelle constitution, et il se retira dans ses terres en Overyssel, pour y vivre désormais en simple particulier. Pendant tout le temps du règne du roi Louis, M. Schimmelpenninck jouit des douceurs de la vie privée, auxquelles il attachait tant de prix, mais dont la continuation lui fut refusée du moment où la Hollande fut incorporée à l'empire français. Quelques mois après cet évènement, M. Schimmelpenninck fut fort surpris de se voir nommé comte de l'empire et grand-trésorier de l'ordre des Trois-Toisons-d'or, nomination qui fut bientôt suivie de celle de membre du sénat-conservateur. Jamais disgrâce n'aurait pu être aussi douloureuse à M. Schimmelpenninck, que cette marque de considération de la part de Napoléon lui fut pénible. Cependant il ne crut pas pouvoir refuser les honneurs dont il venait d'être comblé par ce puissant monarque qui souffrait difficilement un refus, d'autant plus qu'il avait un fils qui approchait de l'âge de la conscription. Au sénat, il se prononça souvent avec une franchise peu commune dans ce corps, et s'y concilia l'estime de ses collègues. Aussitôt que sa patrie eut recouvré son indépendance, et que la prise de Paris, par les alliés, lui permit de retourner dans son pays, M. Schimmelpenninck se retira dans ses terres, et fut, en 1815, nommé membre de la première chambre des États-Généraux. Grand'croix des ordres de l'Union et de la Réunion, lorsque ceux-ci existaient, M. Schimmelpenninck l'est actuellement de l'ordre du Lion-Belgique et grand cordon de la Légion-d'Honneur. S. M. Louis XVIII, en confirmant son grade dans cet ordre, lui a également accordé la confirmation de son titre de comte.

SIX D'OTERLEEK (Corneille-Charles), ministre des finances des Pays-Bas, appartient à une famille patricienne d'Amsterdam, où il est né vers 1770. Après avoir fait d'excellentes études à l'athénée d'Amsterdam sous le célèbre professeur Oras, il y soutint, sous ses auspices une dissertation très-bien écrite, et qui a pour titre: *De edicto nannetensi, protestantibus ab Henrico IV dato, à Ludovico XIV rursus erepto*, 1792, in-4°. Il se rendit ensuite à l'université de Leyde pour y être gradué en droit. M. Six commença sa carrière politique par la place de commissaire-général de la république des Provinces-Unies près de l'armée hollandaise, dans la campagne de 1794 contre les Français. Dans ce poste, il y déploya une grande activité. Le nouvel ordre de choses, établi par suite de l'invasion des armées françaises, en 1795, ne permettant pas à M. Six, qui était très-dévoué au parti stadhoudérien, d'accepter de l'emploi, il vécut en simple particulier jusqu'à l'avènement de Louis Napoléon au trône de Hollande. Sous le règne de ce prince, M. Six fit partie du corps législatif, et lors de la réunion de la Hollande à l'empire français, il occupa le poste de la caisse centrale, à Amsterdam, et fut, en même temps, directeur du grand-livre de la dette publique de Hollande. Après la révolution de novembre 1813, il succéda à M. Canneman dans le ministère des finances, place dans laquelle il s'est soutenu après la réunion de la Hollande et de la Belgique, et qu'il remplit encore avec honneur.

SIX (Guillaume), frère du précédent, était secrétaire de la flotte hollandaise avant 1787. Attaché, comme son frère, au parti stadhoudérien, la révolution de cette année lui fit obtenir la place de secrétaire de la direction et de la colonie hollandaise de Surinam. Ayant reçu sa démission en 1795, il prit le parti de s'associer à une grande maison de commerce à Amsterdam. Le grand-pensionnaire Schimmelpenninck l'appela au conseil-d'état, et le chargea avec le vice-amiral Verhuell et autres membres du gouvernement, de traiter avec Napoléon sur le projet formé par ce prince de changer la constitution de la république batave, et de placer son frère Louis Bonaparte à la tête de cet état avec le titre de roi de Hollande. Ce prince étant monté au trône que son frère lui avait destiné, confirma M. Six dans son poste de conseiller-d'état, et le nomma ensuite son ambassadeur à Pétersbourg. Sous le régime français, M. Six était intendant-général des domaines de la couronne en Hollande. Il n'eut pas la satisfaction de voir le rétablissement de la maison d'Orange, à laquelle il était tant dévoué, ayant trouvé la mort dans un des canaux d'Amsterdam, peu de temps avant cet évènement. M. Guillaume Six était grand'croix de l'ordre de l'Union et officier de la Légion-d'Honneur.

TRIP (Albert-Dominique), lieutenant-général au service des Pays-Bas, naquit à Groningue, en 1776. Il entra au service, comme cadet, en 1791, et fut nommé enseigne l'année suivante. En cette qualité, il se trouva au siége de Landrecy, et assista à la bataille qui fut livrée à cette époque aux environs de Waterloo. Lors de la réorganisation de l'armée hollandaise, en 1795, il fut nommé lieutenant en premier. Embarqué l'année suivante au Texel, il eut part aux combats qui se livrerent en 1799, en Nord-Hollande, lors de la descente des Anglais et des Russes sur les côtes de cette province. M. Trip resta dans les grades inférieurs jusqu'en 1806, époque à laquelle le roi de Hollande l'ayant d'abord admis comme capitaine dans sa garde, le nomma ensuite chef d'escadron aux grenadiers à cheval. En 1808, il obtint le grade de colonel, avec le commandement du deuxième régiment de cuirassiers, et fut nommé écuyer du roi. Le colonel se trouva avec son régiment à la prise de Stralsund, en 1808, et contribua à la défaite de Schill (célèbre partisan prussien). Sa conduite, dans cette affaire, lui valut, de la part du roi de Danemarck, la croix de l'ordre de Danebrog. Ayant été décoré de l'ordre de la Réunion, lors de son institution, il en fut nommé commandeur en 1810. En sa qualité d'écuyer, le colonel Trip accompagna le roi Louis à Paris, lors du dernier voyage qu'y fit ce prince, peu de temps avant son abdication au trône de Hollande. Ce pays ayant été réuni à la France, le colonel Trip suivit le sort de ses frères d'armes, et passa dans les rangs de l'armée française. Il conserva son régiment qui devint le 14e de cuirassiers. Dans la campagne de Russie, il fut blessé au passage de la Bérésina, lors de la retraite de l'armée française. Chevalier de la Légion-d'Honneur en 1811, il fut promu au grade d'officier en 1813, après la bataille de Dresde, où il déploya beaucoup de bravoure. Sa patrie ayant recouvré son indépendance en 1813, le colonel Trip s'empressa d'offrir ses services au prince souverain, qui, rendant justice à ses talens militaires, le nomma son aide-de-camp. Les évènemens de 1815 ayant amené une grande promotion dans l'armée des Pays-Bas, M. Trip fut nommé général-major, et se distingua en cette qualité, à la bataille de Waterloo, à la tête d'un corps de cavalerie. En 1816, il se vit élevé au grade de lieutenant-général, et fut chargé d'une mission extraordinaire pour Saint-Pétersbourg, afin d'annoncer à l'empereur Alexandre, la naissance du premier fils de l'héritier de la couronne des Pays-Bas. Cette mission honorable lui valut la grand'croix de l'ordre de Sainte-Anne. Peu après son retour, le commandement en chef de la cavalerie lui fut confié, et en 1820, il obtint celui de la première division territoriale, dont le quartier-général est établi à Utrecht. Le général Trip est commandeur de l'ordre militaire de Guillaume.

VERHUELL (Charles-Henri), pair de France, naquit à Doesburg (Gueldre) vers 1770. Il embrassa de bonne heure la profession des armes, entra comme cadet dans la marine de son pays, et était avancé au grade de lieutenant, lorsque la révolution de 1795, dont il n'embrassa point les principes, lui fit quitter le service. Il resta sans emploi jusqu'en 1804. L'empereur Napoléon ayant à cette époque demandé un ancien officier de la marine au gouvernement de la Hollande, pour commander la flotte hollandaise, à Boulogne, et le frère de M. Verhuell, ancien capitaine de haut-bord et fort estimé, choisi en premier lieu, ayant refusé et indiqué son frère cadet, celui-ci accepta et fut envoyé en France; de sorte qu'il devint, comme le remarque Louis Bonaparte*, en un jour, de lieutenant, vice-amiral. Il commanda la flottille qui se rendit à Boulogne, avec autant de courage et d'habileté, que de bonheur. Inquiété dans le passage par les vaisseaux et les frégates anglaises, il soutint un combat honorable, non loin du cap Guinez. Vice-amiral sous le gouvernement du grand-pensionnaire Schimmelpenninck; il fut, vers le printemps de 1806, nommé par ce chef de l'État, membre de la députation hollandaise, qui, après quatre mois de négociations, finit par de-

* Tome 1, pag. 138; *Documens Historiques sur la Hollande*. Bruxelles.

mander Louis Bonaparte, frère de l'empereur Napoléon, pour roi de Hollande, sans cependant y être autorisée par le grand-pensionnaire, qui s'était constamment opposé à cette mesure destructive de la république. Ce fut l'amiral Verhuell qui prononça le 5 juin 1806, dans une audience solennelle, devant l'empereur, le discours par lequel il fit cette demande, au nom des représentans de la nation batave, sans doute bien éloignée de vouloir transformer la république en royaume, et changer un chef respectable né dans son sein, pour un prince étranger. Ministre de la marine sous le nouveau roi, il le servit d'abord avec zèle; fut créé par lui maréchal du royaume, et comte de Sevenaar; mais sa fidélité devint suspecte au roi vers la fin de son règne. Le maréchal Verhuell, alors ambassadeur de Hollande à la cour de France, fut en quelque sorte soupçonné d'être plus dévoué aux intérêts de l'empereur qu'à ceux de son maître, le roi Louis. Celui-ci lui rendit cependant la justice de dire « que la politique de ce temps était de nature à déconcerter les meilleurs esprits. » Il crut encore que l'amiral Verhuell, était, sans peut-être s'en douter, l'instrument et l'agent du duc de Cadore, au lieu d'être l'ambassadeur de Hollande. Sous la domination française, l'amiral Verhuell passa dans son grade au service de

France, et fut investi du commandement du Helder, qu'il défendit en 1813 et 1814 avec persévérance contre ses compatriotes, les Hollandais, qui, après avoir secoué le joug français, au mois de novembre, en firent le siége sous les ordres du général de Jonge. L'amiral Verhuell ne rendit la place qu'après l'entrée des alliés à Paris, et l'abdication de Napoléon. Croyant n'avoir rien à espérer du nouveau souverain de son pays, à cause de l'obstination qu'il avait mise à défendre ce poste important, il se retira en France, fut nommé l'un des inspecteurs de la marine, et enfin pair de ce royaume. M. Verhuell était grand'croix de l'ordre de l'Union, et est actuellement grand'croix de la Légion-d'Honneur.

WINTER (de), amiral hollandais, entra de bonne heure au service de la marine de son pays; fut lieutenant en 1787, et s'expatria après la révolution qui rétablit l'autorité du stathouder. Ses opinions politiques n'étant pas en harmonie avec celles du moment, il prit du service dans les armées françaises, se distingua par sa bravoure, et rentra dans sa patrie en 1795, avec le grade de général de brigade qu'il obtint dans l'armée de Pichegru. Quoiqu'on lui connut des talens militaires, et qu'il eut été, sans doute, un bon général, ayant fait ses preuves sous un des premiers capitaines de l'Europe, le gouvernement batave lui crut encore plus d'aptitude à la guerre maritime et le nomma vice-amiral de ses flottes. Il se détermina à cette nomination, d'autant plus aisément que les meilleurs officiers de marine, attachés, pour la plupart, à la cause du stathouder, venaient de donner leur démission, ne voulant pas servir le nouveau gouvernement. Après avoir été bloqué longtemps par les Anglais dans le Texel, l'amiral de Winter reçut, vers les premiers jours d'octobre 1797, l'ordre exprès de sortir et d'attaquer l'ennemi. Forcé d'obéir, il mit à la voile : l'affaire s'engagea le 11, et après un combat long et sanglant, dans lequel l'amiral hollandais montra de l'activité et beaucoup de courage, il fut obligé d'abandonner le champ de bataille aux Anglais; lui-même fut fait prisonnier. Au reste, la victoire coûta cher à l'ennemi, et tous les gens impartiaux rendirent justice à M. de Winter, qui, contraint de livrer un combat qu'il regardait comme inégal, y déploya autant de zèle que de valeur. On le reçut à Londres avec la distinction qu'on doit aux braves. Echangé par la suite, il conserva une grande influence dans la république batave. Le roi Louis Napoléon le créa maréchal et comte de Huissen. M. de Winter passa au service de France en 1810, lors de la réunion de la Hollande à l'empire français, et mourut, en 1813, à Paris, où il a été enterré avec tous les honneurs dûs à son rang. Ses restes ont été déposés au Panthéon.

FIN.

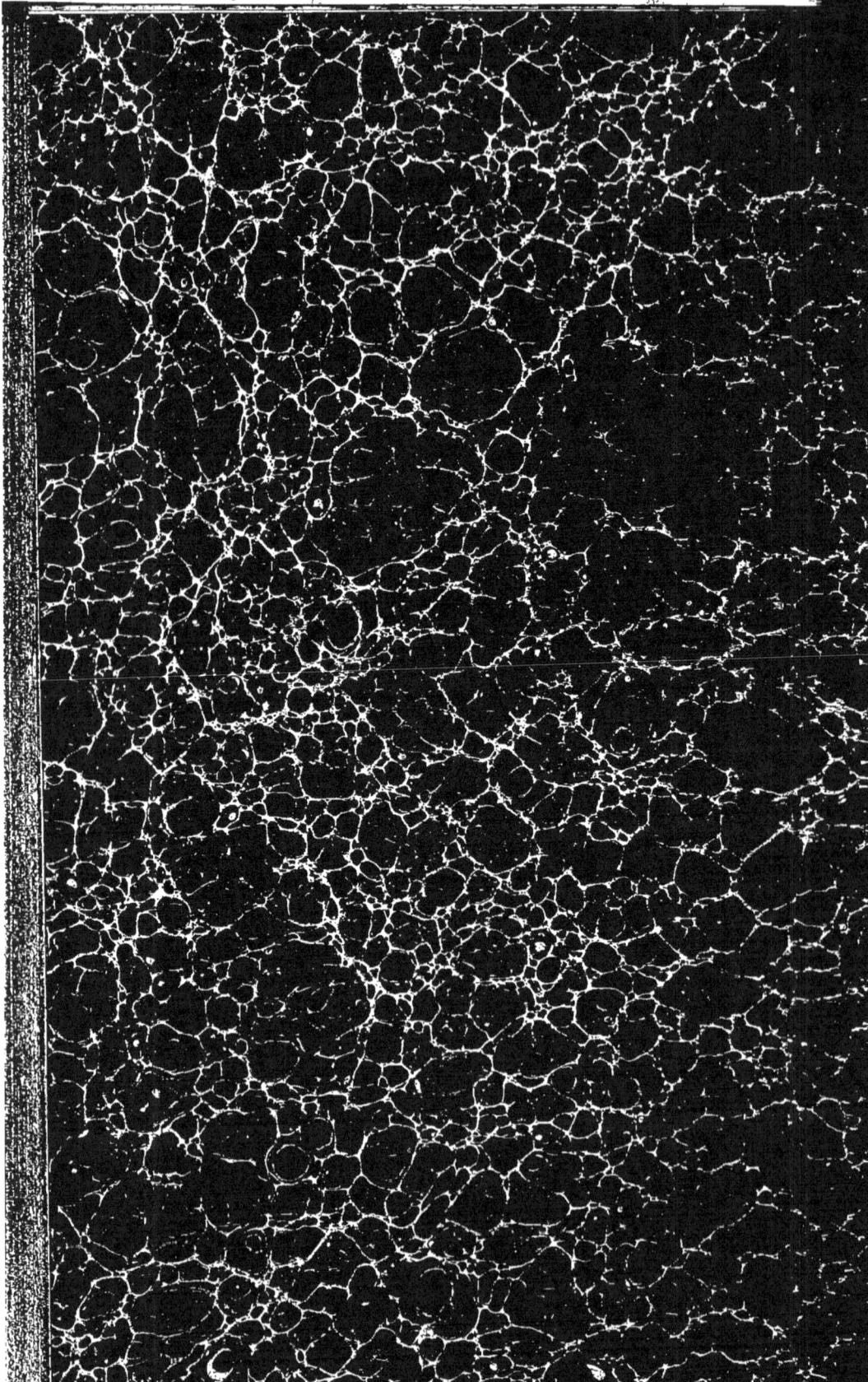

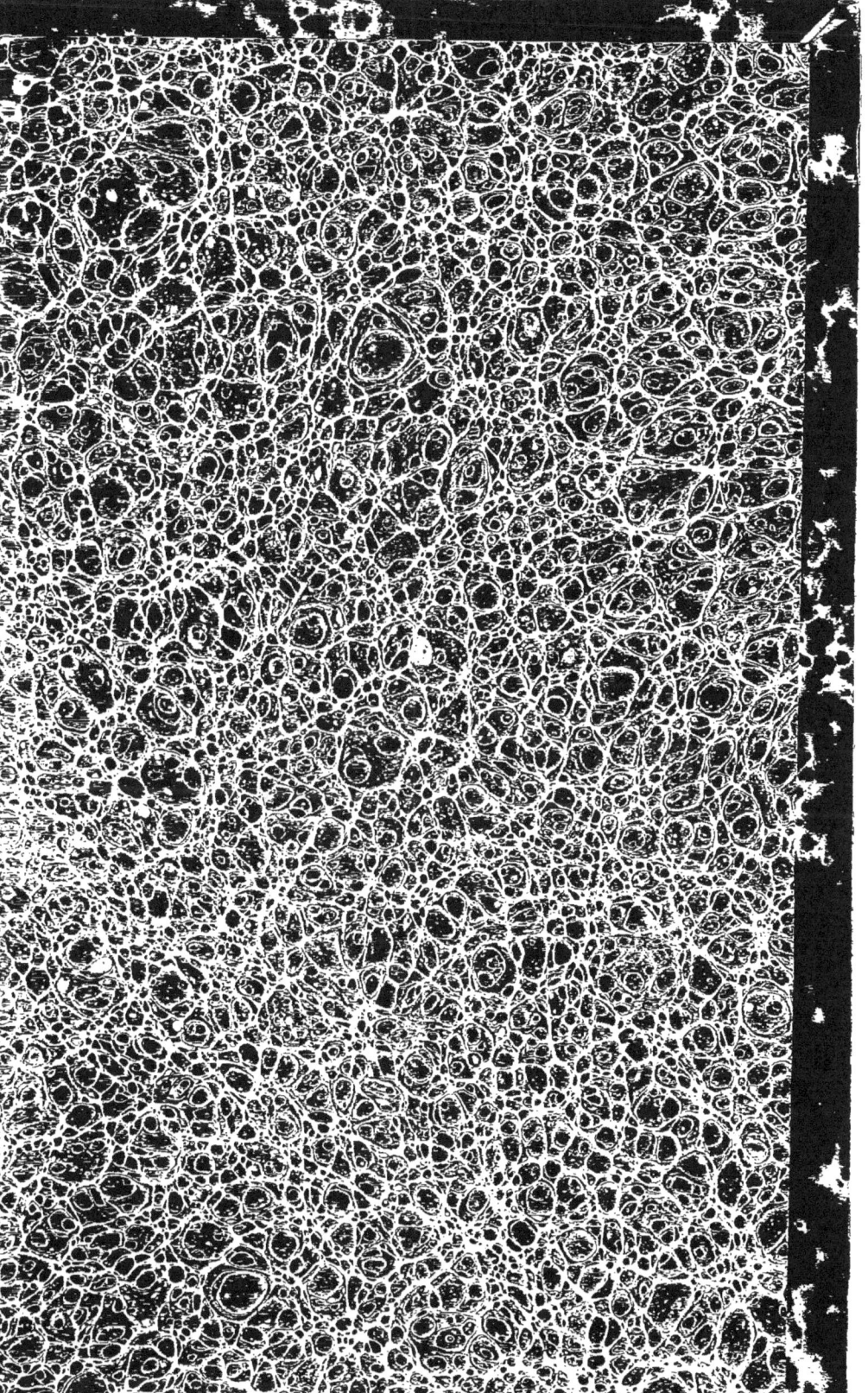

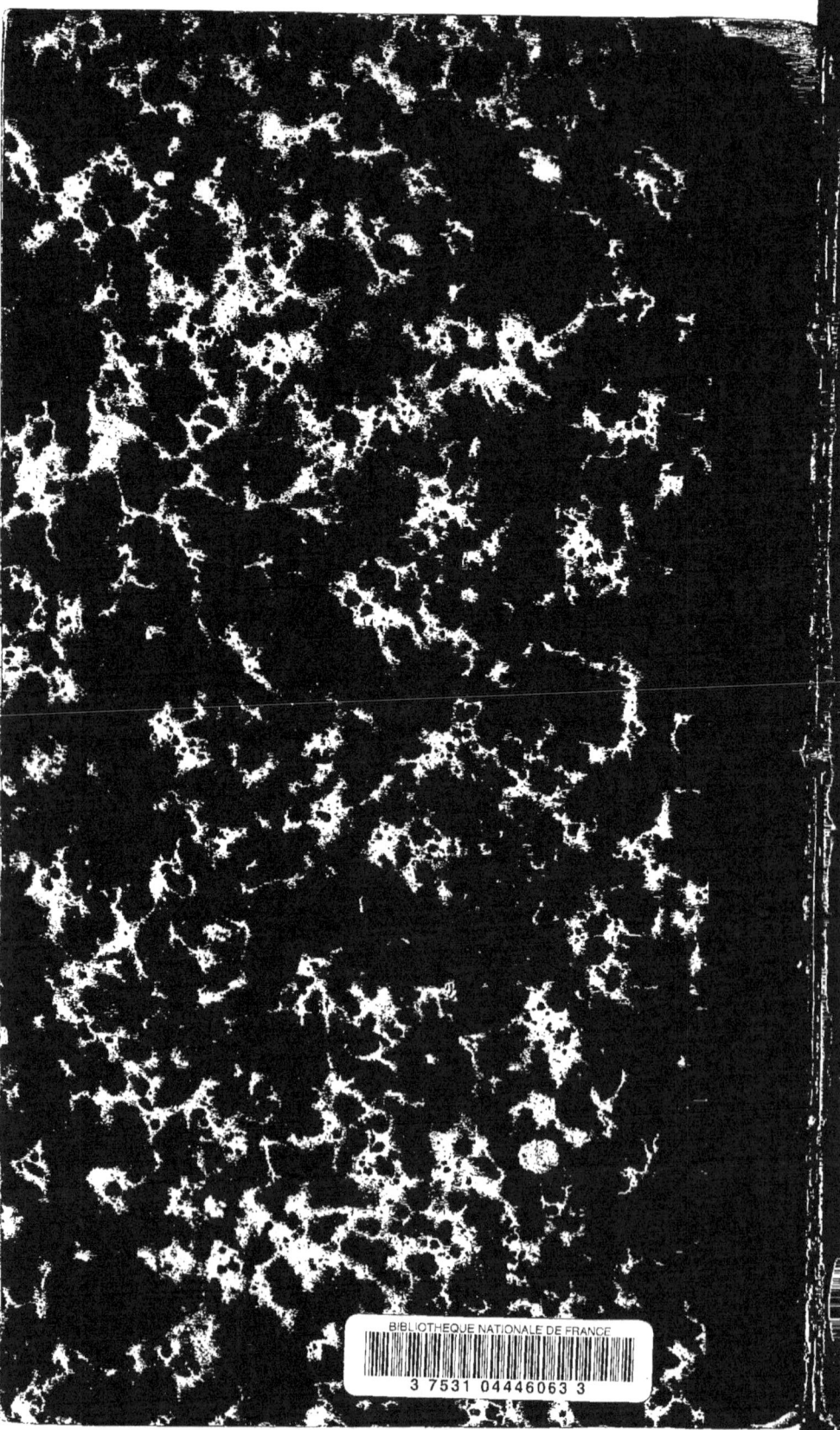

www.ingramcontent.com/pod-product-compliance
Lightning Source LLC
Chambersburg PA
CBHW070528230426
43665CB00014B/1615